图书在版编目（CIP）数据

地方数字政府建设中的政企关系 / 蔡聪裕著.
北京：中国社会科学出版社，2025.4. -- ISBN 978-7
-5227-4838-2

Ⅰ.D63-39；F123.15

中国国家版本馆 CIP 数据核字第 2025F4K563 号

出 版 人	赵剑英
责任编辑	姜雅雯
责任校对	苏　颖
责任印制	郝美娜

出　　版	中国社会科学出版社
社　　址	北京鼓楼西大街甲 158 号
邮　　编	100720
网　　址	http://www.csspw.cn
发 行 部	010-84083685
门 市 部	010-84029450
经　　销	新华书店及其他书店

印　　刷	北京君升印刷有限公司
装　　订	廊坊市广阳区广增装订厂
版　　次	2025 年 4 月第 1 版
印　　次	2025 年 4 月第 1 次印刷

开　　本	710×1000　1/16
印　　张	17.5
字　　数	278 千字
定　　价	98.00 元

凡购买中国社会科学出版社图书，如有质量问题请与本社营销中心联系调换
电话：010-84083683
版权所有　侵权必究

序

在人工智能快速发展的数字化时代，政府治理的数字化转型已成为全球范围内的必然趋势。政企合作已成为推动政府治理现代化的重要力量。中国地方政府在数字政府建设方面的探索和实践，具有重要的研究价值和示范意义。我的博士研究生蔡聪裕同志通过深入案例研究和实证分析，为我们呈现了这一领域的最新研究成果，对此，我感到无比欣慰。

在这本书中，作者从公共管理学、政治学、经济学等多学科理论视角出发，深入探讨了地方数字政府建设中的政企关系。通过参与式观察、深度访谈、案例分析、扎根理论等实证方法，选取了上海"一网通办"、浙江"最多跑一次"及广东"粤系列"平台三个具有代表性的案例进行分析，提炼出中国地方数字政府建设中的不同政企关系模式。

同时，基于既有分析框架，作者构建了政企关系的"结构—行动者—过程"理论分析框架，对三个政企关系模式进行具体分析，并采用扎根理论方法分析不同模式的内在逻辑。他认为，每一种模式都具有相对优势和潜在风险，哪种模式最有利于某地方政府的数字政府建设，需要结合当地的"结构""行动者"等因素，因地制宜做出综合的衡量和选择。从长期可持续发展的原则，政企双方在合作中的相对平衡更有利于地方数字政府建设。政企关系的理论图景是地方政府和企业多主体在互动过程中保持相互依赖又相互独立的平衡关系，旨在实现政府"可控"和企业"自主"的平衡。

书中不仅对政企关系的类型进行了细致的划分，还深入探讨了不同类型政企关系的潜在风险。作者的这一研究，不仅丰富了数字政府建设的理论体系，也为实践中的政企合作提供了宝贵的参考和指导，这些发现对于理解和优化政企合作模式，提高政府治理效能具有重要意义，也能为国家治理体系和治理能力现代化提供有益启发。

本书的基础是其博士论文。作为作者的博士生导师，我了解到蔡聪裕同志攻读博士学位期间的努力和勤奋，有幸见证了这本书从构思到完成的全过程。他在研究中需要跨广东、浙江、上海进行跨省"田野调研"，又一次次与我理论探讨，只为对问题进行更深入的追根溯源。在研究过程中展现出的严谨态度、创新思维和扎实的学术功底，令我印象深刻。这本书的完成，不仅是作者个人学术生涯的一个重要里程碑，也是数字政府建设领域的一项有意义的理论作品。

这部著作不仅是一部学术佳作，更是一部实践指南。它不仅为我们揭示了地方数字政府建设中政企关系的复杂面貌和内在逻辑，还为我们提供了优化政企关系、推动数字政府建设的理论工具和实践策略。我相信，这部著作的出版将有力推动相关领域研究的深入发展，也为地方政府和企业在数字政府建设中的合作提供有益的参考和借鉴。因此，我衷心希望这部著作给所有关心数字政府建设、关注政企关系优化的读者朋友们带来有益的思考。

复旦大学国际关系与公共事务学院教授、博士生导师

国家新一代人工智能治理专业委员会委员

高奇琦

2024 年 11 月

前　　言

在全球数字化转型的战略趋势下,以数字技术推进国家治理现代化已成为全球共识。中国数字政府建设远不限于通过数字技术赋能政府履职,更关系到服务型政府的形态转变以及政府治理现代化水平的提升。随着第四次工业革命的到来,中国政府在数字化转型方面走在世界前列,拥有实现"弯道超车"的机遇,这为公共管理学科的中国自主知识体系建构和理论提炼提供了丰富的"社会试验场"和广阔研究空间。而中国地方数字政府建设离不开企业尤其是互联网企业的介入,其建设效果与良好政企关系的建构密切相关。近几年来,中国地方数字政府建设在各地如火如荼地展开,各地方政府在政企合作等方面进行了大胆尝试,涌现了上海、浙江、广东等地创新案例典型。

结合已有文献和实践调研,本书把研究问题聚焦于中国地方数字政府建设中的政企关系研究,试图回答的核心子问题是:为什么关注地方数字政府建设中的政企关系?基于实践调研,总结起来有几种代表性的政企关系模式?不同政企关系模式的内在逻辑如何?不同政企关系模式存在什么潜在风险?政企关系模式的理论图景如何以及如何逻辑优化?

本书遵循"问题发现—理论框架—实证分析—逻辑优化"的研究思路,在充分汲取理性选择理论、公私合作理论等政治学、经济学多学科理论营养的基础上,从多学科理论视角来研究地方数字政府建设中的政企关系。本书采用参与式观察、深度访谈、案例分析、扎根理论等实证方法,选取了上海"一网通办"、浙江"最多跑一次"及广东"粤系列"平台数字政府建设三个案例进行过程深描和实证分析,其核心内容在于通过类型学提炼中国地方数字政府建设中的政企关系模式,构建政企关系的理论分析框架，运用分析框架解释政企关系模式的内在逻辑，并扫描其潜在风险。基于此，从技术赋能、制度重塑两个维度探讨其优化逻辑。

本书的具体内容和发现如下：

第一，三个省级政府在数字政府建设中所呈现的政企关系各有不同。上海市政府主要通过项目外包的方式与国有企业等多个企业建立互动关系；浙江省政府主要通过战略合作的方式与单一互联网头部企业建立互动关系；广东省政府主要通过组建混合组织的方式与互联网头部及多元中小企业建立互动关系。结合案例概况，按照政企互动主导性的"强—弱"程度，提炼了不同政企关系模式："强政府—弱企业"的政府主导型—项目外包模式、"强企业—弱政府"的企业驱动型—战略合作模式、"强政府—强企业"的多元主体型—混合组织模式。同时，基于既有分析框架，构建了政企关系的"结构—行动者—过程"三维理论分析框架。

第二，在以上海"一网通办"为例的政府主导型—项目外包模式中，首先，该模式具有项目契约的政府主导性、谈判空间的企业被动性、长期合作的不确定性、项目合同的不完全性等特征，在实践中呈现为"政府主导、管运一体"的运行方式。其次，以"结构—行动者—过程"作为分析框架，分析政府主导型—项目外包模式的内在逻辑。本书认为，上海的政府能力、企业优势、营商环境、互动经验等这些结构性因素，促使上海市数字政府建设中"地方政府与多个企业"主要行动者的形成，这也是政府和企业（尤其是国有企业和本土企业）互动过程的基础条件。在此基础上，采用扎根理论建构政府主导型—项目外包模式的政企互动过程模型，从互动目标、互动机制、互动模式三个核心范畴分析政府主导型—项目外包模式互动过程，包含政企统合机制、变通容纳机制、制度化与人格关系化互嵌机制。最后，对该模式的潜在风险进行扫描，体现在政府公共责任挑战、企业自主权受限、隐性壁垒与外包合谋风险加剧。

第三，在以浙江"最多跑一次"为例的企业驱动型—战略合作模式中，首先，该模式具有战略合作初期的政府主导性、战略合作过程的企业驱动性、企业驱动型—战略合作模式的过渡性、政企合作的垄断性等特征，在实践中呈现为"企业主导、管运分离"的运行方式。其次，以

"结构—行动者—过程"作为分析框架,分析企业驱动型战略合作模式的内在逻辑。本书认为,浙江省的政府能力、企业优势、营商环境、互动经验等结构性因素,促使浙江省数字政府建设中"地方政府与单一互联网头部企业"主要行动者的形成,也是政府和企业(尤其是私营企业)互动过程的基础条件。在此基础上,采用扎根理论建构企业驱动型—战略合作模式的政企互动过程模型,从互动目标、互动机制、互动模式三个核心范畴分析企业驱动型—战略合作模式的互动过程,包含企业驱动的政企合作机制、私营企业的"弹性"运行机制、互动模式的变动机制。最后,对该模式的潜在风险进行扫描,体现在技术渗透与监管挑战、"技术绑架"与市场失灵、法律不完善性风险加剧。

第四,在以广东"粤系列"为例的多元主体型—混合组织模式中,首先,该模式具有组织选择的多元性、混合组织的可行性、合作过程的多主体性等特征,在实践中呈现为"政企合作、管运分离"的运行方式。其次,以"结构—行动者—过程"作为分析框架,分析多元主体型—混合组织模式的内在逻辑。本书认为,广东省的政府能力、企业优势、营商环境、互动经验等结构性因素,促使广东省数字政府建设中"地方政府与企业、社会等多元主体"主要行动者的形成,也是政府和企业(尤其是混合组织)互动过程的基础条件。在此基础上,采用扎根理论建构多元主体型—混合组织模式的政企互动过程模型,从互动目标、互动机制、互动模式三个核心范畴分析多元主体型—混合组织模式的互动过程,包含"牵头组织"的统筹机制、混合组织的多维制度关系内嵌机制、以"项目处置"为中心的治理机制、数字生态价值网的共建机制。最后,对该模式的潜在风险进行扫描,体现在"利益联盟"与腐败风险、复杂博弈与问责难题、数字生态破坏的风险加剧。

第五,横向对比三个案例,本书研究发现:虽然资源禀赋、营商环境、互动经验等客观因素在政企关系模式的选择上起着重要作用,但是,领导支持、制度完善赋予了地方政府可作为的空间。不同行动者影响着不同政企关系模式,多元行动者参与更有利于地方数字政府建设。不同政企关系模式下的互动过程各具特色,就互动机制而言,政府主导型—项目外包模式呈现为科层逻辑特征,企业驱动型—战略合作模式呈现为市场逻辑特征,多元主体型—混合组织模式则呈现为组织逻辑特征。每一种模式都具有相对优势和潜在风险,哪种模式最有利于某地地方政府的数字政府建设,需要结合当地的"结构""行动者"等因素,因地制宜做出综合的衡量和选择。从长期可持续发展的原则,政企双方在合作中的相对平衡更有利于地方数字政府建设。政企关系的理论图景是地方政府和企业多主体在互动过程中保持相互依赖又相互独立的平衡关系,实现政府"可控"和企业"自主"的平衡。本书基于区块链技术提出"生态伙伴型—分布式协同模式"政企关系理论图景。目前,多元主体型—混合组织模式是理论图景样态的雏形,该模式既要保证地方政府通过混合组织来实现宏观"可控",又要保障企业研发产品的"自主",同时发挥专家学者等社会方的积极性,从而保障政企合作相对平衡。但是,在政企互动过程中,如果某一方的力量过于强势、干预过当,均会破坏互动过程的相对平衡,促使模式之间的动态转化。在实践层面,三种模式都具有潜在风险,本书认为,可以从技术赋能和制度重塑两个方面进行逻辑优化:一方面,通过区块链技术可以实现政企关系理想模式的构建;另一方面,通过制度的敏捷走向保障两者之间的均衡发展,以期推动中国地方数字政府建设中更为良好政企关系的构建。

围绕研究的核心议题,本书尝试从微观视角考察在中国地方数字政府建设本土场域中的政企关系。其核心理论贡献在于:一是提炼和归纳当前中国地方数字政府建设中的政企关系模式,形成中国地方数字政府建设中的政企关系类型学分析,将企业作为重要主体纳入数字政府建设的研究视野,深入探讨不同政企关系模式,以期丰富公共管理学等领域政企关系的实证研究,在此基础上回应"政府—市场"关系理论。二是构建"结构—行动者—过程"框架,分析不同政企关系模式的内在逻辑,为理解地方数字政府建设的政企关系提供一些解释视角,推动具有中国本土关怀的数字政府及政企关系理论发展。同时,本书的实践意义在于积累了大量中国地方政府建设中政企关系的经验资料,提供了地方数字政府建设的理论方案;其潜在风险的凝练和优化逻辑的建议,可以为其他省份地方数字政府建设提供政策性参考。

目　录

导　论 ………………………………………………………………（1）
 一　研究背景与意义 ……………………………………………（1）
 二　文献综述与研究评价 ………………………………………（4）
 三　研究问题与内容 ……………………………………………（19）
 四　研究设计与概念界定 ………………………………………（23）

第一章　理论框架：地方数字政府建设中的政企关系的
   类型分析 ………………………………………………（36）
 第一节　政企关系的理论基础 …………………………………（36）
  一　理性选择理论：行动者的行为假设 ……………………（36）
  二　公私合作理论：政企互动的理论基础 …………………（39）
  三　政府与市场的关系理论：政企关系的研究谱系 ………（42）
 第二节　政企关系的基本类型 …………………………………（45）
  一　政企关系类型划分的基础：不同事实性案例材料 ……（45）
  二　政企关系类型划分的维度：互动过程"强—弱"程度……（48）
 第三节　政企关系的分析框架 …………………………………（50）
  一　既有分析框架：内容及不足 ……………………………（51）
  二　"结构—行动者—过程"三维新分析框架 ………………（53）
 第四节　本章小结 ………………………………………………（57）

第二章 政府主导型—项目外包模式：以上海市为例……(59)
第一节 政府主导型—项目外包模式的构建思路……(59)
一　上海"一网通办"案例：项目外包的企业介入……(60)
二　政府主导型—项目外包模式的内涵描述……(64)
第二节 政府主导型—项目外包模式的内在逻辑……(66)
一　结构：政府能力、企业优势、营商环境、互动经验……(67)
二　行动者："单一政府对多个企业"的主体关系及特征……(72)
三　过程：基于扎根理论的政府主导型政企互动过程分析……(76)
第三节 政府主导型—项目外包模式的风险扫描……(96)
一　政府公共责任挑战……(96)
二　企业自主性受限……(99)
三　隐性壁垒与外包合谋发生概率增加……(100)
第四节 本章小结……(101)

第三章 企业驱动型—战略合作模式：以浙江省为例……(104)
第一节 企业驱动型—战略合作模式的构建思路……(104)
一　浙江"最多跑一次"案例：战略合作的企业介入……(105)
二　企业驱动型—战略合作模式的内涵描述……(109)
第二节 企业驱动型—战略合作模式的内在逻辑……(111)
一　结构：四要素分析……(112)
二　行动者："单一政府对单一头部企业"的主体关系及特征……(118)
三　过程：基于扎根理论的企业驱动型政企互动过程分析……(121)
第三节 企业驱动型—战略合作模式的风险扫描……(139)
一　技术渗透与监管挑战……(139)
二　"技术绑架"与市场失灵……(141)
三　法律不完善性风险加剧……(144)
第四节 本章小结……(145)

第四章 多元主体型—混合组织模式：以广东省为例 (148)

第一节 多元主体型—混合组织模式的构建思路 (149)
一 广东省"粤系列"平台：混合组织的政企共建 (149)
二 多元主体型—混合组织模式的内涵描述 (155)

第二节 多元主体型—混合组织模式的内在逻辑 (159)
一 结构：四要素分析 (159)
二 行动者："单一政府与多元企业"的主体关系及特征 (165)
三 过程：基于扎根理论的多元主体型政企互动过程分析 (168)

第三节 多元主体型—混合组织模式的风险扫描 (186)
一 "利益联盟"与腐败风险 (187)
二 复杂博弈与问责难题 (190)
三 数字生态破坏的风险加剧 (192)

第四节 本章小结 (195)

第五章 地方数字政府建设中政企关系的优化逻辑 (197)

第一节 政企互嵌：三种政企关系模式 (198)
一 三种政企关系模式的对比和分析 (198)
二 政企关系模式的动态特征和转化条件 (206)

第二节 技术赋能：区块链框架下的政企关系理论图景 (208)
一 风险规避的可行性：区块链技术的嵌入 (208)
二 理论图景的可达性：生态伙伴型—分布式协同模式 (213)

第三节 制度重塑：政企关系模式的实践优化路径 (219)
一 政企关系的制度供给边界 (219)
二 制度重塑的敏捷治理走向 (221)

第四节 本章小结 (228)

结论与讨论 (231)
一 主要结论 (231)
二 理论创新与适用范围 (234)

三　研究局限与进一步研究方向 …………………………（236）

参考文献 ………………………………………………………（238）

附录 1 …………………………………………………………（254）

附录 2 …………………………………………………………（257）

附录 3 …………………………………………………………（260）

后　记 …………………………………………………………（265）

导　　论

一　研究背景与意义

（一）研究背景

1. 全球数字化政府转型战略的趋势

随着大数据、人工智能、区块链等技术的发展，数字技术推动政府转型成为新公共管理运动后政府改革的主旋律之一。20 世纪末 21 世纪初，英、美、韩等国家开启数字政府治理进程。[①] 比如：英国提出政府数字化战略（Government Digital Strategy）；美国提出"数字政府"政策（Digital Government）；韩国提出构建了智慧政府实施计划（Smart Government Implementation Plan）。[②] 各国实施全球数字化政府转型战略，以此推进国家治理现代化，已成为全球的共识和趋势。

2. 中国政府治理能力现代化的需要

数字技术嵌入政府科层制，不仅局限于推动"放管服"改革[③]，更赋予政府的业务流程重塑、治理结构再造、服务方式改革的驱动力，正塑造着新型的政府—市场关系、政府—社会关系。[④] 第四次工业革命的到

[①] Tomasz Janowski, "Digital Government Evolution: From Transformation to Contextualization", *Government Information Quarterly*, Vol. 32, No. 3, 2015, pp. 221 – 236.

[②] Mopas, "Smart Government Implementation Plan", http://www.mopas.go.kr/gpms/ns/mogaha/user/userlayout/english/bulletin/userBtView.action? userBtBean.bbsSeq = 1020088&userBtBean.ctxCd = 1030&userBtBean.ctxType = 21010009&currentPage = &s earchKey = &searchVal, Dec. 10, 2020.

[③] 陈水生:《国家治理现代化视角下的"放管服"改革：动力机制、运作逻辑与未来展望》，《政治学研究》2020 年第 4 期。

[④] 孟天广:《政府数字化转型的要素、机制与路径——兼论"技术赋能"与"技术赋权"的双向驱动》，《治理研究》2021 年第 1 期。

来,让中国政府在数字治理领域走在世界前列,拥有实现"弯道超车"的机遇。2021年发布的《"十四五"规划和2035年远景目标纲要》专设章节阐述了数字化转型的内容,要求加快建设数字中国、数字经济、数字社会、数字政府、数字生态。中国政府高度重视数字化转型工作,目前中国数字政府建设水平在世界各国名列前茅。根据《2020年联合国电子政务调查报告》,中国电子政务发展指数达到"非常高"水平,在线服务指数排名全球第九。近几年,全国各省市地方政府争相启动数字政府建设,各地建设方式独具特色,取得了积极成效,促进中国治理能力现代化转型。

3. 中国数字政府建设离不开良好的政企关系的构建

中国或将成为第四次工业革命的社会试验场,政府形态的转变是这场变革的重要内容之一[①],即政府形态由"物理空间"向"数字空间"转型。而政府形态的转变离不开地方数字政府建设,地方数字政府建设离不开企业尤其是互联网企业的参与。据不完全统计,截至2021年12月15日,在省或直辖市政府发布的数字化项目中标公告中,"亿元以上数字化项目"至少包含25个省或直辖市政府,累计项目数达到76个,累计中标金额约人民币197.91亿元,中标企业达近百个,阿里巴巴、腾讯、数字广东、百度、科大讯飞、浪潮等互联网企业均多次榜上有名。[②]调研发现,上海、浙江、广东等数字政府建设均以互联网企业作为后盾,互联网企业在地方数字政府建设中起到的作用日渐凸显。但是,政府和企业两者所占有资源等约束条件不同,影响着政府和企业之间的分工网络,形成了不同政企关系模式。

(二)研究意义

1. 理论意义

(1)有利于丰富数字政府建设的理论

本书将企业作为重要主体纳入数字政府建设的研究视野,分析在政

---

① 米加宁、章昌平、李大宇、徐磊:《"数字空间"政府及其研究纲领——第四次工业革命引致的政府形态变革》,《公共管理学报》2020年第1期。

② 参见调研资料专家观点H1杨畅《76个智慧城市亿元大单揭秘,谁是最大赢家?》(H1为案例资料统计编写,详见第34页表0-2,下文中脚注的编码字母均按此分类,不再赘述)。

企互动过程的主导性程度中,按照政企在关系中"强—弱"程度的不同进行类型学划分,并通过案例分析,凝练中国地方数字政府建设中的政企关系模式:政府主导型—项目外包模式、企业驱动型—战略合作模式、多元主体型—混合组织模式、生态伙伴型—分布式协同模式,从而构建中国本土数字政府理论内容。

(2) 有利于丰富政企关系理论的应用

本书首先从经济学、政治学、公共管理学等多学科的视角,结合上海、浙江、广东三个省份数字政府建设的中国案例,构建"结构—行动者—过程"框架,缕析不同政企关系模式下,政府与企业在项目过程中的行为互动逻辑;对不同政企关系模式进行横向比较,试图揭示政企关系中主体间关系的理想类型特征,以此推动公共管理学领域政企关系的实证研究,为政企"主体间关系"的理论建构提供新的论证。其次,通过中国本土政企关系的理论阐述,回应宏观层面"政府与市场关系"的理论观点。本书采用"以小见大"的研究路径,虽然关注的是具体领域的"政企关系",但展现的是地方数字政府建设过程的结构情景、政府和企业的行为,揭示的是政府和企业在数字治理领域互动过程中的张力关系,以此回应"政府—市场"关系的经典命题。

2. 现实意义

(1) 有利于提升政府治理能力和治理水平

本书基于全球数字化转型战略的背景,探讨中国如何优化地方数字政府建设中的政企关系。通过提炼和比较上海"一网通办"、浙江"最多跑一次"、广东"粤系列"平台采取的政企关系模式,从具体案例的个性化问题中归纳地方政府以何种方式与企业进行互动,以期为地方政府通过政企合作途径推动数字政府建设提供可资借鉴的路径,从而推动地方数字治理的发展,为政府治理体系和治理能力现代化提供可资参考的材料。

(2) 有利于推动数字政府建设中政企关系的优化

本书通过分析不同政企关系模式存在的潜在风险,立足中国政府数字化转型背景,提出数字政府建设中政企关系的优化逻辑。基于区块链技术提出生态伙伴型—分布式协同模式的理论图景,从技术赋能和制度重塑两个方面提供优化政企关系实践优化路径,其潜在风险的凝练和优化逻辑可以为其他省份地方政府的数字政府建设提供政策性参考。

二 文献综述与研究评价

(一) 文献综述

长期以来,国内外学者围绕数字政府、政企关系等议题进行研究,形成了一些代表性的研究成果。现从数字政府、政企关系、数字政府实践中的政企关系三个方面进行文献综述。

1. 数字政府研究

在数字政府建设方面,学界主要围绕数字政府发展初期的研究、数字政府治理、地方数字政府实践三个方面来展开研究。

(1) 数字政府发展初期的研究

中国信息化发展的进程主要有三个阶段[①]:一是信息化1.0的单机应用阶段,主要体现为数据库、单机、局域网等技术在公共部门的应用;二是信息化2.0的互联应用阶段,主要是互联网、办公软件,借助IT技术生产和传递公共服务;三是信息化3.0的数据深度挖掘与融合运用阶段,表现为通过云计算、端计算及软件应用来实现人机物融合。基于社交媒体、大数据等技术的运用,学者提出联网政府 (Wired Government)[②]、电子政府 (Electronic Government)[③]、虚拟政府 (Virtual State)[④]、维基政府 (Wiki Government)[⑤]、平台政府 (Government as a Platform)[⑥] 等概念。目前,数字政府的概念尚未形成统一。达雷尔·韦斯特 (Darrell West) 曾

---

① 中国科学院院士、中国电子学会云计算专家委员会副主任委员、中国大数据专家委员会副主任委员梅宏在第九届中国云计算大会上所作题为"信息化3.0是软件定义的时代"的主题演讲,2017年6月14日。

② John O'Looney, *Wiring Governments: Challenges and Possibilities for Public Manager*, London: Quorum Books, 2002, p. 3.

③ Åke Grönlund, *Electronic Government: Design, Applications & Management*, London: Idea Group Publishing, 2002, p. 4.

④ Jane E. Fountain, *Building the Virtual State: Information Technology and Instittuional Change*, Washington: Brookings Institution Press, 2001, p. 5.

⑤ Noveck, *Wiki Government: How Technology Can Make Government Better, Democracy Stronger, and Citizens More Powerful*, Washington: Brookings Institution Press, 2009, p. 72.

⑥ Tim O'Reilly, "Government As a Platform", in Daniel Lathrop, Laurel Ruma, *Open Government: Collaboration, Transparency, and Participation in Practice*, Sebastopol: O'Reilly Media, 2010, pp. 11 – 39.

在《数字政府：技术与公共领域绩效》（Digital Government: Technology and Public Sector Performance）一书中，给电子政府（E-Government）和数字政府（Digital Government）画上了模糊的等号，认为这是公共部门利用互联网和其他电子设施来提供服务、信息和民主本身。① G. 戴维·加森（G. David Garson）认为，电子政府的共同理论指向是运用信息技术提供公共服务。② 托马斯·彭锦鹏（Thomas Ching-Peng Peng）按照技术精密程度和政府整合程度两个维度，把电子政府分为电脑化政府、网络为基础的互不相连接的政府、网络为基础的整合型政府。③

早期的数字政府研究主要集中在电子政务方面。2002 年，"电子政务"的概念在中共中央办公厅与国务院办公厅联合下发的《国家信息化领导小组关于我国电子政务建设指导意见》中第一次得到正式确认，并上升到国家层面的战略。2006 年，国家信息化领导小组印发《国家电子政务总体框架》，提出电子政府新的思路和方案。之后电子政务的发展从信息发布、信息共享转向数据开放、数据资产化，呈现由碎片化向一体化、平台化发展的趋势。④ 随着中央政策的推动，学术界在 21 世纪初开始涌现出大量电子政务的研究成果。

第一，关于电子政务的理论、方法和影响研究。在早期，大多数研究都聚焦于对电子政务的基本理论、方法和影响研究，包括汪玉凯对中国政府信息化建设的观察⑤，金江军对电子政务理论与方法进行的分析⑥，张成福对信息时代政府治理的探究。与西方国家提出的"电子政府（E-Government）""数字政府（Digital Govenmment）"有所不同，赵国俊认

---

① ［美］达雷尔·韦斯特：《数字政府：技术与公共领域绩效》，郑钟扬译，王克迪校，科学出版社 2011 年版，第 18—25 页。

② G. David Garson, *Public Information Technology and E-governance: Managing the Virtual State*, Sudbury: Jones and Bartlett Publishers, 2006, pp. 5 - 7.

③ Thomas Ching-Peng Peng, "Governmental Core Functions and Reorganization-the Case of the Homeland Security Department", *International Conference on Changes of US Government and Policy after the September 11th Attacks*, 2002.

④ 朱琳、刘雨欣、顾文清：《基于共词分析的中国电子政务政策变迁研究》，《电子政务》2020 年第 11 期。

⑤ 汪玉凯：《中国政府信息化与电子政务》，《新视野》2002 年第 2 期。

⑥ 金江军：《两化融合的理论体系》，《信息化建设》2009 年第 4 期。

为,电子政务的范围较广泛,内容更丰富,强调动态过程("E-governance"或者"E-governing"),即政府内部、政府之间和政府与社会公众之间等多主体的交互沟通,而电子政府概念侧重于政府与公民的沟通问题。① 王立华、雷战波、张锐昕等学者就早期电子政务建设的绩效考核和评估展开研究,取得突出研究成果。②③④ 同时,关于电子政务在推动政府组织管理创新和政府流程再造中的影响也成为学术界研究的热点话题。⑤⑥⑦

第二,关于社交媒体政务平台的研究。进入21世纪第二个十年之后,政务微博、政务微信开始在中国电子政务建设中扮演重要角色,相应研究也成为热点。在政务微博方面,刘宁雯、王益民、丁艺对政务微博的发展现状和运行状况进行了研究。⑧⑨ 在政务微信方面,王玥、王芳、陈强等人对政务微信的特性、功能、公众利用、管理等基本内涵进行总结。⑩⑪⑫ 同时,政务微博、政务微信在政治沟通、危机管理、舆情引导和社会治理创新等方面所发挥的作用也得到了学者们的关注。⑬⑭⑮

---

① 赵国俊主编:《电子政务》(第2版),电子工业出版社2009年版,第2—5页。
② 王立华、覃正、韩刚:《电子政务绩效评估的研究述评》,《系统工程》2005年第2期。
③ 雷战波、姜晓芳:《我国电子政务绩效评估发展综述》,《情报杂志》2006年第12期。
④ 张锐昕、吴江、杨国栋:《电子政务绩效评估制度建设的目标和重点》,《中国行政管理》2006年第4期。
⑤ 张锐昕、黄波:《政府上网给政府管理带来的机遇、挑战及对策研究》,《吉林大学社会科学学报》2000年第1期。
⑥ 吴江、徐波、顾平安等:《中国电子政务——进行中的对策 结构对策——实现电子政务的完整性》,《电子政务》2004年第Z2期。
⑦ 董新宇、苏竣:《电子政务与政府流程再造——兼谈新公共管理》,《公共管理学报》2004年第4期。
⑧ 刘宁雯:《中国政务微博研究文献综述》,《电子政务》2012年第6期。
⑨ 王益民、丁艺:《中国政务微博的发展特点与趋势》,《电子政务》2013年第8期。
⑩ 王玥、郑磊:《中国政务微信研究:特性、内容与互动》,《电子政务》2014年第1期。
⑪ 王芳、张璐阳:《中国政务微信的功能定位及公众利用情况调查研究》,《电子政务》2014年第10期。
⑫ 陈强、张韦:《中国政务微信管理的制度化探索:内容与影响因素》,《中国行政管理》2019年第10期。
⑬ 郑磊、魏颖昊:《政务微博危机管理:作用、挑战与问题》,《电子政务》2012年第6期。
⑭ 杜永红:《利用政务微博推动社会管理创新的对策研究》,《宁夏社会科学》2012年第2期。
⑮ 王国华、陈静、钟声扬:《微博热门话题及其线下行为转化研究》,《电子政务》2015年第11期。

第三，关于电子政务治理难题的研究。电子政务在建设和实施过程中，呈现出一些治理性的难题。①②③④ 比如，随着政府信息化和数字化水平的提升，"信息烟囱"或"信息孤岛"问题日益凸显为重大的治理问题，制约电子政务发展。学界出现了一些针对"信息烟囱"和"信息孤岛"问题的成因与特征研究。⑤⑥⑦⑧ 为此，张勇进等为政务信息系统整合共享的未来走向提供方向。⑨ 同时，电子政府建设中所暴露出来的隐私保护、法律保障不足、内卷化问题也得到学术界的关注，成为电子政务工作重点。⑩⑪⑫

（2）数字政府治理

目前"数字政府"涉及多个学科，已形成国内外学者对数字政府治理研究的多样性成果。对数字政府的研究主要围绕理论范式、技术接纳、成效及问题三个层面。

第一，数字政府的理论范式研究。归纳起来，主要有价值理性说、权力组织说、治理范式说三种范式。一是价值理性说。该范式认为，数字政府应该将公共价值理性融入其中，不限于将数字技术应用于政务领域。如刘淑春认为，数字政府需要对组织构架、政务流程、功能模块等

---

① 穆昕、王浣尘、王晓华：《电子政务信息共享问题研究》，《中国管理科学》2004年第3期。

② 祝江斌：《中国电子政务建设存在的问题与对策研究》，《理论月刊》2007年第1期。

③ 刘志光、戴黍：《我国电子政务信息资源整合：现状、问题与对策》，《广东社会科学》2008年第3期。

④ 吴昊、孙宝文：《当前我国电子政务发展现状、问题及对策实证研究》，《国家行政学院学报》2009年第5期。

⑤ 杨明波、王谦、褚江川：《电子政务与信息孤岛》，《电子政务》2005年第11期。

⑥ 唐平秋、蒋晓飞：《论"信息孤岛"对政府组织发展的制约与对策——基于学习型组织理论的视角》，《中国行政管理》2015年第5期。

⑦ 陈文：《政务服务"信息孤岛"现象的成因与消解》，《中国行政管理》2016年第7期。

⑧ 张紧跟：《基层治理中"信息烟囱"的表现及根源》，《人民论坛》2020年第29期。

⑨ 张勇进、章美林：《政务信息系统整合共享：历程、经验与方向》，《中国行政管理》2018年第3期。

⑩ 赵金旭、郑跃平：《中国电子政务隐私保护问题探究——基于70个大中城市政府网站的"隐私声明"调查》，《电子政务》2016年第7期。

⑪ 翟云：《我国电子政务发展面临问题及其症结分析——以2014年电子政务省部调研数据为例》，《中国行政管理》2015年第8期。

⑫ 王翔：《我国电子政务的内卷化：内涵、成因及其超越》，《电子政务》2020年第6期。

进行数字化重塑。① 圣马可·迪肯（Mark Deakin）等人认为，智慧政府的标准应该是使电子政府具备更高程度的智慧，表征为更多地"强调人的因素、体现人文关怀"。② 鲍静等人认为，强调多元治理主体的协调共治的物理形态，更应强化数字政府治理的价值形态。③ 二是权力组织说。数字政府涉及与政治权力、社会权力的组织和利用方式相关联的一系列活动。④ 叶战备等人认为，数字政府和数据治理不仅要发挥技术作为施政工具的作用，而且要通过政府职责体系建设提升政府职能。⑤ 三是治理范式说。部分学者认为，数字政府近似于数字治理理念、整体性治理、新公共服务、公共价值管理等概念。如巴特里克·邓利维（Patrick Dunleavy）认为，数字政府是一个潜在的公共范式，将替代新公共管理范式。⑥ 韩兆柱等人基于整体性治理理论，提出与大数据技术相契合的治理理论。⑦ 蒋敏娟等人提出数字政府的价值蕴含与治理框架。⑧ 孟庆国等人探寻数字政府治理的伦理，通过对"数字方式"算法、数据、机制的三元解构，提出"自由人联合体空间"的建构。⑨ 戴长征、鲍静认为，数字政府抑或是一种基于"数字协商"的社会治理新范式。⑩

第二，关于数字政府的技术采纳、成效及问题。在技术采纳方面，

---

① 刘淑春：《数字政府战略意蕴、技术构架与路径设计——基于浙江改革的实践与探索》，《中国行政管理》2018年第9期。

② Mark Deakin, Husam Al Waer, "From Intelligent to Smart Cities", *Intelligent Buildings International*, Vol. 3, No. 3, 2011, pp. 140–152.

③ 鲍静、范梓腾、贾开：《数字政府治理形态研究：概念辨析与层次框架》，《电子政务》2020年第11期。

④ 徐晓林、周立新：《信息技术对政府服务质量的影响研究》，《中国行政管理》2004年第4期。

⑤ 叶战备、王璐、田昊：《政府职责体系建设视角中的数字政府和数据治理》，《中国行政管理》2018年第7期。

⑥ Patrick Dunleavy, "New Public Management Is Dead-Long Live Digital-Era Governance", *Journal of Public Administration Research and Theory*, Vol. 16, No. 3, 2006, pp. 467–494.

⑦ 韩兆柱、马文娟：《数字治理理论及其应用的探索》，《公共管理评论》2016年第1期。

⑧ 蒋敏娟、黄璜：《数字政府：概念界说、价值蕴含与治理框架——基于西方国家的文献与经验》，《当代世界与社会主义》2020年第3期。

⑨ 孟庆国、崔萌：《数字政府治理的伦理探寻——基于马克思政治哲学的视角》，《中国行政管理》2020年第6期。

⑩ 戴长征、鲍静：《数字政府治理——基于社会形态演变进程的考察》，《中国行政管理》2017年第9期。

埃弗雷特·M. 罗杰斯（Everett M. Rogers）提出"创新扩散理论"（Diffusion of Innovation Theory），认为政府部门的技术采纳与技术特征（如可观测性、复杂性）密切相关。① 在此基础上，路易斯·G. 托纳茨基（Louis G. Tornatzky）和米切尔·弗莱舍（Mitchell Fleischer）提出"技术—组织—环境"（Technology-Organization-Environment）理论②，认为除了技术特征之外，组织特征、环境特征也是影响政府技术采纳的决定性因素。简·E. 芳汀（Jane E. Fountain）进一步认为，电子政府的构建难度不在于技术能力，而在于克服政府内部的组织和政治性分歧。③ 法兰士·兰格（France Belanger）等则认为，公民对政府和技术的信心，对电子政务的广泛采用至关重要。④

在成效方面，数字政府建设可增加数据的透明度和公开性，是减少腐败的一种有效、便利的手段⑤⑥⑦，可以保证政府数据公开的持续性。⑧ 当然，也有学者提出，对数字技术提高政府透明度的期望过高，缺乏对透明度进行测量的合适模型。⑨⑩ 目前，数字政府建设仍存在一些有待于

---

① ［美］埃弗雷特·M. 罗杰斯：《创新的扩散》，辛欣译，郑颖译校，中央编译出版社2002年版，第31页。

② Louis G. Tornatzky, Mitchell Fleischer, *The Processes of Technological Innovation*, Lexington: Lexington Books, 1990, pp. 5 – 9.

③ ［美］简·E. 芳汀：《构建虚拟政府：信息技术与制度创新》，邵国松译，中国人民大学出版社2010年版，第67页。

④ France Belanger, Lemuria Carter, "Trust and Risk in E-government Adoption", *Journal of Strategic Information Systems*, Vol. 17, No. 11, 2008, pp. 165 – 176.

⑤ John C. Bertot, Paul T. Jaeger, Justin M. Grimes, "Using ICT's to Create a Culture of Transparency: E-government and Social Media as Openness and Anti-Corruption Tools for Societies", *Government Information Quarterly*, Vol. 21, No. 3, 2010, pp. 264 – 271.

⑥ Arif Sari, "E-Government Attempts in Small Island Developing States: The Rate of Corruption with Virtualization", *Science & Engineering Ethics*, Vol. 23, No. 6, 2017, pp. 1673 – 1688.

⑦ Laura Alcaide Munoz, Manuel Pedro Rodriguez Bolivar, Antonio Manuel Lopez Hernandez, "Transparency in Governments A Meta-Analytic Review of Incentives for Digital Versus Hard-Copy Public Financial Disclosures", *American Review of Public Administration*, Vol. 47, No. 5, 2016, pp. 550 – 573.

⑧ Paul T. Jaeger, John Carlo Bertot, "Transparency and Technological Change: Ensuring Equal and Sustained Public Access to Government Information", *Government Information Quarterly*, Vol. 27, No. 4, 2010, pp. 371 – 376.

⑨ James R. Hollyer, B. Peter Rosendorff, James Raymond Vreeland, "Transparency, Protest and Democratic Stability", *British Journal of Political Science*, Vol. 49, No. 4, 2018, pp. 1 – 27.

⑩ Antonio F. Tavares, Nuno F. da Cruz, "Explaining theTransparency of Local Government Websites through a Political Market Framework", *Government Information Quarterly*, Vol. 37, No. 3, 2020, pp. 1 – 13.

解决的问题。如于君博认为，数字政府治理能否摆脱科层制组织文化的束缚等问题需要进行不断反思。① 技术正成为促进积极的社会互动的重要因素，但是，个人和社会团体在获取技术方面以及从使用技术中获得收益的能力方面存在差异。王伟玲在分析阻碍数字政府建设的现实瓶颈的基础上，提出数字政府建设路径和建议。②

（3）地方数字政府建设实践

第一，数字政府建设的理论。徐顽强等人认为，数字政府治理效果与非政府组织参与的契机密切相关。政府主导下的非政府组织参与契机可以分为外锁契机、内嵌契机，并构建了新型"合作式"参与模式。③ 马亮对地方政府如何准备和因应大数据治理进行了初步探讨，认为地方政府在央地关系与部门协同、驱动机制与行为模式、数字鸿沟与循证决策等方面都存在值得关注的问题。④

第二，地方数字政府建设的实践研究。地方政府在数字政府建设上的具体实践引起了学者们的关注。⑤⑥⑦ 阎波基于 M 市"互联网＋政务服务"改革案例，从"运动战"视角分析地方政府化解公众"办事难"的制度逻辑。⑧ 李慧龙等人基于东三省地方领导留言板的考察探讨数字政府治理的回应性陷阱，从事实与价值兼顾的双重维度对"回应性"进行了新的辨识。⑨ 陈涛等人基于上海市"一网通办"的实践与探索，认为应从

---

① 于君博：《后真相时代与数字政府治理的祛魅》，《行政论坛》2018 年第 3 期。
② 王伟玲：《加快实施数字政府战略：现实困境与破解路径》，《电子政务》2019 年第 12 期。
③ 徐顽强、庄杰、李华君：《数字政府治理中非政府组织参与机制研究》，《电子政务》2012 年第 9 期。
④ 马亮：《大数据治理：地方政府准备好了吗？》，《电子政务》2017 年第 1 期。
⑤ 宁家骏：《"互联网＋"行动计划的实施背景、内涵及主要内容》，《电子政务》2015 年第 6 期。
⑥ 黄璜、赵倩、张锐昕：《论政府数据开放与信息公开——对现有观点的反思与重构》，《中国行政管理》2016 年第 11 期。
⑦ 马亮：《中国农村的"互联网＋政务服务"：现状、问题与前景》，《电子政务》2018 年第 5 期。
⑧ 阎波：《以"运动战"破解"办事难"：地方政府推行"互联网＋政务服务"改革的制度逻辑》，《中国行政管理》2020 年第 10 期。
⑨ 李慧龙、于君博：《数字政府治理的回应性陷阱——基于东三省"地方领导留言板"的考察》，《电子政务》2019 年第 3 期。

全链条服务平台、多主体协同合作等方面分析数字政府建设的结构要素。研究表明，"互联网＋政务服务"对于提升政府服务与社会治理能力，推动政府流程再造发挥着积极作用。[①][②] 在此基础上，学者们进一步提出数字政府建设路径。[③] 郁建兴等人总结浙江省"最多跑一次"改革中简政放权重要经验，认为深化"最多跑一次"改革，需要进一步实现政务标准化和信息共享，其关键在于管理创新、部门协调。[④] 何圣东等人基于浙江"最多跑一次"改革的经验认为，数字政府建设应以"小前端＋大平台＋富生态＋共治理"为目标模式，推动多主体网络协同治理，构建O2O线上线下一体化数字政府架构体系。[⑤] 同时，地方政府的数字治理得到了众多学者的关注。[⑥][⑦] 目前，广东、上海、山东、湖北、浙江和贵州等地多措并举探索数字政府建设，对这些地方数字政府的经验探索出现了大量学术研究。[⑧][⑨] 还有很多国外学者基于本地实践进行数字政府建设的探讨，以西班牙地方政府为例，胡安·加里多·罗德里格斯（Juan C. Garrido-Rodríguez）等人提出了一个二维透明度指数（BTI），作为衡量信息提供（电子披露）的工具。[⑩] 以加拿大联邦政府的数字政府建设为例，芭芭拉·安·艾伦（Barbara Ann Allen）、吕克·朱利亚（Luc Juille）等认为，

[①] 陈涛、董艳哲、马亮等：《推进"互联网＋政务服务"提升政府服务与社会治理能力》，《电子政务》2016年第8期。

[②] 顾平安：《"互联网＋政务服务"流程再造的路径》，《中国行政管理》2017年第9期。

[③] 谭必勇、刘芮：《数字政府建设的理论逻辑与结构要素——基于上海市"一网通办"的实践与探索》，《电子政务》2020年第8期。

[④] 郁建兴、黄飚：《超越政府中心主义治理逻辑如何可能——基于"最多跑一次"改革的经验》，《政治学研究》2019年第2期。

[⑤] 何圣东、杨大鹏：《数字政府建设的内涵及路径——基于浙江"最多跑一次"改革的经验分析》，《浙江学刊》2018年第5期。

[⑥] 李云新、于业芹：《省域"互联网＋政务服务"的推进机制与政策特征——基于政策文本的内容分析》，《电子政务》2018年第3期。

[⑦] 王法硕：《省级政府"互联网＋政务服务"能力的影响因素——基于30个省级政府样本的定性比较分析》，《东北大学学报》（社会科学版）2019年第2期。

[⑧] 逯峰：《广东"数字政府"的实践与探索》，《行政管理改革》2018年第11期。

[⑨] 王伟玲、王晶、尹静：《我国电子政务产业发展对策研究》，《行政管理改革》2019年第5期。

[⑩] Juan C. Garrido-Rodríguez, Antonio M. López-Hernández, et al., "The Impact of Explanatory Factors on a Bidimensional Model of Transparency in Spanish Local Government", *Government Information Quarterly*, Vol. 36, No. 1, 2019, pp. 154–165.

公共部门问责制等行政文化会阻碍数字政府的发展，需要形成政府内、外部的跨部门合作，创造合作伙伴的"新文化"。①

从上述文献可以看出，中国学者的研究主要围绕"怎样才能建设好数字政府"的议题，而在"为什么"的研究层面，学者们大多就"技术与数字政府建设的某方面内容"的关系及问题进行研究，比如，数字技术如何优化公共服务供给效果等。多数研究成果从数字政府建设的实践出发，以经验总结为主，理论指导相对不足。而且，现有的实证性研究主要以单案例研究为主，多案例研究更是少数。因而，本书采用多案例比较的研究方法，选取上海、广东、浙江三个省级数字政府建设，试图从具体案例的个性化问题归纳地方数字政府建设中不同政企关系模式。

2. 政企关系研究

中国特色社会主义场域塑造了独具特色的政企关系，那么，如何理解中国政企关系的特征？梳理国内外学者关于政企关系的主要观点，其核心观点主要集中于政治学、社会学、经济学、公共管理等学科的文献，大致可以分为政企"合一论"、政企"分开论"、政企"合谋论"、政企"博弈论"等主要观点。

（1）政企"合一论"：庇护关系

其主要观点认为，政府和企业从组织本质上没有区别。1949年中华人民共和国成立后，中国学习苏联经验，实施重工业优先的发展战略，建立起了计划经济体制。政府全面参与企业的生产经营活动，完全覆盖了企业的职能，政府在政企关系中占据了绝对优势地位。②孙关宏等人就此指出，"企业独立自主权游离于企业之外，组织规模完全不由企业自身决定，企业只是政府行政指令的产物"③。朱富强基于政府在宏观经济治理中的协调作用，认为政府是对企业组协调机制的延伸。④而杨新铭等人

---

① Barbara Ann Allen, Luc Juillet, Gilles Paquet, et al., "E-Governance & Government or Line in Canada: Partner-ships, People & Prospects", *Government Information Quarterly*, Vol. 18, No. 2, 2001, pp. 93 – 104.

② 丁煌、李新阁：《基层政府管理中的执行困境及其治理》，《东岳论丛》2015年第10期。

③ 孙关宏、胡雨春、陈周旺主编：《政府与企业——政治学视野中的中国政企关系改革政企关系改革》，江西人民出版社2002年版，第185页。

④ 朱富强：《国家性质与政府功能——有为政府的理论基础》，人民出版社2019年版，第174页。

认为，在计划经济时期，企业可以看成政府的延伸部门。① 因此，政府和企业的关系在计划经济时期，实质是"政企合一"、上下级的行政隶属关系，其特征在1978年至1986年的中国扩权让利阶段表现最为突出。从更微观角度来看，政企关系是一种"庇护"的非正式关系。珍妮维（Jean C. Oi）认为，计划经济时期的乡镇干部与企业关系、企业内部以及人民公社内成员之间的关系都是一种庇护关系的体现。②③ 戴维·L.王克（David L. Wank）进一步用"庇护主义关系"来解释中国私营经济崛起的原因，认为私营业主与官员的私人关系促进了中国私营经济的崛起，即使市场经济发展，这种"共生性庇护关系"并没有改变。④⑤ 刘世定从非正式关系网络的视角看待乡镇干部与乡镇企业的关系，以此总结乡镇企业的内在运行特征。⑥⑦

（2）政企"分开论"：分离关系

其主要观点认为，企业是市场的主体，政府具有"有限性"，两者最佳的关系是"分离"。政府和企业的分离理论延续着亚当·斯密所建立的自由市场经济思想⑧，以西方新古典经济学和新自由主义经济学为代表。⑨自由主义的核心观点在于反对凯恩斯主义的积极干预式政府，主张市场机制的自动调节。将自由主义论的思想置于中国情境中，可以追溯到1987年至1992年这个时期，中国政府通过"自上而下"放权，以承包制

---

① 杨新铭、杜江：《国有资本管理体制改革的基本逻辑与方案》，《理论学刊》2020年第4期。

② Jean C. Oi, "Communism and Clientelism: Rural Politics in China", *World Politics*, Vol. 37, No. 2, 1985, pp. 238 – 266.

③ Jean C. Oi, *State and Peasant in Contemporary China: The Political Economy of Village Government*, Berkeley: University of California Press, 1989, p. 166.

④ David L. Wank, "The Institutional Process of Market Clientelism: Guanxi and Private Business in a South China City", *China Quarterly*, Vol. 147, No. 1, 1996, pp. 820 – 838.

⑤ David L. Wank, *Commodifying Communism: Business, Trust, and Politics in a Chinese City*, Cambridge: Cambridge University Press, 1999, pp. 3 – 17.

⑥ 刘世定：《嵌入性与关系合同》，《社会学研究》1999年第4期。

⑦ 刘世定：《乡镇企业发展中对非正式社会关系资源的利用》，《改革》1995年第2期。

⑧ [英] 亚当·斯密：《国富论》上，郭大力、王亚南译，译林出版社2011年版，第17页。

⑨ [法] 萨伊：《政治经济学概论：财富的生产、分配和消费》，陈福生、陈振骅译，商务印书馆1963年版，第15—16页。

为载体来推动国有企业经营方式的改革。在这个阶段，政府与企业签订承包合同，授予企业一定的自主权，政企逐步分离。樊纲总结了保守、渐进、激进这三种改革形式，认为"渐进改革是在保持社会稳定的条件下，积极地在整个经济中引入、培育和发展起来的新的市场经济成分"①。孙立平等人认为，政企分开使企业成为相对独立的利益主体，企业逐步脱离政府的监护与干预。②

（3）政企"合谋论"：谋利关系

其主要观点认为，政府和企业通过某种正式或不正式的协议，达成地方政府和企业的合谋或寻租关系，导致公众利益受损。研究大多集中于政治关联或政府干预的经济后果。③④⑤⑥ 比如，安德烈·施莱弗（Andrei Shleifer）认为，地方政府往往会选择与企业保持紧密联系，利用辖区内的企业向其政治支持者输送利益，从而实现中央的政绩目标。⑦ 而玛拉·法乔（Mara Faccio）对美国、日本、印度等47个国家和地区的公司进行调查，认为公司股东与国家议会或政府机构的官员有普遍的关联，尤其是在腐败程度较高、外国投资壁垒较高的国家，如果法律对官员行为加强限制，这种政企关联就会减少。⑧ 聂辉华等认为，在中国政治集权和经济分权的背景下，地方政府与很多僵尸企业形成"政企合谋"关系，即地方政府给僵尸企业进行输血和补贴，对非僵尸企业施加"就业压力

---

① 樊纲：《渐进改革的政治经济学分析》，上海远东出版社1996年版，第150页。

② 孙立平、王汉生、王思斌等：《改革以来中国社会结构的变迁》，《中国社会科学》1994年第2期。

③ Raymond Fisman, "Estimating the Value of Political Connections", *The American Economic Review*, Vol. 91, No. 4, 2001, pp. 1095 – 1102.

④ 陈德球、陈运森、董志勇：《政策不确定性、市场竞争与资本配置》，《金融研究》2017年第11期。

⑤ Pranab Bardhan, "Corruption and Development: A Review of Issues", *Journal of Economic Literature*, Vol. 35, No. 3, 1997, pp. 1320 – 1346.

⑥ Faccio Mara, Ronald W. Masulis, John Mcconnell, "Political Connections and Corporate Bailouts", *Journal of Finance*, Vol. 61, No. 6, 2006, pp. 2597 – 2635.

⑦ Andrei Shleifer, "State Versus Private Ownership", *Journal of economic perspectives*, Vol. 12, No. 4, 1998, pp. 133 – 150.

⑧ Mara Faccio, "Politically Connected Firms", *American Economic Review*, Vol. 96, No. 1, 2006, pp. 369 – 386.

和产量扩张"压力。①

(4) 政企"博弈论": 竞争与合作关系

其主要观点认为,政府和企业在经济等领域的博弈过程中形成了竞争、合作关系。这种关系集中体现在中国市场改革深化阶段(从1992年至今)。这个时期,由于政府和企业代表不同的利益主体,政企目标差异催生政企博弈格局,不同利益冲突导致博弈行为的发生。② 郭庆旺等人通过构建博弈模型,对地方政府和企业在中央政府的监管下,以自身利益最大化为目标在引资和投资中的行为选择及其对宏观经济稳定的冲击作理论分析。③ 郑江淮等人依据江苏省沿江开发区企业的案例,分析企业可能面临着地方政府"敲竹杠"的问题。④ 因而,企业的经营状况受到政府政策的影响,政策出台到执行过程受到企业介入的影响,政府和企业的互动过程均是博弈过程,以各自效用最大化为目标来实现帕累托最优。

从长期视角来看,政企长期博弈的结果是走向合作。周黎安对地方政府与非国有企业的合作关系进行研究,认为两者存在地区"增长联盟"的关系。⑤ 珍妮维提出"地方政府公司主义"的概念,强调乡镇政府为乡镇企业提供关键性资源支持。⑥ 可以发现,发展型地方政府视野下的政企合作是政企关系的重要内容。⑦⑧⑨⑩⑪ 因此,在政府和企业博弈过程中,强

---

① 聂辉华、江艇、张雨潇、方明月:《我国僵尸企业的现状、原因与对策》,《宏观经济管理》2016年第9期。

② 蔡玉峰:《政府和企业的博弈分析》,中国经济出版社2000年版,第75页。

③ 郭庆旺、贾俊雪:《地方政府行为、投资冲动与宏观经济稳定》,《管理世界》2006年第5期。

④ 郑江淮、高彦彦、胡小文:《企业"扎堆"、技术升级与经济绩效——开发区集聚效应的实证分析》,《经济研究》2008年第5期。

⑤ 周黎安:《中国地方官员的晋升锦标赛模式研究》,《经济研究》2007年第7期。

⑥ Jean C. Oi., "The Role of the Local State in China's Transition Economy", *China Quarterly*, Vol. 144, 1995, pp. 1132 – 1149.

⑦ Che Jiahua, Yingyi Qian, "Institutional Environment, Community Government, and Corporate Governance: Understanding China's Township-Village Enterprises", *Journal of Law, Economics & Organization*, Vol. 14, No. 1, 1998, pp. 1 – 23.

⑧ 周黎安:《中国地方官员的晋升锦标赛模式研究》,《经济研究》2007年第7期。

⑨ 周黎安:《转型中的地方政府:官员激励与治理》,格致出版社、上海人民出版社2008年版,第15—17页。

⑩ 周黎安:《"官场+市场"与中国增长故事》,《社会》2018年第2期。

⑪ 聂辉华:《从政企合谋到政企合作——一个初步的动态政企关系分析框架》,《学术月刊》2020年第6期。

调政府和企业分开,不同于政企"分开论"所指的分离关系,其并不意味着两者的绝对性分开,而是一种新合作关系。在这种合作关系中,政府与企业的边界明确,政府从全能政府转化为有限政府、责任政府,并通过市场等合适途径让企业介入。而企业通过技术、组织优势在互动过程中获得独立主体功能的发挥。目前数字经济的社会背景下,政企分开后的新型政企关系代表着未来政企关系的发展趋势,这种博弈中的竞争与合作需要学者进一步进行研究,这种新型政企关系也是本书所研究的政企关系范畴。

3. 数字政府实践中的政企关系研究

在传统政府的科层制运作过程中,企业的介入并非政府实现其职能的必要条件,传统政企关系对于企业的依赖度不高。在新技术背景下,智能革命给人类社会带来的深远影响正在逐步显现,也必然深刻影响并参与国家治理现代化的进程。[1] 数字化信息成为政府治理的基础,信息成为政策决策、偏好吸纳、官员激励、政策执行、绩效评价、资源汲取的核心机制,孟天广据此提出"数字化政商关系"的概念,阐述了在"信息供给"过程中政府与企业的密切关联。[2] 数字技术背景下的政府需要企业提供数据算法、云计算、人工智能等技术来优化决策,企业同样需要政府提供数据的实验场景,政企存在高度依赖的关系。

数字政府建设中政企关系的研究包含了微观政企互动关系。本书除了聚焦于政企互动过程的关系,同时强调不同政企互动关系的微观梳理。通过对国内外文献的梳理,微观层面的政企关系包含"协同、合作、统合、竞争、分离、冲突、合谋、授权、赋权、指导、公开、监督、参与、转化、约束、反馈、服务"等17种(如表0-1所示)。

表0-1　　　　　　　　　政府与企业关系的种类和定义[3]

关系	概念界定	文献来源
协同	跨部门、跨层级政府与企业处理公共服务项目的行为一致性	Gangqiang Yang, et al., 2019; Laura Börner, et al., 2018

---

[1] 高奇琦:《智能革命与国家治理现代化初探》,《中国社会科学》2020年第7期。
[2] 孟天广于2021年11月28日在"新科技革命与政治学基础理论"学术研讨会发表"信息政治学:理解数字时代的国家能力与国家社会关系"报告提出的观点。
[3] 本表为作者自制。

续表

关系	概念界定	文献来源
合作	政企合作，通过共享、交换资源，发挥各自优势	Yusuf A. Aina, et al., 2019
统合	政府采用"统合治理"模式推动企业建设，如：开发区建设和城市基础设施建设	周鲁耀, 2015
竞争	企业的参与，政府可以通过竞争过程来分配资源，实行公共服务供给的多样化	竺乾威, 2008
分离	政府与相关企业间在互动博弈过程中，基于自身考量选择退出，关系中断	郭本海, 2012
冲突	政企目标之间的差异，可能引起文化冲突、价值冲突等摩擦	张平, 2008
合谋	政府（及其官员）与企业基于"隐性的私下契约"达成合谋，政企合谋包括但不限于官商勾结	聂辉华, 2017
授权	政府为企业自主决策和实施项目创造条件	Koopmans, et al., 2017
赋权	企业（含公民）通过授权的方式，使政府的行为合法化	Marlinde E. Koopmans, et al., 2020
指导	政府通过各种政策等方式指导企业及公民的行为	Hannu Larsson, et al., 2016
公开	政府开放其部分决定和行动的数据资料，以接受监督	Eva Niestena, 2017
监督	企业（含公民）通过政策评估对政府进行监督	陈振明, 2000
参与	政府让企业（含公民）共同制定公共政策	Eva Sørensen, 2016
转化	政府通过适应性学习，实现结构变革和结构调整	Kanie Norichika, et al., 2012
约束	政府通过政策等方式约束企业、公民的行为	Norichika Kanie, 2018
反馈	公民向公共服务提供方反馈服务质量及体验	Katrine Soma, 2016
服务	政府与企业建立公共服务的供求关系	Rasoolimanesh S. Mostafa, 2019

当然，政企关系是一个国家实践情境的理性选择，任何一个政企关系的形成都是基于该国的国情、经济社会特定发展阶段的实际。① 因而，针对政企关系的分析一方面要结合各国家不同的发展阶段，调整政府与

---

① ［美］理查德·雷恩:《政府与企业——比较视角下的美国政治经济体制》，何俊志译，复旦大学出版社 2007 年版，第 25—26 页。

企业关系的不同互动程度，形成符合政府与企业发展的关系；另一方面要将政企关系置于具体发展模式中，立足本国国情。西方政企关系是以市场为导向，中国政企关系则以政府为指导。① 因而，本书立足中国地方政府建设数字政府建设的具体场域，探讨中国政企关系模式问题，并分析其内在逻辑。

(二) 研究评价

综观中国数字政府研究，在研究时段层面，研究起步较晚，研究成果颇丰，这些成果多数是问题梳理、原因分析等实践总结，缺乏理论指导。在研究广度层面，数字政府建设的研究内容虽然基本都有涉及，但是内容有待于拓展。在研究深度层面，中国数字政府建设研究深入性有待加强，理论深度有待于强化。

1. 研究内容层面

在中国数字政府建设中，政府和企业的互动合作已在实践中发挥重要作用。但是，目前中国数字政府建设中的政企关系研究，仍然有两个缺陷：其一，主要关注的是宏观层面的探讨，当前研究忽略了政企关系的主体间互动行为，在研究过程中出现了"行动者"的缺席，抑或只是关注政企关系的单个主体行为，缺少对主体间行为互动的考察，没有将"关系"作为研究对象；其二，没有突出中国场景，研究成果主要集中于西方国家的场域背景下开展的研究。

2. 研究方法层面

数字政府建设中政企关系的既有成果存在如下议题亟待研究：第一，交叉学科视野相对缺乏。传统的学术研究学科界限分明，企业问题主要是经济学科的研究对象，政府问题主要是政治学、公共管理学学科的研究对象，而政企关系是政治学、公共管理学与经济学科共同的研究对象。② 当前，学术界对政企关系的研究鲜有多学科交叉视野，缺乏综合运用政治学、经济学、管理学多学科理论融通的视角。在学科研究上以西

---

① 林敏娟：《公共文化服务中政企关系特殊性研究——基于民营企业参与的考察》，《浙江师范大学学报》(社会科学版) 2014 年第 2 期。

② 孙关宏：《中国政治学：科学与人文的探索》(修订本)，上海人民出版社 2013 年版，第 220 页。

方理论为基础，中国本土的政企关系理论总结较少，理论适应性相对不足。第二，实证研究方法相对不足。目前学界对政企关系的研究，理论性研究较多，实证性研究较少；结构性研究较多，过程及行为的研究缺乏；宏观概括性的研究较多，具体个案的研究较少。目前的研究方法鲜有深入实地调研的实证研究，实证研究不足导致归纳总结提炼的空洞。而不少定量研究样本设计的分析不够深入，有的地方政府的实践模型往往来源于材料归纳，缺乏科学理论研究方法。

为此，本书拟基于中国地方政府数字政府建设中的实践，通过参与式观察、深度访谈、案例分析、扎根理论等实证研究方法，关注政府和企业在中国地方数字政府建设中的主体间关系，分析在互动过程中的不同主导性关系，据此提炼中国数字政府建设中的政企在互动过程的不同关系模式。构建政企关系的理论分析框架，从政治学、经济学的交叉学科视角分析其内在行动逻辑，从而突出中国场域下的政企关系研究，讲中国政企关系的故事，试图弥补政企关系微观、具体场域的研究不足。

三 研究问题与内容

（一）研究问题

在调研中发现：同样是经济发展水平高的省市，为什么在地方数字政府建设过程中呈现不同模式？如果说经济对发展地方数字政府建设至关重要，那么给定这些宏观因素的同质性，为什么这些省份的数字政府建设会相对更快更好？基于此，进一步调研发现，不同政企关系是影响地方数字政府建设的重要因素。在上述文献综述和研究评价的基础上，本书把研究问题聚焦于中国地方数字政府建设中的政企关系这一主体间"关系"，试图打开政企关系内部"行动逻辑和互动关系"的黑箱。并把研究问题细化为四个子研究问题（如图 0-1 所示），重点回答如下问题：为什么要关注地方数字政府建设中的政企关系？基于地方数字政府建设中的调研实践，总结起来有几种代表性的政企关系模式？不同政企关系模式的内在逻辑如何？不同政企关系模式存在怎样的潜在风险？政企关系模式的理论图景如何以及怎么逻辑优化？本书试图对这些问题展开探索性研究。

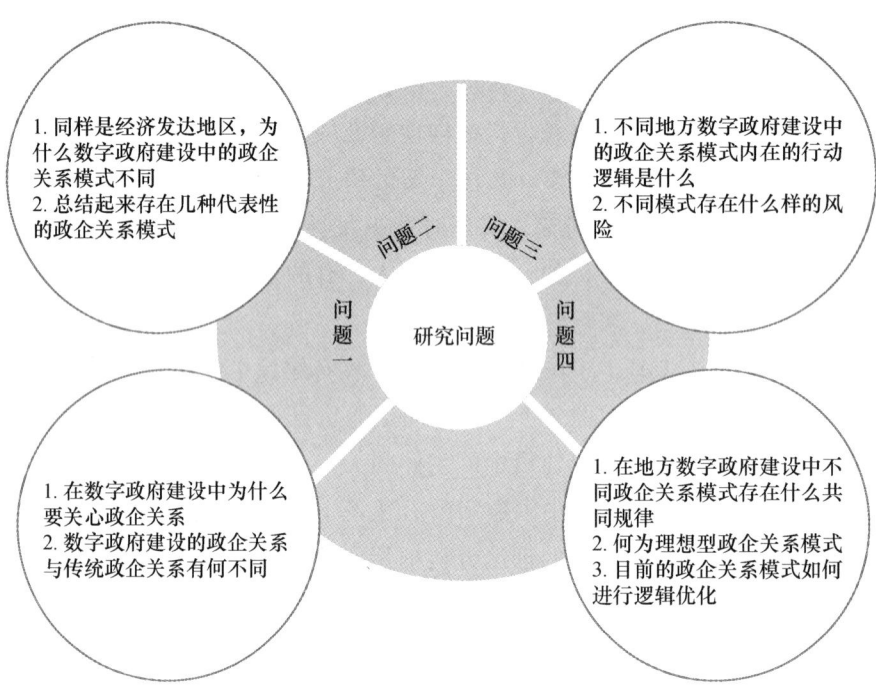

图 0-1 本书的研究问题①

（二）研究内容

本书遵循"问题发现—理论框架—实证分析—逻辑优化"的研究思路，将全书结构分为七个部分（框架结构如图 0-2 所示）。

第一部分为导论部分，首先介绍本书的研究背景、研究问题，对国内外数字政府内外学者围绕数字政府、政企关系等方面的文献进行梳理和评价，并对相关核心概念进行概念界定和基本的理论假设。基于此，就本书的框架结构、研究内容、研究设计、研究意义等内容进行论述。

第二部分（第一章）为理论框架：地方数字政府建设中的政企关系的类型分析。本章首先回顾了理论选择理论、公私合作理论、政府与市场关系理论等政企关系相关理论。基于此，以政企互动过程的"强—弱"程度不同作为划分维度，将地方数字政府建设中的政企关系分为四种模式。其次，在总结已有分析框架的基础上，建立新分析框架用于解释地

---

① 本图为作者自制。

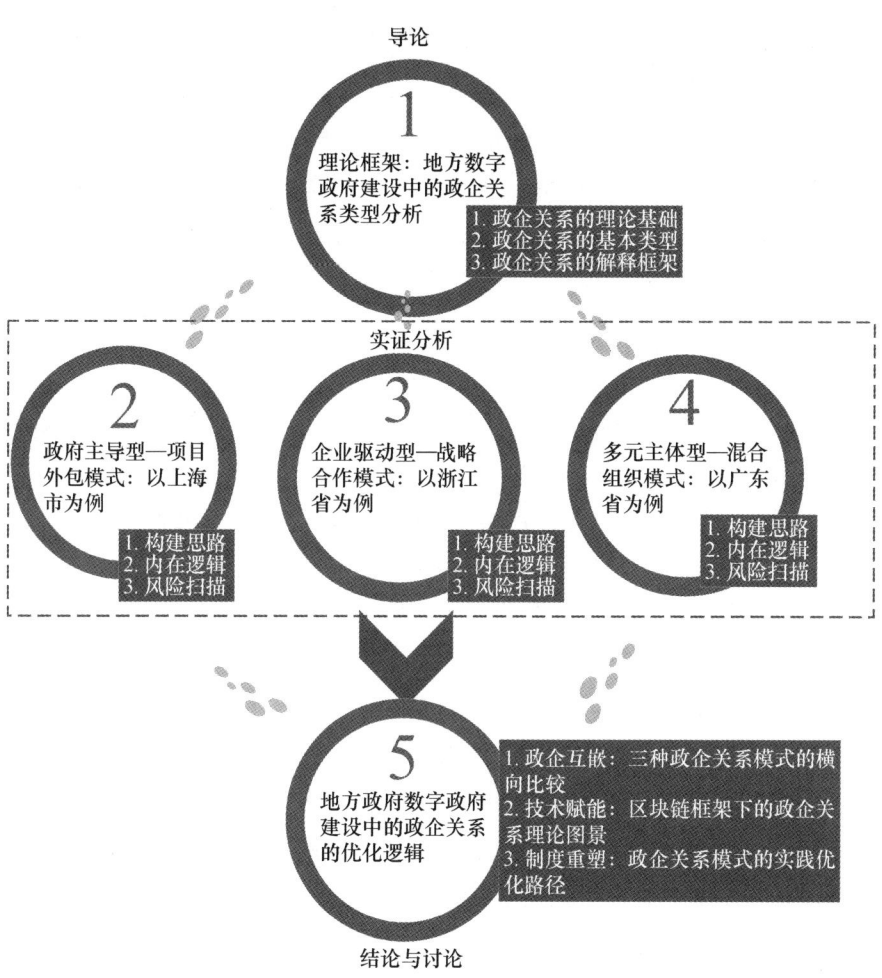

图 0-2　本书框架结构①

方数字政府建设中的政企关系的内在逻辑,通过"结构—行动者—过程"分析框架对政企互动的内在机制进行深入剖析。

第三至第五部分(第二至第四章)为本书实证分析部分,结合上海、浙江、广东三个案例分别提炼三种不同地方数字政府建设中的政企关系模式,并分析不同模式下政企互动的内在逻辑。这三章都是按照"构建思路—内在逻辑—风险扫描"的思路展开,具体而言:

---

① 本图为作者自制。

第二章首先概述上海"一网通办"案例、项目外包的企业介入路径，并围绕"基本框架、模式特征"阐述政府主导型—项目外包模式（"强政府—弱企业"关系）的构建思路。其次，分析该模式的内在逻辑，以"结构—行动者—过程"作为分析框架，试图探析该模式形成的约束条件、行动者特征、互动过程，并采用扎根理论建构政府主导型—项目外包模式的政企互动过程模型。再次，进行该模式的风险扫描，总结该模式的潜在风险。最后，将本案例置于政府与市场关系的研究谱系中，讨论该模式在其他领域的适用性等理论性问题。

第三章首先概述浙江"最多跑一次"案例、战略合作的企业介入路径，并围绕"基本框架、模式特征"阐述企业驱动型—战略合作模式（"弱政府—强企业"关系）的构建思路。其次，与上述模式的论述思路相同：以三维分析框架分析企业驱动型—战略合作模式的内在逻辑，总结模式的潜在风险。并将本案例置于政府与市场关系的研究谱系中，讨论该模式在其他领域的适用性等理论性问题。

第四章首先概述广东"粤系列"案例，尤其是地方政府与企业通过混合组织的方式，共同建设数字政府的过程。基于此，分析政府和企业互动过程中的"强政府—强企业"的特征，进一步提炼多元主体型—混合组织模式。其次，与上述两种模式的论述思路相同：以三维分析框架分析多元主体型—混合组织模式的内在逻辑，总结模式的潜在风险，并将本案例置于政府与市场关系的研究谱系中，讨论该模式在其他领域的适用性等理论性问题。

在第六部分（第五章）中，首先横向比较三种政企关系模式的异同，探讨模式之间的动态特征和转化条件。其次，本章提出"技术赋能、制度重塑"两种政企关系的优化逻辑：一是从"技术赋能"逻辑层面，基于区块链技术提出构建生态伙伴型—分布式协同模式的政企关系理论图景；二是从"制度重塑"逻辑层面，尝试性提出地方数字政府建设中政企互动过程的敏捷治理的制度框架。

第七部分为结论部分。包含主要结论、理论创新与适用范围、研究局限以及进一步研究方向。

四 研究设计与概念界定

（一）研究设计

1. 研究方法：文献、观察、访谈、案例、扎根

（1）文献分析法

本书通过收集和阅读大量与数字政府、政企关系相关文献资料，以数字政府建设、政企关系等论题为分析核心，在吸收学习公共管理学科政府治理理论、经济学资源依赖理论等交叉学科理论的基础上，针对上述这些核心论题，把国内外的学术观点与地方数字政府建设的实践探索相结合，系统梳理相关问题的文献材料。文献分析法有助于了解数字政府建设、政府和企业关系的研究内容，是本书其他研究方法的基础。

（2）参与式观察法

参与式观察（participant observation）是质性研究经常使用的方法，通常是基于特定现实情境的"局内人"视角来观察社会活动。一方面，让研究者参与其中，为理论研究提供详尽的"局内人"观点和体验；另一方面，研究者要从现实生活"跳出现场"[1]，赋予现实生活理论抽象和阐释。其核心目的在于创立某些理论，解释人类生活。

本书选择参与式观察作为研究的基本方法。2020年6月至2020年9月，笔者在广东省A市等地开展实地调研的参与式观察。在此期间，笔者以某知名政府规划咨询企业V公司调查研究员的身份，依托某知名政府规划咨询公司开展"W公司生态合作分析"项目，通过参与者的身份"入场"，与政府部门、互联网企业等相关人员进行交流合作并保持长期的交流，保障了调研所获得材料的客观性。之后，不定期地前往该公司进行调研，与相关政府、企业人员保持线上交流，不断验证研究的观点。

（3）深度访谈法

深度访谈法（in-depth interview）又称半结构式访问方式，可以规避定量研究的标准化访问的不足，是质性研究通常采用的方法。采用深度访谈法，要求研究者根据研究问题和目的，在访谈前期设计访谈大纲，

---

[1] Danny L. Jorgensen, *Participant Observation*, London: Sage Publications, Inc., 1989, pp. 12-23.

并在访谈实践中，因地制宜地改变访谈重点，而非机械地遵循访谈提纲的内容，需要充分调动受访者的主动性。[1][2] 深度访谈需要对研究对象进行抽样，包含机遇式抽样、滚雪球式抽样（又称链锁式抽样）、目的性随机抽样、方便抽样和综合式抽样。[3]

本书采取深度访谈方式调研数字政府建设的实践，为研究后期理论层面的推演提供充分的实践素材。具体而言，笔者通过目的性抽样选取在地方数字政府建设中参与度高、能提供丰富信息的政府官员、企业相关人员。在此基础上，采取异质性抽样来覆盖省级和市级相关政府人员、不同所有制企业的相关人员、相关领域的学者和专家，保障观点的代表性和可验证性。在通过目的性抽样和异质性抽样确定受访者之后，根据研究需要，请求受访者推荐其他受访对象，进一步追踪和补充某一类型的访谈对象的资料，直至访谈信息达到饱和。主要开展三轮的深度访谈：第一轮是2020年6月至2021年1月，笔者对上海、浙江、福建等地方数字政府建设进行预调研，访谈了部分地方政府工作人员、上海C公司、百度等公司人员。在完成校级创新项目后，提出研究问题，构建初步理论框架。第二轮是2021年2月至3月，笔者对上海、广东、浙江等地方数字政府建设的政府和企业相关人士进行正式调研，修订初步的理论框架、提出研究假设、细化研究观点。在此期间，参加第三、第四届中国数字峰会，2021广东（佛山）数字创新大会，浙江省改革系统数字化改革专题培训班；围观上海"一网通办、一网统管"及掌上指数发布会等调研和会议，通过会议、调研交流的机会多次研讨，多次修改理论框架。第三轮是2021年5月至12月，笔者对浙江、上海、广东的数字政府建设情况再次进行正式调研和数据收集，对研究理论框架、研究命题与研究假设进行实证印证，并不定期进行补充调研。

---

[1] 孙晓娥：《深度访谈研究方法的实证论析》，《西安交通大学学报》（社会科学版）2012年第3期。

[2] Herbert J. Rubin, Irene S. Rubin, *Qualitative Interviewing: The Art of Hearing Data*, London: Sage Publications, Inc., 1995, p. 45.

[3] 陈向明：《质的研究方法与社会科学研究》，教育科学出版社2000年版，第109—111页。

(4) 案例分析法

遵循科学的研究设计，案例研究可以促进知识积累的纵深方向发展①，从而推动公共管理学科的本土化研究。本书选取上海"一网通办"、浙江"最多跑一次"、广东"粤系列"平台数字政府建设进行案例分析，重点考察企业介入地方数字政府建设项目后，与政府互动过程中所呈现的不同关系模式。在案例分析中，重点采用个案深描与多案例比较的方法，分析不同政企关系模式何以影响数字政府建设的效果，以叙事性再现和动态关联的方式进行分析，对蕴含其中的互动过程进行动态解释和优势分析。通过案例分析法，从更为微观的视角来分析政企关系的过程，从行动者在特定结构中的互动过程进行分析，以期深入了解不同模式下的政企互动如何影响地方数字政府建设的效果，更好地实现"情境""情节""角色""寓意"②的"文化共情"，促进科学化与本土化的有机结合。

(5) 扎根理论方法

扎根理论是质性研究常用的方法，由美国社会学学者巴尼·格拉泽（Barney Glaser）和安塞尔姆·施特劳斯（Anselm Strauss）提出，目的在于从经验资料中提炼出理论模型。③ 扎根理论经过发展，分化为经典扎根理论、程序化扎根理论和建构主义扎根理论三种范式。针对上海"一网通办"、浙江"最多跑一次"、广东"粤系列"平台三个案例，本书采用扎根理论研究方法，遵循程序化扎根思路，深入分析地方数字政府建设中的行动者在特定结构中不同的互动过程，试图构建不同政企关系模式的政企互动过程理论模型。

程序化扎根的具体操作流程主要按照以下三个步骤④：第一，开放式编码。开放式编码对原始访谈资料的语言和案例进行编号和命名，是内

---

① 蒙克、李朔严：《公共管理研究中的案例方法：一个误区和两种传承》，《中国行政管理》2019 年第 9 期。

② 曹志立、曹海军：《西方公共政策叙事研究：述评与展望》，《北京行政学院学报》2021 年第 5 期。

③ Barney Glaser, Anselm Strauss, *The Discovery of Grounded Theory: Strategies for Qualitative Research*, Chicago: Aldine, 1967, pp. 1–18.

④ Anselm Strauss, Corbin Juliet, *Basics of Qualitative Research: Grounded Theory Procedures and Techniques*, California: Sage Publication, 1990, pp. 53–55.

容分析和概念化的过程。笔者把访谈材料导入 Nvivo 12 软件，利用软件提取原始语句，标注抽象化概念，实现初始概念化和初始范畴化。第二，主轴编码。主轴编码是在开放式编码得出的初始范畴的基础上，比较、归纳初始范畴，进一步归纳为更具广泛意义的主范畴。笔者利用 Nvivo12 软件对初始范畴进行聚类，根据 Pearson 系数评估其相关性，再经过三角测量验证和专家咨询，提炼出初步主范畴。第三，选择性编码。选择性编码是对主轴编码所形成的主范畴进行分析、集中和整理，采用"故事线"形式进一步梳理和发现核心范畴，探讨和验证核心范畴与主范畴以及其他范畴之间的逻辑关系，从而确定理论模型。

2. 对象选择：组织及个体行动者

经过近两年对数字政府领域的关注，笔者接触了百余名数字政府领域的相关官员、企业人员、业内人士及专家，本书选取了上海"一网通办"、浙江省"最多跑一次"、广东省"粤系列"政企互动的典型项目进行跟踪调查，并根据研究需要，主要采用目的性随机抽样、异质性抽样、滚雪球式抽样三种抽样方式，从中选取了 89 个典型意义的地方政府干部和企业等相关人员进行深度访谈。访谈对象主要包括省级层面数字政府建设相关的地方政府官员及工作人员、介入省级地方数字政府建设的企业家及人员、区级地方政府官员及工作人员、其他互联网企业的业务负责人，以及部分专家学者等（调研访谈对象信息汇总表见附录3）。其中，对区级地方政府工作人员和其他互联网企业的访谈是为了验证和分析省级层面数字政府建设中政企互动关系的效果；对专家学者的访谈是为了进一步修订理论框架和观点。

3. 案例选择：上海、浙江、广东的实践

本书依据政府和企业在互动过程中主导性的"强—弱"关系作出总体性分析，选取上海"一网通办"、浙江"最多跑一次"及广东"粤系列"数字政府建设三个案例。上海、浙江、广东三个案例之所以有代表性，关键在于它们不仅代表着地方数字政府建设领域的领先水平，而且分别代表着政府和企业的不同互动主导性"强—弱"关系，这三个案例具有如下共性和特性。

第一，选取的案例都是沿海经济的先发地区，浙江省、广东省、上海市作为中国经济先发地区率先开展数字政府建设，并取得可喜的成效。

根据国务院办公厅电子政务办公室发布的近三年《省级政府网上政务服务能力调查评估报告》①②③，三个省市在近三年的省级政府的数字政府服务能力得分排名，都是位列全国第一梯队。同样是良好成效的取得，但是在地方数字政府建设中的政企关系模式却呈现不同特征。三个省市的政企关系特征不仅仅是它们所特有的模式，而且是任何国家、地区在政企互动过程中都可能面临的相似问题，三个案例的选择具有一定的示范意义。

第二，如果说经济对发展地方数字政府建设至关重要，那么给定这些宏观因素的同质性，不同地方数字政府建设政企关系模式却不同。因而，本书认为，除经济的影响外，存在其他更为重要的影响因素，故没有选取贵州等其他地区作为案例研究对象。根据地方数字政府建设中政府和企业的不同互动主导性"强—弱"关系程度，笔者通过前期调研发现，上海、浙江、广东等数字政府建设虽然都是以互联网企业作为后盾，但是互联网企业在政企关系中的主导性程度各不相同，这也是本书选择案例的一个关键点。基于此，本书选取政府主导型的上海、企业驱动型的浙江、多元主体型的广东作为三种不同政企关系模式的代表案例。

需要说明的是，本书主要从省级地方政府与企业的合作进行探讨，市级层面的政府研究仅限于受到上级政企合作模式影响的信息反馈，并没有对区级及以下层级的地方政府与企业的合作进行探讨。但是，区级及以下地方政府与企业的合作往往可以从省级的政企合作模式得以借鉴，故未纳入本书的研究范畴。而上海市作为直辖市，属于省级行政区，在书中视为省级政府进行探讨。

4. 资料收集：访谈、档案及文件

为了保证研究的构念效度④，确保研究的信度和效度，本书使用多途

---

① 国务院办公厅电子政务办公室：《省级政府网上政务服务能力调查评估报告（2019）》，http://zwpg.egovernment.gov.cn/art/2019/4/18/art_1331_5837.html，2020年6月8日。
② 国务院办公厅电子政务办公室：《省级政府网上政务服务能力调查评估报告（2020）》，http://zwpg.egovernment.gov.cn/art/2020/5/26/art_1329_6260.html，2020年6月8日。
③ 国务院办公厅电子政务办公室：《省级政府网上政务服务能力调查评估报告（2021）》，http://zwpg.egovernment.gov.cn/art/2021/5/26/art_1331_6343.html，2021年9月12日。
④ John W. Creswell, *Research Design: Qualitative, Quantitative, and Mixed Methods Approaches*, London: Sage Publications, Inc., 2014, pp. 105-107.

径的资料采集方式,收集多个证据源,包括对相关人员的访谈和观测,参与式观察中的观察记录,省市级地方政府的相关档案、政策文件,媒体的官方报道,对相关讲座会议的观测和专家观点总结。不同途径的资料收集可以相互佐证,形成"证据三角形"。[①]

首先是访谈资料,提高效度。访谈材料主要源于2020年6月至2021年12月,对上海市、浙江省、广东省三个省级层面的数字政府建设的相关对象开展实地调研和非结构性访谈（分为政府版和企业版调研访谈提纲,见附录1、附录2）。为了提高内部效度,在设计访谈提纲过程中,尽量避免设计有倾向性的问题,并通过开放式问题来收集在问题设定中可能被忽略的因素。在经过访谈对象同意的情况下,笔者对访谈材料进行录音并形成了访谈记录文本80份、参与式观察心得9份、项目资料7份,累计60余万字,为本书研究提供了翔实的一手田野材料。与此同时,对地方数字政府建设过程进行长期跟踪和参与式观察,通过调研观察了解数字政府建设过程中省政府、企业等主体间基于数字政府项目的互动过程,有效提升案例的效度。

其次是档案及文件,提高信度。本书在多次讨论和修改研究计划的基础上,采取参与式观察与多轮深度访谈获得一手资料,可以进一步验证单次深度访谈的部分观点的偏颇。此外,本书所选取的案例信息的文件材料主要包括2017年至2021年上海市、浙江省及广东省政府的权威官方网站、媒体报纸报道、政策内部公文等资料,这些文件材料和报道的二手资料,与微观生动的访谈等一手资料相结合,能够更好地进行证据佐证（资料统计如表0-2所示）,反复确保访谈结果的信度。

表0-2　　　　　　　　　　案例资料统计[②]

资料类型	资料来源	获取方式	数次/容量[③]	编码
一手资料	地方政府官员及人员	半结构化访谈、论坛发言	41次/22万字	A1 – A41

---

① Robert K. Yin, *Case Study Research: Design and Methods*, London: Sage Publications Inc., 2013, pp. 1 – 15.
② 本表格为作者自制。
③ 数次/容量,其字数按照万位以"四舍五入"计算。

续表

资料类型	资料来源	获取方式	数次/容量①	编码
一手资料	企业家及人员	半结构化访谈	40次/35万字	B1—B40
	专家学者	半结构化访谈、论坛发言	8次/5万字	C1—C8
	参与式观察	实地蹲点项目整理的观察记录	9份	D1—D9
	项目资料	笔者参与项目的编制材料或提供建议	7份	E1—E7
二手资料	政策文件	省级政府门户及相关官网、政策内部公文	90份	F1—F90
	官方报道	新华社、人民网等权威媒体报纸	11万字	G1—G49
	专家观点	中国电子政务网、中国政府采购网等官网	20万字	H1—H62

（二）概念界定

概念界定是分析问题的逻辑起点。② 本书首先对"数字政府""地方政府""企业""政企关系"等核心概念的内涵外延进行界定和诠释。

1. 数字政府的内涵特征

（1）从学界理论层面，1998年，美国前副总统小艾伯特·阿诺德·戈尔（Albert Arndd Gore, Jr.）首次提出数字政府的概念。③ 在国外文献中，最初数字政府与电子政府常被认为同义词交互使用，无法明显区别两个概念。"数字政府"概念的多样性丰富了研究内容，但稀释了概念的显著性特征，造成概念的混乱、重复。中国早在20世纪90年代便开启了电子政务建设，但是理论研究起步较晚，刚历经十余年的研究。中国在推进数字政府的进程中，形成了"电子政府、电子政务、网上政府、虚拟政府、信息政府、一站式政府、电视政府、移动政府、智能政府、智慧政府"等概念，对这些概念的内涵和角色定位还存在分歧。如：张锐昕按照电子政府实践的先后和提出的时间，认为电子政府遵循从虚拟政

---

① 数次/容量，其字数按照万位以"四舍五入"计算。
② ［奥］维特根斯坦：《逻辑哲学论》，郭英译，商务印书馆1962年版，第540页。
③ 徐晓林：《"数字城市"：城市政府管理的革命》，《中国行政管理》2001年第1期。

府、信息政府到一站式政府，从电视政府、移动政府到智慧政府的发展顺序。① 于跃、王庆华认为，电子政府应分为智能政府和智慧政府，智能政府范畴应包含虚拟政府、信息政府、一站式政府、电视政府、移动政府等概念，而"虚拟""信息""一站式""电视""移动""智慧"的使用代表各个时期政府创新和变革的重点领域。②

（2）从实践层面，党的十九届四中全会首次将"数字政府"正式写入党中央的政策文件，党的十九届五中全会进一步提出，"加强数字社会、数字政府建设，提升公共服务、社会治理等数字化智能化水平"。2021年发布的《"十四五"规划和2035年远景目标纲要》要求加快建设数字经济、数字社会、数字政府，以数字化转型整体驱动生产方式、生活方式和治理方式变革。中国数字化技术发展和新基建升级迭代推动了数字政府的发展，各级地方政府如火如荼地开展数字政府建设，积累了丰富的实践经验，对数字政府的内涵诠释也各不相同，但是，政界通常认为，数字政府是"数字中国"体系的组成部分，是推动"数字中国"建设、深化行政服务改革、持续优化营商环境的重要抓手和重要引擎。

本书基于中国国情、综合相关学者的观点基础和地方政府的实践，把数字政府定义为：在大数据、区块链等数字技术驱动下，政府以数字化转型（如治理模式的变化、组织流程再造等）实现治理现代化目标，将技术理性与价值融合，通过建立政务新机制、新平台，所形成的一种新型政府运作模式，从而满足公众对公共服务和公共价值的需求。从本质上来讲，数字政府是将价值融入技术建设中，在理念的指导下优化政务服务的方式，"对内实现高效业务协同，对外提供优质政务服务"，并以此带动经济、政治、文化、社会、生态文明建设的数字化转型。

具体而言，数字政府建设主要呈现出平台化③和协同化④等特征。中

---

① 张锐昕：《电子政府概念的演进：从虚拟政府到智慧政府》，《上海行政学院学报》2016年第6期。

② 于跃、王庆华：《从智能政府到智慧政府：价值与追求》，《上海行政学院学报》2019年第2期。

③ 黄璜：《中国"数字政府"的政策演变——兼论"数字政府"与"电子政务"的关系》，《行政论坛》2020年第3期。

④ Theresa A. Pardo, "Realizing the Promise of Digital Government: It's More than Building a Web Site", *Information Impact*, No. 10, 2000, pp. 1-12.

国地方数字政府建设基本把"一体化政务服务平台"作为重要内容,通过集约化的建设打造统一的数据平台和服务平台。基于研究对象的场域可观测性的考虑,本书从技术维度来观察地方数字政府建设的过程,侧重从一体化政务服务平台的建设角度,选取上海、广东、浙江等省市的一体化政务服务平台建设的移动应用 App 作为地方数字政府建设的观测视角(如表 0 - 3),重点考察企业介入地方数字政府建设项目后,与政府互动过程中所呈现的不同关系模式。

表 0 - 3　　上海、浙江、广东三省市一体化政务服务平台建设①

省份	一体化服务平台	移动应用 App
上海	上海"一网通办"一体化在线政府服务平台	随申办
浙江	省、市、县、乡、村五级联动的浙江政务服务网	浙里办、浙政钉
广东	广东政务服务网、"1 + N + M"的政务云平台系统	粤系列

2. 地方政府的概念界定

地方政府从广义概念界定,是相对于中央人民政府而言的管理地方行政区事务的政府组织。② 按照宪法规定,在中国大陆地区,除直辖市和海南省的政府组织采用三级形式外,其余地方政府组织采用四级形式即省级政府、地级市政府、县级政府、乡(镇)级政府。在与社会互动过程中,地方政府往往被认为是整体性或统一的行动者进行研究。③④ 如上所述,地方政府实际上是由不同的层级构成,包含省级、市区级、镇乡级等,每一层的行动者都具有不同的偏好和利益需求,与企业合作中具有不同的互动目标。不仅包含组织的公共理性,而且包含官员干部的个体理性。因而,当涉及地方政府与企业之间的互动时,地方政府内部不同行动者之间形成了非常复杂的关系。本书主要从公共理性和个体理性两个维度,来探讨省级地方政府与企业在地方数字政府建设中的互动,

---

①　本表格为作者自制。
②　亢犁、杨宇霞主编:《地方政府管理》,西南师范大学出版社 2015 年版,第 98 页。
③　汪锦军:《政社良性互动的生成机制:中央政府、地方政府与社会自治的互动演进逻辑》,《浙江大学学报》(人文社会科学版) 2017 年第 6 期。
④　徐文付、唐宝富:《地方政府行为企业化的角色分析》,《江海学刊》2000 年第 2 期。

把地方政府界定为作为组织的省级地方政府和作为个人的省级地方政府官员。对区级以上政府的探讨，仅仅是对于省级地方政府在数字政府建设中的意见、建议的反馈层面，镇乡级的政府不纳入探讨范围。

3. 企业的概念界定

不同的企业类型和特征会形成不同的政商关系。按照不同的标准对企业进行分类，可以呈现不同的类型与特征：按企业的规模，可以分为互联网头部企业、互联网大企业、互联网中小企业；按照企业的所有制不同，可以分为中央企业、国有企业、外资企业、民营企业、混合企业；按照企业的注册地不同，可以分为本地企业、外地企业；按照企业技术水平高低特征的不同，可以分为互联网能力、网络安全能力、政府政务业务经验等。不同的企业分类标准，都会影响数字政府建设中的政企关系。本书在涉及地方数字政府政企关系的"企业"维度研究中，主要指地方政府建立互动关联的互联网企业，涉及不同所有制关系、规模、注册地等维度。

4. 政企关系的概念界定

目前学术界对于政企关系的界定主要观点集中于"好""坏"初级阶段的探讨，有待对政企关系的深入分析。[①] 总结学者的观点，主要是从地域范围、主体层次的不同进行政企关系内涵不同维度划分。首先，从不同的地域范围进行划分，可以分为国际层面、国家层面、组织层面的政企关系。国际层面的政企关系研究是基于国际视角，通过国家（政府）与企业的互动关系来提高产业竞争力、提升产业安全程度，以产业安全和产业发展提高国家在国际上的竞争力。[②] 国家层面的政企关系研究是指国家（政府）发挥维护和引导经济发展的积极角色，通过国家与企业的合作来促进国内产业的经济增长。比如日本的"发展型国家"模式，是通过政府与产业尤其是大企业合作，从而取得在国际经济体系中的获胜优势，形成了不同于西方发达国家的政商关系。[③] 而组织层面的政企关系主要侧重从企业的政治行为与企业绩效维度出发，探讨与政府的关系。

---

① 聂辉华：《从政企合谋到政企合作——一个初步的动态政企关系分析框架》，《学术月刊》2020年第6期。

② 张毅：《开放经济中的产业风险与开放型的政企合作网络构建》，《经济问题探索》2010年第6期。

③ 朱天飚：《发展型国家的衰落》，《经济社会体制比较》2005年第5期。

最早可以追溯到20世纪30年代，罗斯福新政引发了政企关系的研究。也有学者从利益集团的理论探讨利益异质性对中国经济战略变迁的驱动作用，从组织利益的视角来探讨企业与政府的关系。①

其次，按照研究对象的不同层次，国内学者对于政企关系的研究较多集中于宏观、中观与微观层面，可以分为体制关系的国家（政府）与市场、组织关系的政府与企业、私人关系的政府官员和企业家（如表0-4所示）。这里所指的政企关系与政商关系，是指"政"和"企""商"两个主体在履行各自职能的过程中，两者互动所形成的相互关系②，可以把政企关系进一步拓展为"国家与社会、政府与市场、官员与企业家等诸多要素相互作用形成的产物"③。根据中华全国工商业联合会研究室发布的《政商关系专题监测统计分析报告》④，官员和企业家对政商关系存在不同的理解，该项目对公职人员发放调查问卷1685份，对企业家发放1047份。调查结果显示（如图0-4所示），访谈对象"官员"认为政商关系最应是"政府与企业的关系"，占比达到71.45%；其次是"政府与市场的关系"，占比52.82%；认为，政商关系是"官员与企业家的关系"的占比最低，为44.39%。访谈对象"企业家"认为，政商关系最应是"政府与企业的关系"，占比达到58.45%；其次是"政府与市场的关系"，占比46.99%；认为政商关系是"官员与企业家的关系"的占比最低为34.96%。

表0-4　　　　　　　　政企关系的不同研究层次分类⑤

研究层次 \ 研究对象	"政"	"企""商"
宏观：体制关系	政府	市场

---

① 李达：《中国经济发展战略变迁的利益驱动分析——一个新政治经济学视角》，《中国经济问题》2005年第4期。
② 韩影、丁春福：《建立新型政商关系亟需治理"权""利"合谋行为》，《毛泽东邓小平理论研究》2016年第4期。
③ 佟德志：《当代中国政商关系博弈复合结构及其演变》，《人民论坛》2015年第5期。
④ 中华全国工商联合会研究室：《政商关系专题监测统计分析报告》，中国民营经济研究会，2015年。
⑤ 本表格为作者自制。

续表

研究层次 \ 研究对象	"政"	"企""商"
中观：组织关系	政府	企业
微观：私人关系	官员	企业家

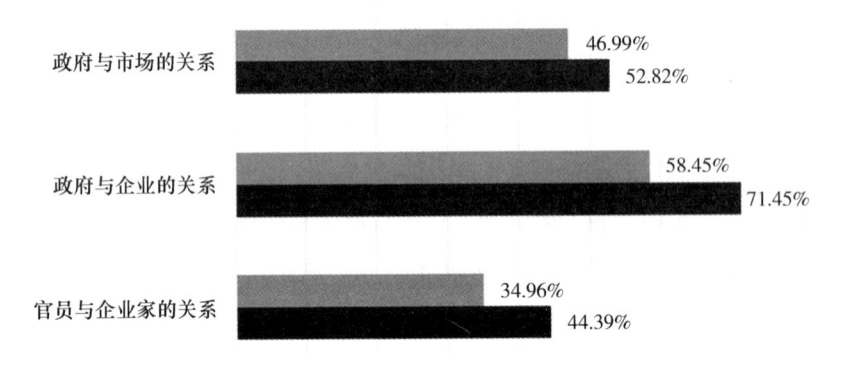

政府与市场的关系　企业家 46.99%　官员 52.82%

政府与企业的关系　企业家 58.45%　官员 71.45%

官员与企业家的关系　企业家 34.96%　官员 44.39%

■ 企业家　■ 官员

图 0-3　政府和企业家对政企关系的不同理解①

综合上述观点，本书所指的"政企关系"，倾向于研究对象的不同层次进行界定的观点，主要是指地方政府在数字政府建设过程中，以数字政府平台建设②和数据治理、应用等为合作内容，通过项目外包、战略合作、混合组织等方式让互联网企业介入其中，政府和企业在互动过程中形成不同层次的关系，包含官员与企业家的私人关系、政府与企业的组织关系、政府与市场的体制关系。为了形成可观察和可检验的理论含义，本书将政企关系的基本分析单位确定为省级地方政府和不同类型互联网

---

① 作者自制，参见中华全国工商联合会研究室《政商关系专题监测统计分析报告》，中国民营经济研究会，2015 年。

② 在调研中发现，平台建设主要是指全省政务云（可以称为"硬件"）和数据运维（或称政务大数据中心一体化建设，即软件）。硬件主要涉及建立人口、社会应用信息等公共基础数据库，建设统一电子印章、统一身份认证等公共应用支撑，为数据应用提供基础平台。软件主要涉及全省数据的运维。

企业（按规模、所有制或技术水平等区分类型），以"微观的私人关系、中观的组织关系"为观察和分析单位，探讨政府和企业在数字政府建设项目中博弈互动关系模式，并置于宏观层面的体制关系即政府与市场关系的研究谱系，为其提供启发性的参考。

与其他领域的政企关系相比，数字政府建设中的政企关系具有独特特征[①]：一是投资的资产专用性。投资的成本巨大，往往需要政府和企业双方或企业多方进行前期共同专有投资。二是投资的可替代性弱。如果地方政府已建立数字政府1.0版或者一期项目，很难推倒重来，这样就会出现"挂钩容易脱钩难"的现象。三是关系的排他性强、兼容性差。数字政府建设中不同的底座、算法、接口等技术参数，只要企业介入后，该企业就具有了专属的优势，其他企业很难获得原来的技术参数或需要支出高额的费用才能得到技术参数。四是关系存续的时间往往具有长期性。数字政府项目的延续性强，后期需要不断地进行迭代升级。五是关系的安全系数要求高，往往涉及政府核心数据和业务，信息的安全关系到民众切身利益。六是合规的要求与违规的风险。由于在数字政府建设的过程中，其建设的"计划赶不上变化"，政企签订的合同往往具有不完备性，后期的交易成本、信任基础等都是影响政企关系至关重要的因素。由于数字政府建设属于新技术领域，加上政企关系的独特特征，造成了地方政府在选择与企业合作过程中的谨慎性和多样性，需要我们在后面的章节中进行详细探讨。

[①] 该特征的总结受到马亮教授在2021年10月23日第五届清华大学公共管理青年学者论坛讲座中观点的启发。

第一章

理论框架：地方数字政府建设中的政企关系的类型分析

地方数字政府建设的政企关系呈现多样性和复杂性，对事物做适当的类型学划分是获得关于事物深刻认识的有效途径之一。本章在回顾以往学者对政企关系基础理论的基础上，对地方数字政府建设的政企关系进行类型学划分，以政企双方主导性"强—弱"程度不同作为分类标准，将地方数字政府建设中的政企关系分为以下模式：政府主导型—项目外包模式、企业驱动型—战略合作模式、多元主体型—混合组织模式和生态伙伴型—分布式协同模式，并构建"结构—行动者—过程"分析框架，对政企关系模式的外部结构约束、内在行动逻辑进行剖析。

第一节　政企关系的理论基础

本节首先总结理性选择理论，将其作为政企关系行动者的行为假设。其次，将公私合作理论作为政企互动关系的理论分析视角，重点从公私合作的理论演进、理论内容、发展走向进行总结，为政企关系互动提供理论解释。最后，总结政府和市场关系理论的发展脉络，将政企关系的研究置于政府与市场关系的宏观视角进行考察。

一　理性选择理论：行动者的行为假设

本书对研究对象的理论前提进行假设，认为地方政府和企业的行为无论是从组织还是从个体维度都属于"理性人",他们都是兼具经济理性与公共理性双重属性的辩证统一体。需要说明的是,地方政府和企业这些行动者生活在现实世界里,并非在"完全理想"的理论世界中,他们的行为无法做到完全理性,主要受限于他们自身行为的局限性。人类决策局限性①使得地方政府和企业在现实实践中的行为面临着难以排除的不确定性。

（一）经济理性选择

理性"经济人"的行为假设,构成了西方经济学理论的基石。其观点最早来源于英国古典经济学家亚当·斯密关于人性利己的思想。② 其内涵和外延经历了"古典经济人""新古典经济人""新经济人"三个阶段的发展,"经济人"假设的"人"的范围亦由生产商拓展到消费者及政府官员。③ 概括起来,其核心思想认为,人在经济市场的行为是自利而理性的,会通过交易来实现个人利益的最大化。此后,詹姆斯·S. 科尔曼（James S. Coleman）以"理性"概念进一步拓展"经济人"假设的概念,认为"理性""利益"不限于狭义的经济含义,可以拓展至所有"目的性的行动"。④

此外,一些研究者逐渐将"经济人"假设运用于经济领域之外人的行为的分析,进一步发展了"经济人"假设,由此丰富和发展了公共选择理论。丹尼斯·C. 缪勒（Dennis C. Mueller）、詹姆斯·M. 布坎南

---

① 安东·尼唐斯（Anthony Downs）提出的人类决策局限性的观点,主要表现在:一是每个行动者投入的时间有限;二是每个行动者在进行决策权衡时,所拥有的信息具有限性;三是大多数行动者尤其是地方政府的职能涉及多个领域,他们无法同时考虑所有领域,通常只会关注他们最需要关注的问题;四是每个行动者在作出决策时,用于解决问题的最初信息量,仅是某个专题或领域中的部分潜在信息;五是对特定问题的解决可以通过增加相关信息量进行优化,但是,获取和运用信息的成本随着数据增加而急剧增长;六是很多特定问题的重要方面信息尤其是与未来相关的信息是不可能获取的。参见［美］安东尼·唐斯《官僚制内幕》（中文修订版）,郭小聪等译、郭小聪、李学校,中国人民大学出版社2017年版,第60页。

② ［英］亚当·斯密:《国民财富的性质和原因的研究》（上卷）,郭大力、王亚南译,商务印书馆1972年版,第14页。

③ 杨春学:《经济人与社会秩序分析》,上海三联书店、上海人民出版社1998年版,第19页。

④ 丘海雄、张应祥:《理性选择理论述评》,《中山大学学报》（社会科学版）1998年第1期。

(James M. Buchanan)等学者将"经济人"假设拓展到政治活动中。缪勒认为,公共选择理论可以定义为非市场决策的经济研究,即把经济学的方法运用于政治学科。在政治领域,公共选择理论的基本行为假设也是"经济人"。① 布坎南等认为,"政治是个人之间的一种复杂的交换结构,人们希望通过该结构集体地获得个人私下确定的目标"②。可见,公共选择理论中的经济理性选择不仅包含经济学中的物质利益,还包含政治学领域中的尊严、权利等价值。

根据上述观点,政治活动中的个人是"经济人",政府作为政治活动的集中领域,是公民利益的代表者,从应然的视角应该以公民的公共利益的实现为宗旨。但是,政府是由官员、政治家等人员组成,这些个体都是"经济人"理性,其组织行为不可避免地嵌入了官员、政治家的个人利益偏好,所形成的政府政策等活动,不可避免地带有"经济人"的特征。因而,本书在分析地方政府与企业的互动过程中,不管是在官员个人维度还是在政府组织维度,其行为都具有"经济人"的理性特征。

(二)公共理性选择

"公共理性"是西方政治哲学的核心概念。③ "公共理性"可以追溯到霍布斯的政府起源论,在霍布斯看来,政府起源正是个体出于保障自身生存安全的理性选择,"把大家所有的权力和力量委托给某个人或一个能通过多数的意见把大家的意志化为一个意志的多人组成的集体"④。因而,政府建立的目的在于履行"对个人的生命和财产提供基本的保护"这一义务。而卢梭将公共理性等同于法律,认为"除了公共的理智(公共理性)即法律之外,他(行政官)什么规律都不应该听从"⑤。在卢梭之后,罗尔斯进一步发展公共理性理念,认为公共理性是一个民主国家

---

① Dernis C. Muller, *Public Choice II*, Cambridge: Cambridge University Press, 1989, pp. 1–2.
② [美]詹姆斯·M. 布坎南、戈登·塔洛克:《同意的计算——立宪民主的逻辑基础》,陈光金译,中国社会科学出版社2000年版,序言第2页。
③ 谭安奎:《公共理性与民主理想》,生活·读书·新知三联书店2016年版,第2页。
④ [英]霍布斯:《利维坦》,黎思复、黎廷弼译,商务印书馆1985年版,第131页。
⑤ [法]卢梭:《论政治经济学》,王运成译,商务印书馆1962年版,第3页。

的基本特征①,他对公共理性的概念界定是基于个体中心的自由主义分析逻辑。但是,在实践中,政府代表公民的集合体而行动。本书认为,公共理性不仅是对单一个体的要求,而且是对政府等集体目标和现实的要求。②

综合上述学者的观点,地方政府和企业在互动的过程中,主要是受经济理性的驱动,还是受公共理性的主导?对此,珍妮特·V.登哈特(Janet V. Denhardt)等曾指出,"新公共服务的核心原则之一就是重新肯定公共利益在政府服务中的中心地位"③。可以看出,登哈特等对政府的理性选择假设是基于应然的公共理性。本书认为,在中国的情境中,地方政府和企业不同于西方的语境,但具有经济理性和公共理性特征。相对企业而言,地方政府的公共理性是其第一属性,理应置于更重要的位置,其第二属性是经济理性,包含政治利益与经济利益等。地方政府的公共理性和经济理性既体现在政府机构或部门的组织维度,又体现在官员的个体维度,两者都呈现不同程度的理性选择。具体至地方数字政府建设的具体场域中,地方政府和企业在互动过程中会因为不同合作模式而呈现不同互动目标,本书将在下文就此做进一步探讨和研究。

二 公私合作理论:政企互动的理论基础

(一)公私合作的理论演进

公私合作理论可以溯源到新公共管理理论,其核心观点在于:公共、私人部门在管理上没有本质区别,都具有共同的管理观念;私营企业的管理绩效优于政府部门,私人部门的管理理念和方法可以用于政府公共

---

① 民主国家的基本特征包含三层含义:首先,它是民主国家的公民理性,是那些共享着平等公民身份的人表现出来的理性特征;其次,它的目标是公共的善和根本性的正义;最后,它的本性和内容是公共的,是由社会的政治正义观念表达的理性和原则所给定。参见[美]约翰·罗尔斯《政治自由主义》(增订版),万俊人译,译林出版社2011年版,第589页。

② 朱国伟:《中央政府职能研究——核心职能探求与公共理性视野》,武汉大学出版社2017年版,第182页。

③ [美]珍妮特·V.登哈特、罗伯特·B.登哈特:《新公共服务:服务,而不是掌舵》,丁煌译,方兴、丁煌校,中国人民大学出版社2014年版,第66页。

部门。①② 美国学者戴维·奥斯本（David Osborne）和特德·盖布勒（Ted Gaebler）明确提出以建立"企业化政府"为政府改革的目标。③ 新公共管理以经济人假设为价值取向的前提，通过建立新的约束、激励机制，为政府和市场设定新的边界，严格限制了政府的规模和管理界限，通过市场的方式提供公共服务。④ 以罗伯特·B. 登哈特（Robert B. Denhardt）为代表的学者基于新公共管理理论反思，提出了"新公共服务"理论，强调"公民优先"，主张重新回归到民主价值和公共利益的关注。⑤ 新公共管理理论的内涵也不断拓展为"政府与市场（含企业）、政府与社会、政府与公民"的关系。

（二）理论内容及发展走向

公私合作理论又称为公私伙伴关系、政府和社会资本合作模式（Public Private Partnerships，简称PPP），是公共管理、经济学等多学科的概念，目前关于公私合作尚未形成统一的定义。从狭义的视角，其概念界定等同于狭义层面的PPP，强调在基础设施建设领域引入私人部门，充分发挥私人部门的作用，但是在合作的过程中，政府仅仅将某些职能转移给私营部门，其主要责任的承担者还是政府。⑥ 曹远征等认为，政府和社会资本合作模式经过几十年的发展和创新，目前，公私部门建立伙伴关系，发挥各自资源禀赋优势，合作完成大型基础设施的建设并参与后续运营的政府和社会资本合作模式已成为一种成熟的市场化制度安排选择。⑦ 而达霖·格里姆赛（Darrin Grimsey）认为，PPP模式提供基础设施服务是一种非常灵活的方式，这些模式包括公共和私营部门不同程度的

---

① 张成福：《当代西方政府再造的核心理念：企业型政府》，《中国改革》1998年第9期。
② 雷志宇：《"新公共管理"模式的内在冲突与矛盾》，《东南学术》2002年第5期。
③ ［美］戴维·奥斯本、特德·盖布勒：《改革政府：企业家精神如何改革着公共部门》，周敦仁等译，上海译文出版社2006年版，序第14—20页。
④ 沈荣华：《论服务行政的法治架构》，《中国行政管理》2004年第1期。
⑤ ［美］珍妮特·V. 登哈特、罗伯特·B. 登哈特：《新公共服务：服务，而不是掌舵》，丁煌译，方兴、丁煌校，中国人民大学出版社2014年版，第7—9页。
⑥ Darrin Grimsey, Mervyn K. Lewis, *Public Private Partnerships: The Worldwide Revolution in Infrastructure Provision and Project Finance*, Northampton: Edward Elgar Publishing Limited, 2007, p. 2.
⑦ 曹远征、付晓建：《PPP：政府和社会资本合作的制度经济学分析》，对外经济贸易大学出版社2016年版，第190页。

合作关系（租赁、商业特许经营、特许经营、BOT、BOOT、DBFO、DC-MF 以及合资公司）。① 从广义的视角，公私合作理论的研究集中于民营化的讨论。E. S. 萨瓦斯（E. S. Savas）提出了公共服务供给的 10 种制度安排：政府服务、政府间协议、政府出售、合同承包、补助、凭单制、特许经营、自由市场、志愿服务、自我服务。② 依萨瓦斯的观点，民营化可以理解为"对私人企业、社会组织等非政府部门的统合"，而建立公私伙伴关系是核心要素之一。王欢明等从公共管理学科的视角把 PPP 界定为：如何促使公共部门、私人部门建立伙伴关系，如监管、提供资源、沟通、协商、公众参与等，实现公共政策目标。③ 学术界推进民营化的知名学者还有米尔顿·弗里德曼（Milton Friedman）、安东尼·唐斯（Anthony Downs）、戈登·图洛克（Gordon Tullock）、威廉·尼斯卡宁（William Niskanin）和彼得·德鲁克（Peter Drucker），他们的核心观点都认为，满足公众的需求主要依靠民间机构而非依赖政府。

西方发达国家的实践为公私合作理论的扩展提供了经验基础。20 世纪 90 年代，英国率先提出公私伙伴关系的概念，并组建起公私伙伴关系委员会，通过"私人投资计划"（Private Finance Initiative）的方式推动民营化。④ 随后，美国、法国、德国、日本、澳大利亚、新西兰等西方国家纷纷响应，逐渐在提供公共产品领域形成公共部门与私人部门的合作关系。在我国，公私合作最初以"建设—运营—转让"（BOT）、"建设—转让—运营"（BTO）、"转让—运营—转让"（TOT）等形式应用于基础设施建设领域，后逐渐拓展到其他领域。如本书所选取的上海"一网通办"、浙江"最多跑一次"、广东"粤系列"等政务服务项目的数字政府建设，都是公私合作的进一步发展。由此可知，无论从公私合作理论还是实践发展来看，公私合作理论都涉及政府和企业等多元主体，政府作

---

① ［英］达霖·格里姆赛、［澳］莫文·K. 刘易斯：《公私合作伙伴关系：基础设施供给和项目融资的全球革命》，济邦咨询公司译，中国人民大学出版社 2008 年版。

② ［美］E. S. 萨瓦斯：《民营化与公私部门的伙伴关系》，周志忍等译，中国人民大学出版社 2002 年版，第 70 页。

③ Wang Huanming, Xiong Wei, et al., "Public-Private Partnership in Public Administration Discipline: A Literature Review", *Public Management Review*, Vol. 20, No. 2, 2018, pp. 293–316.

④ 余晖、秦虹主编：《公私合作制的中国试验》，世纪出版集团、上海人民出版社 2005 年版，第 4 页。

为单一主体供给的方式已然式微。公私合作研究走向不仅仅在于多元主体的现状分析,更在于如何实现政府和企业、社会等多元主体的协调发展。

三 政府与市场的关系理论:政企关系的研究谱系

政企关系与"国家—市场"关系密切。国家意志的执行往往通过政府行为来完成,并与市场的自发调节,共同影响企业的经营行为。① 因而,本书认为,政企关系的研究需要将其置于政府与市场关系的宏观视角中进行。政府与市场关系的研究,可以溯源到自由主义论和国家干预论两个基本思潮。②

自由主义论主张国家只需保留有限的经济职能(如保障市场秩序),应充分发挥市场的作用,通过私人资本(企业)来协调所有社会经济活动。政府和企业的分离理论延续着亚当·斯密所建立的"经济自由"思想,以西方新古典经济学和新自由主义经济学为代表。亚当·斯密在《国富论》(The Wealth of Nations)提出,"市场这只'看不见的手'可以自发调节,政府应对市场减少管制,提供必要的公共基础设施和公共服务,充当好'守夜人'角色,反对国家干预经济生活"③。其他新自由主义经济思潮代表性学者还有弗里德曼、穆思、卢卡斯、孟德尔及拉法等,他们都主张政府和市场"分离"关系是最优选择。④ 赫尔曼(Hellman)进一步提出"政府俘获"(State Capture)的概念。⑤ 为解决这一问题,市场机制的发挥还需要充分发挥政府"这只看得见的手"在经济调节中的作用。

国家干预论主张政府参与和干预社会经济活动,承担了生产、交换、

---

① 孙关宏、胡雨春、陈周旺主编:《政府与企业——政治学视野中的中国政企关系改革》,江西人民出版社2002年版,第23页。
② 赵东荣、乔均:《政府与企业关系研究》,西南财经大学出版社2000年版,第2—8页。
③ [英]亚当·斯密:《国富论》上,郭大力、王亚南译,译林出版社2011年版,第17页。
④ [美]戴维·罗特科普夫:《权力组织:大公司与政府间历史悠久的博弈及前景思考》,梁卿译,商务印书馆2014年版,第2页。
⑤ 乔尔·S. 赫尔曼:《转型经济中对抗政府俘获和行政腐败的策略》,叶谦、宾建成译,《经济社会体制比较》2009年第2期。

分配和消费等经济职能,从而在一定程度上削弱或限制私人资本活动范围的理论和政策。凯恩斯首先提出国家干预理论,认为政府的"有形之手"可以渗透到经济社会生活的各方面,以此来消除市场失灵。① 这一时期,政府通过直接管理和强化法律来加强对企业的管理。李斯特从斯密的自由竞争理论导致国民经济部门之间协调不足入手,分析了政府力量介入的必要。此外,国家干预论的代表性学者罗森斯坦·罗丹(P. Rosensten-Rodan)、钱纳里(Chenery)、布鲁诺(Bruno)、刘易斯(Lewis)等从不同的维度为政府推动经济增长提供了可供选择的模式。当然,政府的过度干预导致职能膨胀、工作无效率、福利支出大增,"政府失灵"的观点相伴而生。

既然政府的力量可以纠正市场的失灵,那么市场力量也可以防止政府的失败。② 20 世纪 90 年代兴起了新公共管理范式,公共选择理论基于政府和市场二分法,主张用市场的方法来再造公共部门。可以发现,这两大思潮在不同时期、不同国家的场域中表现形式虽然各具特点,但是政府和市场在长期发展中共同呈现了非此即彼的二分属性,该特征也从宏观上影响政企关系的发展。因而,政府与市场的关系理论为政企关系研究提供了一个相对宏观的理论视角。这两大思潮在不同时期、不同国家对政企关系产生了重要影响。从本质看,西方主流学者对政企关系的研究主要是围绕"政府—企业"不断调整,不同时期、不同阶段的政企关系类似于"钟摆"模式,经济衰退时期,钟摆就偏向政府,政府干预强些;经济繁荣时,钟摆就偏向企业,市场调节强些。比如:半个世纪以来,美国政府的经济政策一直是在凯恩斯主义和新古典主义或新自由主义经济学之间摇摆。在现实生活中,社会作为一个体系被组织起来,现实中的不同组织(包含国家、政府)并非孤立存在,需要靠市场的力量"看不见的手"和政府的调控"看得见的手"来实现彼此的动态依存和平衡。可见,西方理想的政府与市场(企业)的关系依然是保持距离型关系(arm's length relationship),保持距离型关系的政企关系需要界定

---

① [英]约翰·梅纳德·凯恩斯:《就业、利息和货币通论》(重译本),高鸿业译,商务印书馆 2021 年版,第 1—3 页。

② 陈振明:《评西方的"新公共管理"范式》,《中国社会科学》2000 年第 6 期。

政府和企业（或市场）的边界，才能保持两者的独立性，这也是资源配置最优化的前提。那么，如何恰当地区分政府和企业的边界？上述公共选择理论、新公共管理理论、自由主义理论等理论围绕该核心议题从交易成本、产权界定等多维度进行探讨。[1][2][3]

如果把政企关系置于中国的场域中，在不同时期将呈现不同特征。中国学者主要聚焦政企分开、政企合谋等维度来分析政企关系。如部分学者认为，政府和非公共组织要逐步分开，这样才能促进分工[4][5]，政策实现可以通过政府购买服务或者政府自制服务。[6][7] 政府剥离企业可以减少政策性负担，使得企业成为相对独立的利益主体。[8][9][10] 在中国政治集权和经济分权的背景下，很多僵尸企业是维系本地区经济发展和政府官员政治晋升的重要因素，地方政府和企业之间会形成"政企合谋"。[11] 市场要有效地运行，不能没有政府，但是政府力量的扩展可能导致市场本身的毁灭。[12] 在新数字技术背景下，企业作为市场的重要主体，离不开政府的指导，而地方数字政府建设离不开企业的技术和能力。因而，本书认为，政企关系的研究需要超越"政府—企业"的非此即彼思维，关注

---

[1] 梅志罡:《新公共管理理论及其借鉴意义》,《行政论坛》2006年第1期。

[2] [澳] 欧文·E. 休斯:《公共管理导论》(第四版),张成福、马子博等译,中国人民大学出版社2015年版,第234—250页。

[3] 沈荣华:《论服务行政的法治架构》,《中国行政管理》2004年第1期。

[4] [美] E. S. 萨瓦斯:《民营化与公私部门的伙伴关系》,周志忍等译,中国人民大学出版社2002年版,第3—16页。

[5] 敬义嘉:《中国公共服务外部购买的实证分析——一个治理转型的角度》,《管理世界》2007年第2期。

[6] 苏明、贾西津、孙洁等:《中国政府购买公共服务研究》,《财政研究》2010年第1期。

[7] 蔡长昆:《制度环境,制度绩效与公共服务市场化:一个分析框架》,《管理世界》2016年第4期。

[8] 张维迎、马捷:《恶性竞争的产权基础》,《经济研究》1999年第6期。

[9] 林毅夫、李志赟:《政策性负担、道德风险与预算软约束》,《经济研究》2004年第2期。

[10] 孙立平、王汉生、王思斌等:《改革以来中国社会结构的变迁》,《中国社会科学》1994年第2期。

[11] 聂辉华、江艇、张雨潇、方明月:《我国僵尸企业的现状、原因与对策》,《宏观经济管理》2016年第9期。

[12] 张维迎:《市场与政府》,西北大学出版社2014年版,序第i页。

政府内部和市场内部的结构特征①，考虑中国在制度变迁层面的复杂性和独特性，把研究更多聚焦于不同国家的具体场域、制度关系的真实世界情境进行探讨。

总而言之，政府和市场的关系理论为政企关系的研究提供了一个宏观视角，总结政府和市场的关系理论，更好地理解中国"市场经济背后的政治逻辑"，为进一步分析政企关系提供理论基础。而本书地方数字政府建设中政企关系模式的总结提炼，将其置于政府和市场关系的研究谱系中进行探讨，拓展该模式在其他领域的适用性。

第二节　政企关系的基本类型

本节在回顾以往学者关于政企关系理论的基础上，基于不同事实性案例材料的比较，基于地方数字政府建设政企关系的"主体间关系"视角，以政企双方主导性强弱程度的不同作为分类标准，将地方数字政府建设中的政企关系分为：政府主导型—项目外包模式、企业驱动型—战略合作模式、多元主体型—混合组织模式、生态伙伴型—分布式协同模式。

一　政企关系类型划分的基础：不同事实性案例材料

上海、浙江、广东三个省级数字政府建设成效在全国名列前茅。上海市的"一网通办"是城市数字政府建设的中国品牌，其经验作为经典案例写入《2020联合国电子政务调查报告》。浙江省"最多跑一次"创造了"放管服"改革的浙江经验和浙江样本，以此撬动数字化改革，促进政府职能部门的自我革命和自我改造，其影响从"地方创新"发展为"全国推广"，从"地方探索"发展为"顶层设计"，甚至扩散至部分西方国家。广东省的省级政府网上政务服务能力的总体排名由第九名跃居第一名，数字政府建设推出"粤系列"平台（其中，"粤省事"是全国

---

① 高帆：《从政府—市场到城乡关系：结构联动视域下的中国经济转型》，《探索与争鸣》2019年第12期。

服务最全、用户最多、活跃度最高的省级移动政务服务平台[①]），以数字平台建设推动数字产业生态的发展。在调研中，笔者发现，三个省级数字政府建设都取得卓越成绩。但是，在其建设中，政企关系却呈现不同的地方特色。

基于经验性案例材料，如表1-1所示，上海、浙江、广东在数字政府建设中的政企关系在"政企互动主体、企业介入路径、政企互动内容"三个维度表现各有不同。

表1-1　　　　上海、浙江、广东数字政府建设的案例比较[②]

	上海市	浙江省	广东省
项目示例	上海"一网通办"	浙江"最多跑一次"	广东"粤系列"平台
政府"牵头"部门	上海市大数据中心（副厅级事业单位）	浙江省大数据发展管理局（副厅级行政机关）	广东省政务服务数据管理局（副厅级行政机关）
合作企业	电信、移动、本土企业Y等企业	X互联网头部企业	W公司
企业性质	国有企业、本土企业（行业经验丰富）	私营企业	混合组织（国资控股）
企业设立时间	历史悠久	1999年	2017年
企业服务对象	无限定	浙江省数字政府建设	广东省数字政府建设
合作路径	项目外包	战略合作协议	战略联盟
合作领域	云、网、数、端	云、网、数、端全覆盖	云、网、数、端（部分）
采购方式	公开招标	通常为单一来源采购	通常为单一来源采购
合作周期	2—3年	长期	长期
核心技术来源	电信等多家企业	X互联网头部企业	腾讯等多元合作生态企业

（一）政企互动主体的异同

在政府侧方面，上海、浙江、广东都成立统筹省级数字政府建设的行政机关或事业单位，上海市于2018年4月成立上海市大数据中心，由

[①] 刘冰:《"跨省通办"中数据共享的新挑战及协同治理策略》，《电子政务》2022年第2期。

[②] 本表为作者自制。

上海市政府管理,是副厅级事业单位;浙江省在 2015 年 11 月成立浙江省数据管理中心,于 2018 年 10 月组建浙江省大数据发展管理局,由省政府办公厅管理,是副厅级行政机关;广东省于 2014 年 2 月成立省级大数据管理局,于 2018 年 10 月改组为广东省政务服务数据管理局,由省政府办公厅管理,是副厅级行政机关。在企业侧方面,政府侧与不同的所有制企业建立合作关系。上海市本土没有类似浙江的 X 互联网头部企业、类似广东的腾讯互联网巨头企业,没有数字政府建设的总承包商和唯一战略合作伙伴,但是,上海市拥有本土 Y 公司、电信、联通等重要合作企业,数字政府建设的参与企业呈现多元化。在访谈中,笔者发现,上海市数字政府建设中会优先考虑国有企业和本土企业的属地优势。浙江省在数字政府建设的初期,与 X 互联网头部企业建立长期战略合作关系,成为数字政府建设中地方政府和私营互联网头部企业合作的样本。广东省基于本地互联网头部企业,组建国资控股的混合组织即 W 公司。

(二)企业介入路径的异同

在上海、浙江、广东的数字政府建设中,浙江省地方政府与 X 互联网头部企业通过"建立长期的战略合作协议"达成合作关系;广东省基于本地互联网头部企业,组建国资控股的混合组织即 W 公司,以混合组织为载体来关联地方政府、企业、合作生态伙伴等多元主体,地方政府和企业形成战略联盟关系;而上海市没有专门成立国资控股的互联网企业,采用项目外包方式与已有互联网企业建立合作关系,与多元企业建立合作。由此可知,企业介入地方数字政府建设的方式各有不同,可以通过长期战略合作、共同组建组织、项目外包等得以实现。

(三)政企互动内容的异同

在上海、浙江、广东数字政府建设中,三个省份的数字政府建设合作领域覆盖数字政府技术和运营体系的最核心内容,即云、网、数、端等内容的建设和运营。但是,三个省市的市场集中度表现不同。首先,在上海市数字政府建设中,"一网通办"(包含其移动端总入口随申办 App)涉及政务云、网、数、端等建设和运营维护,市级层面的项目往往被地方政府细分为多个模块,分包给不同的企业,区级层面的数字政府建设相对灵活,市级政府不会进行意向性的推荐,因而市场集中程度相对较低。其次,浙江省数字政府建设涉及"一云、大中台、两端、N 智能"等内容，形成了"浙政钉""浙里办"等移动政务平台品牌，省级层面的技术供给主要由 X 互联网头部企业统筹完成，其他层级的地方政府没有明确要求与 X 互联网头部企业合作，可以根据智能定制需求，开发个性化业务应用，但是，X 互联网头部企业对浙江省各区市（尤其是杭州）的影响非常深刻。因而，其市场集中程度最高。最后，广东省数字建设涉及云、网、数、端等内容的建设和运营，着力"粤系列"平台（"粤省事""粤商通""粤政易"）的打造。省级层面的云、网、数、端技术由 W 公司作为总承包商，数字生态合作伙伴介入具有多元性。同时，省级政府推荐但没有强制要求市区级政府与 W 公司合作。虽然其市场集中程度较高，但是并不影响其市场多元主体的介入，具有开放性的特征。

二 政企关系类型划分的维度：互动过程"强—弱"程度

在上海、浙江、广东的数字政府建设中，地方政府和企业呈现"政企互嵌"的发展趋势，但是，三个模式互嵌的程度各不相同，形成了各异的政企关系模式。

本书按照互动过程"强—弱"程度进行类型学划分，侧重考察政府和企业在互动关系中，哪一方作为关系的发起方，以及双方能力在互动中相互作用及其对比。双方能力的强弱往往决定了发起主体的不同。从宏观视角看，政府的垄断性优势使得政企关系在许多国家的制度环境下并非对称和平衡，政府能力始终强于企业。政府权力具有天然垄断性和强制性，而企业更可能处于弱势的一边。但是，如果将政企关系置于具体的情境，从微观视角进行分析，政府能力未必持续处于强势地位。一方面，企业可以在地区间相对自由地流动，尤其是人力与物质资本的跨区域可流动，企业接受政府长期"掠夺"的概率降低，企业采用"用脚投票"的方式选择地方政府进行互动。同时，地方政府期待优秀的企业为其实现政绩的升迁，往往会以更开放的心态欢迎和支持成功的企业、成长性好的企业、附加值高的企业，并非"锁定"或封闭的寻租关系。另一方面，在具体的项目合作中（比如数字政府项目），企业由于拥有技术的优势，可能把政府置于弱势的地位。因而，本书认为，政企关系类型的划分应置于具体情境、具体维度对政府和企业能力进行微观分析，不可一概而论。

在中国地方数字政府建设的"主体间关系"具体情境中,本书着重探讨地方政府如何借助企业尤其是互联网企业的力量进行建设。数字政府建设的成效,涉及政府和企业两个主体的能力,在互动过程中呈现不同的主导性"强—弱"程度。在政企互动过程中,处于主导性的一方往往会利用自身的优势位置在互动过程中占据主动权。政府处于主导性强的位置,往往通过外包、政策等方式吸引企业介入,并在与企业的合作方式、互动过程中占有主动权,具有较为自由的裁量空间,在内部资源调配、外部资源拓展方面能力较强。企业处于主导性强的位置,企业在政企合作过程中具有较强的谈判能力,谈判能力强的一方往往会凭借自身独有的资源优势,基于自身利益偏好出发把控主动权、影响合作内容,使另一方接受自己提出条件的能力①,并通过发声、退出、驱逐、忠诚②③等方式获得更大份额的利益。

本书以政府和企业互动过程的主导性"强—弱"程度两个维度进行四向量划分,具体划分为四种(如表1-2所示):政府主导型—项目外包模式、企业驱动型—战略合作模式、多元主体型—混合组织模式、生态伙伴型—分布式协同模式。在政企互动过程中,如果政府主导性强、企业主导性弱,则政府处于主导地位,企业处于从属地位,把这种"强政府—弱企业"的关系称为"政府主导型—项目外包模式"(以上海"一网通办"为例);如果政府主导性弱、企业主导性强,则企业处于主导地位,政府处于从属地位,把这种"强企业—弱政府"的关系称为"企业驱动型—战略合作模式"(以浙江省"最多跑一次"为例);如果政府主导性强、企业主导性强,则政府和企业在保持独立性的同时平等

---

① Nicholas Argyres, Julia Porter Liebeskind, "Contractual Commitments, Bargaining Power, and Governance Inseparability: Incorporating History into Transaction Cost Theory", *Academy of Management Review*, Vol. 24, No. 1, 1999, pp. 49 – 63.

② 发声(Voice),即一方选择继续合作,但基于更强谈判能力表达自身诉求;退出(Exit),指一方以退出当前合作进行威胁;驱逐(Exclusion),即一方借助权力等不可抗因素,将另一方从当前合作中驱逐出去;忠诚(Loyalty),即双方彼此承诺继续合作。参见 Marx L., Shaffer G., Bargaining Power in Sequential Contracting, At https://papers.ssrn.com/sol3/papers.cfm?abstract_id=283122, Dec. 15, 2019.

③ Albert O. Hirschman, *Eoice, and Loyalty: Responses to Decline in Firms, Organizations and States*, Cambridge: Harvard University Press, 1970, p. 2.

地合作互动，把这种"强企业—强政府"的关系称为"多元主体型—混合组织模式"（以广东省"粤系列"为例）。"多元主体型—混合组织模式"中虽然政府和企业都处于主导性地位，但是双方的独立性和均衡性具有脆弱性，一旦政府干预过度，就会有向"政府主导型—项目外包模式"转化的潜在风险。因而，本书基于区块链技术提出"生态伙伴型—分布式协同模式"政企关系的理想图景，即政府和企业均处于主导性作用，既能保障政府的"可控"地位，又能保障企业"自主"发挥，从而实现政企均衡互动合作。

表1-2　　　　地方数字政府建设中不同关系模式划分①

	政府主导性强	政府主导性弱
企业驱动性弱	政府主导型—项目外包模式	⊗
企业驱动性强	多元主体型—混合组织模式 ↓ 生态伙伴型—分布式协同模式	企业驱动型—战略合作模式

第三节　政企关系的分析框架

不同政企关系模式影响数字政府建设的效果。本节基于上述政企关系类型的划分，在总结政企关系既有分析框架的基础上，提出"结构—行动者—过程"三个维度分析框架，尝试解释地方数字政府建设中不同政企关系类型的内在逻辑，进而打开数字政府建设中"政企关系"的过程黑箱，为理解地方政府对不同政企关系模式的选择提供一些解释视角，以期为下文的具体案例的分析提供总体框架。

---

① 本图为作者自制。从理论上讲，如果政府和企业的能力相对弱，两者互动的需求不足，理论上不存在互动的问题。从实践上讲，如果政企主导性都较弱，将无法完成地方数字政府建设的任务，此时，该任务将由上级政府来统筹完成，可以纳入"上级主导型—统一建设模式"即中央政府和企业的关系，但是，本书只探讨省级地方政府与企业的关系，未将该维度纳入讨论。还有一种可能是，能力较弱的地方政府为了完成中央政府的政策任务，那么政府需要先引进或培育技术公司，在此种互动关系中，政府已具有较强主导性。此时，该种类型已向"政府主导型—项目外包模式"转化。因而，"企业主导性弱—政府主导性弱"维度第三向量为空白。

一 既有分析框架：内容及不足

基于前文对相关文献的梳理和理论基础，笔者将学界以往政企关系的分析框架进行整合，归纳为"结构—功能""结构—行动者"两种分析框架。

（一）"结构—功能"分析框架

"结构—功能"分析框架是源于结构功能主义的理论分析视角，"结构"分析源自孔德的结构主义理论，"功能"分析则起源于斯宾塞的社会有机体论中结构单元特性的功能分析。他们都从相对宏观的视角来研究人类社会及行动。塔尔科特·帕森斯（Talcott Parsons）吸纳了"结构""功能"两种分析视角的精髓，形成了结构功能主义理论。帕森斯把社会和组织当作有机体进行各部分功能的分析，在此基础上，他还提出"地位—角色"分析单位，认为"地位"是行动者在社会系统中所处的结构位置，"角色"是社会对该位置的行为期待，它构成了个人与社会进行互动的媒介。[①] 此后，罗伯特·K. 默顿（Robert K. Merton）将"显功能""潜功能"的概念引入，使结构功能主义拓展成为"中层理论"。[②] 而该理论后期被伊斯顿引入比较政治学领域，他认为，政治生活是一个政治系统的运作过程，系统与政治环境不断互动并产生输入、输出两个过程，两个过程的交替循环构成了政治过程的基本属性和运作方式。[③] 加布里埃尔·A. 阿尔蒙德（Gabriel A. Almond）等学者进一步拓展该理论，使政治系统分析理论成为比较政治学的重要分析工具。[④]

关于从"结构—功能"分析框架视角考察政企关系的研究，学者主要从"结构"视角对政企关系进行研究。研究主要集中于：一是侧重政企关系的宏观背景和环境，在这一结构性约束背景下，政企关系呈现出

---

① Talcott Parsons, *The Social System*, New York: The Free Press, 1951, p. 26.
② ［美］罗伯特·K. 默顿：《社会理论和社会结构》，唐少杰、齐心等译，译林出版社 2015 年版，第 106—131 页。
③ ［美］戴维·伊斯顿：《政治生活的系统分析》，王浦劬译，华夏出版社 1999 年版，第 565—566 页。
④ ［美］加布里埃尔·A. 阿尔蒙德、小 G. 宾厄姆·鲍威尔：《比较政治学——体系、过程和政策》，曹沛霖、郑世平、公婷、陈峰译，东方出版社 2007 年版，第 18 页。

何种不同的功能。该研究视角强调将政企关系研究置于特定的政治、经济与环境等宏观的结构性环境进行分析。①② 即使是理论上存在相同的"结构"（类似的制度环境、资源禀赋），由于地方政府与企业是在复杂的情境下进行互动，其所形成的政企互动关系依然可能存在不同，因此仅仅依靠结构的静态分析，无法较好地诠释政企关系的互动过程和行动逻辑。二是按时间脉络研究政企关系的产生功能性影响。学者分析了不同历史社会结构下政企关系呈现的不同功能性特征。如果将政企关系的变迁看成一种组织与制度的创新和变迁过程，那么这种创新和变迁会受到"社会环境与制度资源所能提供的条件"的影响与制约。③ 如上文的文献综述所说，中国政企关系可以按照历史时间脉络分为政企"合一论"、政企"分开论"、政企"合谋论"、政企"博弈论"。

（二）"结构—行动者"分析框架

"结构—行动者"的分析框架主要基于理性选择主义和历史制度主义的理论视角。理性选择主义认为，行动者是寻求自身利益最大化的个体。④ 随着该理论拓展至政治学科，"利益最大化"也由经济物质利益拓展至政治生活中的权利等精神价值。而历史制度主义认为，由于制度运作于极其复杂和高度不确定的环境中，即使行动者在设计制度的过程中深有远见，制度也无法如预期运作，因而出现无效率现象和非意图性后果。⑤⑥ 由此可见，以上两个维度的行动者分析范式主要从行动者个体的视角研究制度变迁的动力。

---

① 陈国权、陈洁琼:《名实分离：双重约束下的地方政府行为策略》,《政治学研究》2017年第4期。

② Jane Fedorowicz, Ulric J. Gelinas, Janis L. Gogan, et al. , "Strategic Alignment of Participant Motivations in E-Government Collaborations: The Internet Payment Platform Pilot", *Government Information Quarterly*, Vol. 26, No. 1, 2009, pp. 51 – 59.

③ 李汉林、魏钦恭:《嵌入过程中的主体与结构：对政企关系变迁的社会分析》,《社会科学管理与评论》2013年第4期。

④ ［美］杰克·普拉诺等:《政治学分析词典》,胡杰译,张宝训校,中国社会科学出版社1986年版,第139页。

⑤ 彼得·豪尔、罗斯玛丽·泰勒、何俊智:《政治科学与三个新制度主义》,《经济社会体制比较》2003年第5期。

⑥ Paul Pierson, Theda Skocpol, "Historical Institutionalism in Contemporary Political Science", *Political Science: The State of the Discipline*, Vol. 3, No. 1, 2002, pp. 1 – 32.

在"结构—行动者"分析框架中,学者主要从"行动者"的视角对政企关系进行研究,侧重在宏观环境结构中,政企关系的行动者如何基于自身的动力进行制度性选择。中国政企关系的变迁主要受到政府追求主导目标实现的内在动力驱动以及主体嵌入之中的结构环境约束。① 换言之,政企关系的模式、变迁取决于政府和企业的关键行动者为实现目标的内在动力,与外在的结构环境不断适应、互动的结果。由于宏观环境的依赖性、变化的缓慢性等影响,学者认为,政企关系取决于微观层面的政府与企业具体、持续的互动。比如:田雄等人认为,政企关系在一定条件下可看作微观的政商关系(官员和企业主之间的非正式个人关系)。② 聂辉华认为,一个地区的政企关系性质由政府能力、产业规模和监督力量三个因素共同决定。③

二 "结构—行动者—过程"三维新分析框架

上述分析框架均有其合理性,主要通过宏观环境、微观个体两个层面对政企关系进行深入研究。"结构—功能"分析框架侧重政企关系的宏观背景和环境,研究环境对政企关系的影响;"结构—行动者"分析框架侧重研究在宏观环境中,政企关系的行动者如何基于自身的动力进行制度性选择,从个体利益最大化视角来理解政府与企业之间的关系。事实上,结构与行动者有着"辩证统一"的关联性,二者并非相互排斥,结构制约着行动,行动者彰显结构。安东尼·吉登斯(Anthony Giddens)的结构化理论认为,结构的制约性与行动者行为的自主性之间具有"互构"的关系。④ 对此,马克思主义对结构和行动者之间关系曾有过经典论述,认为人的本质……它是一切社会关系的总和⑤,社会结构和国家总是

---

① 李汉林、魏钦恭:《嵌入过程中的主体与结构:对政企关系变迁的社会分析》,《社会科学管理与评论》2013 年第 4 期。

② 田雄、刘丹:《泥淖之上科层之下:产业扶贫中乡土企业与基层政府的关系研究》,《中国农业大学学报》(社会科学版)2019 年第 2 期。

③ 聂辉华:《从政企合谋到政企合作——一个初步的动态政企关系分析框架》,《学术月刊》2020 年第 6 期。

④ [英]安东尼·吉登斯:《社会的构成:结构化理论大纲》,李康、李猛译,王铭铭校,生活·读书·新知三联书店 1998 年版,第 79—80 页。

⑤ 《马克思恩格斯文集》(第一卷),人民出版社 2009 年版,第 505 页。

从一定的个人的生活过程中产生的①。换言之，人的能动性要受到社会结构性因素的影响。但是，"行动对于完整解释社会结果而言是不可或缺的"②。基于马克思主义的结构分析，高奇琦尝试从马克思主义经典和中华优秀传统文化③出发，进一步建构了"系统、动力、行动者与过程"四个维度的新结构政治学分析框架，力图在宏观和微观理论之间构建桥梁。④

在案例调研和既有分析框架的基础上，本书从更为系统、动态的视角整合既有的核心变量，构建起"结构—行动者—过程"三维分析框架。"结构—行动者—过程"分析框架侧重强调面对不同的"结构"约束条件，政府和企业作为不同关键行动者基于不同的理性选择目标，在互动过程中做出不同的行为选择、呈现不同的互动机制，最终形成不同的政企关系模式。从理论上讲，不同地区在不同发展阶段或外部环境下，存在一种最大化社会总福利的动态最优政企关系，这种政企关系是该地区内外部条件均衡的结果。⑤那么，在地方数字政府建设的具体场域中，"结构—行动者—过程"各要素会呈现不同的内涵，在借鉴学者观点和调研的基础上，将分析框架中的"结构""行动者""过程"三个要素进行具体概念内涵的界定。

其一，"结构"是指地方数字政府建设中的政企关系的结构化环境和约束条件。地方数字政府建设涉及处于不同层次的结构化要素、行动者，具有复杂的结构化条件，包含各级政府、政府与企业、个人与组织间的复杂关系，也受到政治、经济、文化等结构化环境的影响。托尔纳蒂兹基（Tornatizky）和弗莱舍尔（Fleischer）提出了一种技术应用情境的综合性分析框架，即 TOE（Technology-Organization-Environment）分析框架，

---

① 《马克思恩格斯文集》（第一卷），人民出版社 2009 年版，第 524 页。
② 唐世平：《观念、行动和结果：社会科学的客体和任务》，《世界经济与政治》2018 年第 5 期。
③ 高奇琦：《新结构政治学的传统文化之源——一种基于〈周易〉的分析框架》，《山东大学学报》（哲学社会科学版）2019 年第 1 期。
④ 高奇琦：《中国的国家治理现代化何以发生——一种新结构政治学的分析》，《社会科学研究》2020 年第 5 期。
⑤ 聂辉华：《从政企合谋到政企合作——一个初步的动态政企关系分析框架》，《学术月刊》2020 年第 6 期。

第一章 理论框架:地方数字政府建设中的政企关系的类型分析　55

TOE 模型将影响技术应用的条件划分为"技术条件、组织条件以及环境条件"三类,该框架最初用于分析企业采纳创新技术的影响因素①,后期其适用范围逐步拓展至电子政务、数字政府等研究主题。② 在中国地方数字政府建设中,同样是经济发达的省份,其数字政府建设中政企关系也呈现不同的特征。本书从 TOE 分析框架的理论视角出发,在实践调研的基础上,考虑到地方数字政府建设中影响政企关系因素的权重以及可测量性的问题,选取了政府能力、企业资源、创新环境、互动经验四个维度作为政企关系"结构"的观测对象(如图 1-1 所示)。

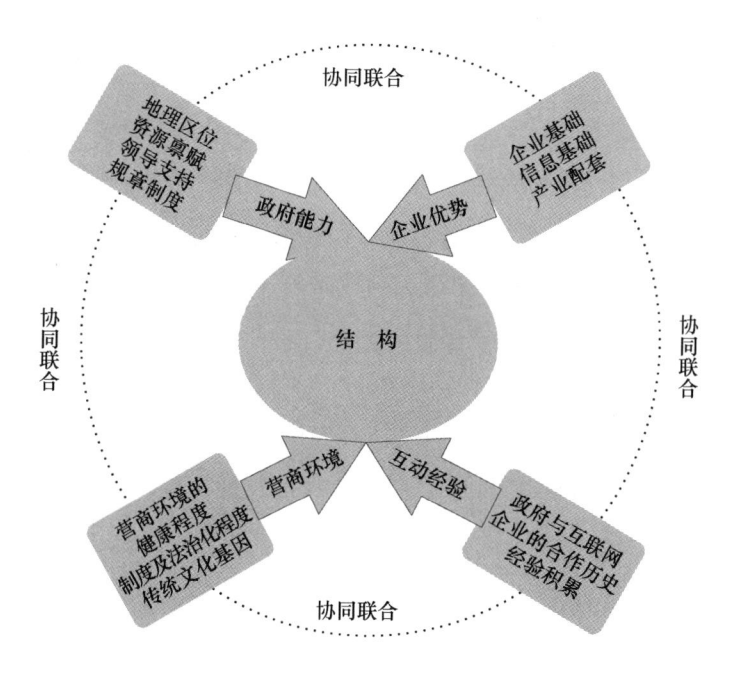

图 1-1　地方数字政府建设中政企关系"结构"维度的分析框架③

第一维度是"政府能力"。宏观层面,政府能力指政府治理一个国家

---

① 韩娜娜:《中国省级政府网上政务服务能力的生成逻辑及模式——基于 31 省数据的模糊集定性比较分析》,《公共行政评论》2019 年第 4 期。
② 刘淑妍、王湖葩:《TOE 框架下地方政府数据开放制度绩效评价与路径生成研究——基于 20 省数据的模糊集定性比较分析》,《中国行政管理》2021 年第 9 期。
③ 本图为作者自制。

的能力,具体表现为在政府实现自身职能的过程中所能动员的各种资源,可以概括为"汲取能力、调控能力、合法化能力、强制能力"四种能力。① 政府能力是一种相对资源,制约政府能力的主要因素包含经济水平、政治体制、政府规模、社会文化因素。本书从狭义层面重点考量省级政府的地理区位、资源禀赋、领导支持、规章制度。第二维度是"企业优势",重点关注所在省份的企业基础、信息化基础(是否有互联网头部企业),以及相关的产业配套。第三维度是"营商环境",重点考量营商环境的健康程度("亲近指标"和"清白指数")、制度及法治化程度等因素影响。第四维度是"互动经验",关注地方政府与互联网企业近年围绕信息化建设的合作历史及经验积累。通过对上述四个维度的初步对比分析可以发现,这些因素如何影响地方数字政府建设中的政企关系模式选择,决定了"行动者"采取的所有策略所处的空间及社会背景。②

其二,"行动者"是指具有理性选择特质,是兼具经济理性与公共理性双重属性的辩证统一体。在地方数字政府建设中的行动者除了涉及不同层级的地方政府、不同所有制的企业、不同行业协会等组织行动者,还包含政府官员、企业人员、协会代表、公众等个人行动者。在"结构"环境中,各类行动者需要依靠自身所拥有的物质力量和精神力量开展自主行动。③ 本书重点从组织和个人两个维度的行动者来探讨省级地方政府与企业的关系。行动者依据环境条件,在诸种制约的框架下,做出诸种选择,以此获利。④ 在地方数字政府建设中,作为主要行动者的地方政府

---

① "汲取能力"指政府为实现国家利益从经济社会中动员财力的能力;"调控能力"指政府为指导社会经济发展进行的资源配置和资源分配能力;"合法化能力"指政府运用政府符号制造共识,巩固其统治地位的能力;"强制能力"指政府运用暴力或暴力威胁维护其统治地位的能力。参见朱光华、陈国富等《政府与企业——中国转型期政企关系格局演化》,中国财政经济出版社2005年版,第228页。
② [法]米歇尔·克罗齐耶、埃哈尔·费埃德伯格:《行动者与系统——集体行动的政治学》,张月等译,世纪出版集团、上海人民出版社2007年版,第43页。
③ 《马克思恩格斯文集》(第一卷),人民出版社2009年版,第550页。
④ [法]米歇尔·克罗齐耶、埃哈尔·费埃德伯格:《行动者与系统——集体行动的政治学》,张月等译,世纪出版集团、上海人民出版社2007年版,第24页。

具有灵活性选择的权力策略①②，可通过不同的行为逻辑与不同所有制的企业形成了复杂的结构和互动关系。比如，省市级地方政府可以通过合同外包方式与多个国有企业及本土企业建立关系，也可以采取长期战略合作的方式与私营头部企业建立合作，亦可以股权占有的方式与多个企业建立关系。不同政企行动者的互动会形成不同的关系，不同的关系会影响行动者不同的互动目标和互动机制。因此，本书认为，需要把"省级地方政府、关联的企业"当作具有相对独立的目标和一定行动能力的行动者，重点从不同类型的行动者主体、不同的主体特征（同质性、均衡性）、不同的结构特征（紧密性、依附性）等因素进行分析。

其三，"过程"是指在"结构"环境的外在约束下，作为"理性人"特质的地方政府和企业，根据资源等约束条件的"结构"情境，基于不同的互动目标，采取的系列性行动。从本质上看，"过程"是在行动者内在动力与"结构"环境的外在约束两者合力的作用下，政府和企业所呈现的不同行动逻辑。赵鼎新认为，机制是指"一组在控制条件下能被持续观察到同样也能通过推理获得的，因此是可以被解释的有着固定互动规律的因果关系"③。换言之，行动者与结构的连接是通过"过程"来完成，"过程"中起关键作用的是机制，通过"机制"的连接使得行动者对结构产生触发性的影响。在地方数字政府建设中，不同政企关系模式的内在运行逻辑有何不同？本书采用扎根理论建构政企关系模式的互动过程模型，分析了三种政企关系模式的互动过程。由此可见，政企关系的分析需要结合地方数字政府建设的具体实践案例，从系统、动态的视角分析不同政企关系模式的内在行动逻辑，为理解地方数字政府建设中不同政企关系模式提供一些解释视角。

第四节 本章小结

本章以理性选择理论、公私合作理论、政府与企业关系等理论作为

---

① 赵树凯：《乡镇治理与政府制度化》（修订版），商务印书馆2018年版，第293页。

② 吴毅：《小城喧嚣：一个乡镇政治运作的演绎与阐释》，生活·读书·新知三联书店2018年版，第507—512页。

③ 赵鼎新：《论机制解释在社会学中的地位及其局限》，《社会学研究》2020年第2期。

基础，首先，以不同事实性案例材料为基础，从地方数字政府建设政企关系的微观视角，以政企双方主导性强弱程度的不同作为分类标准，将地方数字政府建设中的政企关系分为：政府主导型—项目外包模式、企业驱动型—战略合作模式、多元主体型—混合组织模式、生态伙伴型—分布式协同模式。

其次，总结"结构—功能""结构—行动者"的已有分析框架，提出"结构—行动者—过程"新分析框架。该框架不仅能够分析上海、浙江、广东的地方政府数字政府建设中政企关系模式的差异，也能为进一步分析信息化项目等领域的政企关系模式提供理论基础。在这个分析框架中，政府能力、企业资源、企业基础等"结构"形成了政府和企业互动的环境约束，面对不同的"结构"约束条件，政府和企业作为不同关键行动者基于不同的理性选择目标，在互动过程中做出不同的行为选择、呈现不同的互动机制，最终形成不同的政企关系模式。在此基础上，分析不同政企关系模式的不同潜在风险，比如技术绑架、政治俘获等。

需要指出的是，关于地方数字政府建设中政企关系类型的划分。从理论上看，本书基于案例抽取政企关系最核心的特征，提炼了三种类型的政企关系模式。但是，在现实世界中，该三种模式可能同时存在于某一时期的不同数字政府建设项目中，地方政府可能基于不同项目类型对三种模式进行挑选和选择，形成不同类型的混合，满足他们当时所认为的需求。他们会设计出一套规则来解决当下的问题，然后会形成某种新的政策平衡，以适应不断变化的环境。

此外，现实世界中的政企关系往往不是一成不变的，而是随着外部约束条件的变化而变化。当结构要素发生调整、行动者的互动需求及行为发生变化时，这种政企关系模式的内部安排将与外部环境产生"不适应"张力，当这种"不适应"达到矛盾的临界点时，就必然要求政企关系的变革，促使政企关系从一种稳定状态过渡到另一种稳定状态。这也需要从理论层面进一步探讨理想政企关系的雏形模式。

第 二 章

政府主导型—项目外包模式：
以上海市为例

政府主导的政企关系研究由来已久。但是，在数字政府建设这个新领域中，政府主导的政企关系何以可为？上海"一网通办"在数字政府建设方面取得显著成绩，是研究数字政府建设不可多得的微观样本。本章首先概述上海"一网通办"案例，介绍企业（尤其是国有企业及本土企业）通过项目外包方式介入"一网通办"项目、与地方政府建立关联的过程，并进一步分析政企互动过程中所呈现的"强政府—弱企业"特征，在对比外包概念的基础上，提炼政府主导型—项目外包模式。其次，以"结构—行动者—过程"作为分析框架，试图探析政府主导型—项目外包模式所形成的约束条件、行动者特征、具体互动过程，并采用扎根理论的方法对该模式互动过程进行深度描绘，阐述该模式的优势及内在逻辑。再次，对政府主导型—项目外包模式进行全面评价与分析，总结该模式运作的潜在风险，为下文政企关系的优化提供支撑。最后，结合经验性材料，将该政企关系模式置于政府—市场关系的研究谱系中，讨论该模式在其他领域的适用性等理论性问题。

第一节 政府主导型—项目外包
模式的构建思路

本节将对上海"一网通办"案例的事实性材料进行概述，分析"一网通办"改革中企业介入路径。在辨析"外包""采购"等概念的基础上，对政府主导型—项目外包模式的内涵进行描述，总结模式的具体特征。

一 上海"一网通办"案例：项目外包的企业介入

（一）案例概述①

上海"一网通办"是城市数字政府建设的中国品牌，也是"互联网+政务服务"的新名片。根据联合国经济与社会事务部发布的《2020联合国电子政务调查报告》，上海在联合国全球城市电子政务评估排名位列第九，达到了"非常高"的水平，"一网通办"经验被作为经典案例写入报告；2020年11月，上海获得世界智慧城市大奖，这也是中国城市首次获得该奖项。同时，"一网通办"在国务院办公厅电子政务办公室发布的《中国数字政府服务能力评估总报告》中，近四年省级数字政府服务能力排名都位列全国第一梯队。

上海市"一网通办"是源于上海的"互联网+政务服务"改革的重要探索，肇始于浦东新区的"三全工程"。2018年3月，"一网通办"改革被创造性提出，得到中央领导的高度认可。同年，"一网通办"成为时任国务院总理李克强深化"放管服"改革的"六个一"的内容。习近平总书记考察上海时指出，上海要优化政务服务，推进"一网通办"，在全市通办、全网通办、只跑一次、一次办成上取得实实在在的成效。② 2019年3月，"一网通办"被写入中央政府的《政府工作报告》中，自此在全国产生了广泛影响。因而，"一网通办"改革贯彻落实了习近平总书记的网络强国战略思想，是政府服务模式创新的突破口，是优化营商环境的重要抓手，更是落实"以人民为中心"发展思想的生动案例。

具体而言，"一网通办"是指推进政务服务从以部门管理为中心向以用户服务为中心转变，引入互联网思维、强化信息化手段，着眼于"进一网、能通办"，依托全流程一体化在线服务平台和线下办事窗口，逐步使群众、企业到政府办事像网购一样方便，推进政府在理念、结构、流

---

① 本节的数据主要来自笔者多次到上海大数据中心调研获取的相关内部材料。
② 汤志平：《关于推进"一网通办"政务服务转变政府职能情况的报告——2019年9月26日在上海市第十五届人民代表大会常务委员会第十四次会议上》，《上海市人民代表大会常务委员会公报》2019年第6期。

程、效能、监督等方面的全面再造,打造整体性政府。① 上海市自 2018 年启动"一网通办"至今,深化政务服务标准化、规范化建设,基本形成了"一网通办"整体框架(如图 2-1 所示)。

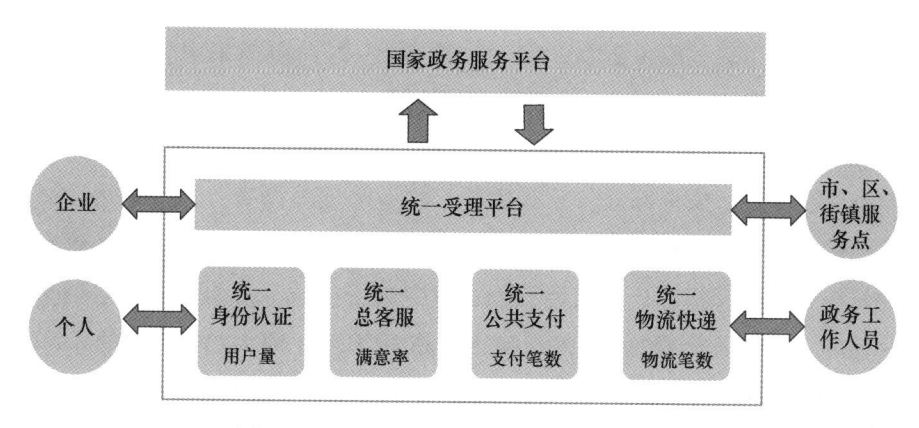

图 2-1 上海"一网通办"改革整体框架②

(二)"一网通办"改革中企业介入路径

在上海市数字政府建设中,"一网通办"(包含其移动端总入口随申办 App)建设涉及与企业合作最核心的内容是政务"云、网、数、端"等建设和运营维护。

上海市"一网通办"取得的成效得益于各部门各区的高信息化水平。但是,与其他省市相比,此前各部门各区自建机房、自建信息系统现状的优势并没有凸显,依然存在横向"割裂"的状态。上海市通过标准化、集约化来保障项目、技术的推进。2017 年,上海市建成市、区两级电子政务云平台及若干个市级云分中心,形成了"1+16+N"的政务云平台体系。目前,电子政务外网联通业务链路达 1300 多条,已接入市级单位约 1500 家,同步覆盖市、区、街镇、村居四级;电子政务内网已接入市级联网单位 307 家,区级联网单位 1000 余家。③ 那么,上海市政府通过什么途径让企业介入"一网通办"改革呢?

---

① 参见调研资料:笔者到上海大数据中心调研期间获取的内部材料。
② 本图为作者自制。参见调研资料:笔者到上海大数据中心调研期间获取的内部材料。
③ 参见调研资料专家观点 H2 周亮《2019 数字政府服务能力评估结果》。

上海市"一网通办"改革由市政府办公厅牵头统筹，上海市大数据中心具体落实，着力打造"网、云、数、用、维"五大工程，联结各部门的数据和工作，实现跨领域跨业务的融合。市级层面的项目往往被市级政府细分为多个模块并分包给不同的企业，区级层面的数字政府建设相对灵活，市级政府未进行"意向性推荐"，因而市场集中程度相对较低。根据上海市大数据中心某部门人员介绍："地方政府通常会把数字政府建设项目切成N个模块，针对每个不同的模块进行分别标的。比如，数据资源平台、安全部分、专题建设、数据治理等都是分开的，然后通过招标的形式，通过市场化的采购招标。通常通过政府采购网、区政府网站等进行公开招标，从同类竞争企业中进行挑选。采购的流程是公平公正的。"（访谈资料A03：20210618）在2020年上海大数据中心的2.59亿元政府采购合同中，共有15项采购项目，其中9项为公开招标，4项竞争性磋商，2项单一来源采购；共有9家企业获得这些项目，具体数据如表2-1所示。

表2-1　　2020年上海大数据中心的政府采购合同统计①

项目	项目名称	采购方式	企业名称	中标金额（元）
1	上海市大数据中心上海市电子政务灾难备份中心（运维）	公开招标	上海**万邦软件技术有限公司	4258330
2	上海市大数据中心一网通办技术支持	公开招标	*达信息股份有限公司	1980000
3	上海市大数据中心"一网通办"运营服务	单一来源	*达信息股份有限公司	93060000
4	上海市大数据中心上海市政府服务窗口管理平台	公开招标	*达信息股份有限公司	898000

① 本表为作者自制，本统计中2020年上海市大数据中心的采购数据来源于上海市政府采购网的采购结果公告，以"上海市大数据中心"为关键词，以"上海市本级"为地区选择的公开信息，并剔除了市大数据中心食堂管理费项目、课题研究2项与数字技术无关的项目。需要说明的是，这些数据或未包含上海市大数据中心的采购全部金额，仅从上海政府采购网进行的数据统计。同时，公司名称作了化名处理。

续表

项目	项目名称	采购方式	企业名称	中标金额（元）
5	上海市大数据中心电子证照库制证服务	公开招标	*达信息股份有限公司	5248000
6	上海市大数据中心"中国上海"网站英文版运维的成交公告	竞争性磋商	上海*报社	1390000
7	上海市大数据中心市政务外网通信服务	单一来源	**有线网络有限公司	51157000
8	上海市大数据中心网站集约化平台服务	竞争性磋商	上海东方**信息技术有限公司	854000
9	上海市大数据中心门户网站综合业务服务	竞争性磋商	上海东方**信息技术有限公司	3558000
10	上海市大数据中心展厅及会议系统运维服务	竞争性磋商	上海**信息股份有限公司	2195000
11	上海市大数据中心服务器及网络和会议技术支撑项目	公开招标	上海**电子信息网络有限公司	3348000
12	上海市大数据中心数据运营服务（2020—2022年）	公开招标	上海**万邦软件技术有限公司	43918000
13	上海市大数据中心政务云基础设施服务——城市服务类	公开招标	中国*股份有限公司	21273300
14	政务云基础设施服务——民生经济类	公开招标	中国*通信集团上海有限公司	21273300
15	上海市大数据中心上海市网上政务大厅项目	公开招标	*达信息股份有限公司	7180000

根据表2-1可以看出，在上海"一网通办"项目中，地方政府15项采购项目中公开招标的项目占9项、单一来源采购仅有2项，采购的主体相对于其他省级地方政府（浙江省等）较多。地方政府倾向于与国有企业和经验丰富的本土企业进行合作。在上海市"一网通办"项目中，

政务云主要由电信、联通、移动等国有企业来承建；而运营维护通过运维服务外包的方式引入专业运营维护服务机构，即由本土企业 Y 公司作为承包方。而各区、各部门与"一网通办"平台对接，由于各部门、各区的信息化水平较高，具备良好的信息化基础，上海市政府主要通过制定采购标准、统一技术参数等内容来统筹，以此保障原来各部门、各区的主动性和创新性。比如，上海市财政局印发了《上海市政府购买服务管理办法》；上海市人民政府办公厅印发了《上海市公共数据和一网通办管理办法》《上海市"一网通办"平台运行管理暂行办法》《关于深入推进"一网通办"进一步加强本市政务服务中心标准化建设与管理的意见（试行）》等办法。由此可见，上海市数字政府建设的企业参与方相对多元，但没有总承包商。上海市大数据中心通过项目外包方式与多家企业就大数据治理与安全、政务网等内容进行合作。

上海市项目外包方式引入互联网企业，推动信息化项目建设逐步向购买服务的模式转变，主要通过公开招投的竞争性合同方式进行企业参与方的遴选。① 这在一定程度上决定了政企关系的属性特征，具有政府主导型的色彩。但是，在整个项目外包的过程中，数字政府建设领域的政企关系与传统工程项目相比会呈现何种不同特征？那么，接下来重点探讨该类型的政企关系在项目推进中呈现何种特征，其内在逻辑有何优势和风险。

二 政府主导型—项目外包模式的内涵描述

在"一网通办"改革的地方数字政府建设中，地方政府将项目拆分为若干的子项目，以发包方的主导性身份购买数字技术及服务，而互联网企业尤其是国有企业和业内经验丰富的本土企业则通过承包方的角色以竞标方式参与项目。两者在互动过程中遵循以下基本路径：地方政府设计项目外包契约→企业选择接受或拒绝合同→企业按照合同提供项目产品→地方政府根据项目产品进行评估并支付。综合上述基本路径分析，政府在过程中处于主导性位置，企业在中间的谈判空间是有限的，更多

---

① Stephen Littlechild, "Competitive Bidding for a Long-Term Electricity Distribution Contract", *Review of Network Economics*, Vol. 1, No. 1, 2002, pp. 1 – 38.

处于从属地位。该类型地方数字政府的建设路径呈现"自上而下"特质，而其政企关系呈现"政府强—企业弱"的特征，即政府主导型的政企关系。而项目外包是实现该政企关系模式的载体。

数字政府建设的项目外包是"外包"的一部分，但是主要以政府的项目外包为主导，通常与社会力量进行合作，或者向社会力量购买货物、工程、服务来完成。西方经济学企业理论的"外包"，主要是指企业将部分非核心业务委托专业化的第三方来提供生产和服务，其本质是一种市场化的工具。① 国内多数学者基于战略管理的视角认为，"外包是在企业仅保留其最具竞争优势的核心资源，整合外部最优秀的专业化资源，实现其他资源的供给，从而提升企业核心竞争力、增强环境应变能力的一种管理模式"②③。

在中国数字政府建设的场域中，项目外包有别于西方学者认为的纯市场化的合同外包行为。芭芭拉·安·艾伦（Barbara Ann Allen）等也认为，"外包关注技术的可实现性和合同的可落实性，而非围绕'关系'治理建立共同决策框架"④。E. S. 萨瓦斯认为，"政府购买公共服务就是政府通过与第三方签订契约的方式，将公共服务的生产和供给外包出去"⑤。交易成本经济学认为，基于交易关系的合作（transaction based），是指企业间通过平等协商来约定共同遵守的行为规则，为实现双方各自利益而做出短期却重复性交易行为的合作关系。⑥ 这种交易型合作具有单次交易的低程度依赖特征，相互作用程度较弱，主体间的联结程度也不高。⑦ 由

---

① ［美］彼得·德鲁克：《大变革时代的管理》，赵干城译，上海译文出版社1999年版，第112页。

② 李布：《"外包"：企业经营新模式》，《经济纵横》2000年第12期。

③ 尹建华、王兆华、苏敬勤：《资源外包理论的国内外研究述评》，《科研管理》2003年第5期。

④ Barbara Ann Allen, Luc Juilett, Gilles Paquet, et al., "E-Government as Collaborative Governance: Structural, Accountability and Cultural Reform", in Khosrow-Pour M., *Practicing E-Government: A Global Perspective*, IGI Global, 2005, pp. 1−15.

⑤ ［美］E. S. 萨瓦斯：《民营化与公私部门的伙伴关系》，周志忍等译，中国人民大学出版社2002年版，第4—70页。

⑥ Oliver E. Williamson, *Markets and Hierarchies*, New York: Free Press, 1975, pp. 11−19.

⑦ 颜士梅、王重鸣：《战略联盟与并购：两种企业组织方式的比较分析》，《科学学研究》2002年第3期。

此可见，西方学者界定的合同外包是政府购买公共服务的一种类型，往往具有纯市场行为的属性，着重探讨政府和非政府组织的合同关系。[1] 这种政府外包的方式强调将契约的理论概念、应用模式及技术应用于政府的公共管理领域，以实现地方政府公共物品和服务的有效供给，地方政府外包、采购本质上是一种契约关系，具有临时性、多变性等特征。

目前地方数字政府建设的项目外包主要采取招投标方式确定政府和企业交易关系的合作，与模式中的合同外包有共同点，具有合同外包的属性，同样属于因交易所形成的合作关系。但是，本书所指的项目外包有别于西方学者认为的纯市场化的合同外包行为，同时往往具有"行政性"色彩，内嵌了非制度的关系成分，主要体现为政府主导的模式，在对承包方的选择权和项目合同之外的"实质权威"的控制权[2]。换言之，在承包商的选择上，政府主要与国有企业、本土经验丰富的私营企业合作，并非完全公平竞争；在项目管理的过程中，依然以行政指派为主，而非严格意义上的契约管理，其互动过程内嵌了科层治理，甚至这种科层治理往往具有主导型优势，但是，该模式下的政府和企业分属于不同组织，各自具有相对清晰的组织边界，具有不同的权威体系，采取"分工协作"的方式，两者所呈现的关系本质依然依托"市场行为"这一载体。这种"市场行为"往往因为项目外包的"行政性色彩"赋能，在实践中使地方政府在政企关系中表现出高整合能力，呈现出"政府主导、管运一体"的运行模式，这也使得委托代理关系在中国场域中具有不同的特色。

第二节 政府主导型—项目外包模式的内在逻辑

上文基于上海"一网通办"的事实性案例材料，提炼了政府主导

---

[1] 徐家良、赵挺：《政府购买公共服务的现实困境与路径创新：上海的实践》，《中国行政管理》2013年第8期。

[2] 控制权的分配还可能采取更为微妙的形式。埃斐和梯罗尔（Aghion and Tirole）在不完全契约理论框架下讨论了组织内部的正式权威（formal authority）和实质权威（real authority）。正式权威指基于组织正式地位的权威，而实质权威则指占有信息之上所实际拥有的权威。参见 Aghion Philippe, Jean Tirole, "Formal and Real Authority in Organizations", *Journal of Political Economy*, No. 105, 1997, pp. 1-29.

型—项目外包模式,深入描述分析了该模式的主要框架、模式特征。本节将从理论层面进一步分析该模式的内在逻辑,主要从"结构—行动者—过程"分析框架的三个维度,来分析政府主导型—项目外包模式的结构条件、行动者特征、互动过程。

一 结构:政府能力、企业优势、营商环境、互动经验

结构,是指地方数字政府建设中政企互动的客观约束条件。由于受到政府能力、企业优势、营商环境、互动经验的禀赋条件影响,上海"一网通办"改革中的政企关系逐步形成政府主导型—项目外包模式。

(一)政府能力

区位环境、地域资源禀赋关系到政府管理范围和管理方式,对政府能力产生一定的影响。从地理位置来看,上海是中国4个直辖市之一,位于华东地区。全市陆地总面积6340.5平方公里,辖16个市辖区。截至2019年12月,全市辖106个镇、2个乡、107个街道、4507个居委会、1570个村委会。16个区分为两类:"中心城区"7个,包含黄埔区、徐汇区、长宁区、静安区、普陀区、虹口区、杨浦区;"其他城区"9个,包含浦东新区、闵行区、宝山区、嘉定区、金山区、松江区、青浦区、奉贤区、崇明区。[①] 上海市具有地域资源禀赋优势,各区信息化水平较高、发展相对均衡。目前,不同省级政府对数字政府的解读各不相同,呈现数字政府建设的不同目标[②],也影响政府在数字政府建设中能力的发挥。汤志伟等人基于资源基础理论、制度理论,认为规章制度和领导支持是政治制度维度的两个关键变量,是省级政府政务服务在线办理能力的影响因素。[③] 因而,本书借鉴该两个维度来考察政府能力对地方数字政府建设的客观制约。

首先,领导支持体现了地方政府对数字政府建设的注意力分配。领

[①] 上海市统计局:《2020 上海统计年鉴》,http://tjj.sh.gov.cn/tjnj/nj20.htm?d1=2020tjnj/C0101.htm,2021年4月3日。

[②] 蒋敏娟:《地方数字政府建设模式比较——以广东、浙江、贵州三省为例》,《行政管理改革》2021年第6期。

[③] 汤志伟、周维、李晓艳:《中国省级政府政务服务在线办理能力的影响因素与路径组合》,《电子政务》2021年第5期。

导的支持和关注程度是影响项目执行成败的重要因素，体现了组织的"注意力"。① 领导支持会对企业的合作预期产生影响，领导是否支持会影响企业对未来收益的预期成本，从而促进不同政企关系模式的形成。

上海市通过构建整体领导推进机制推动"一网通办"改革。2018年4月组建上海市大数据中心作为"一网通办"的技术能力平台，上海大数据中心作为副厅级事业单位，具体承担公共数据集中统一管理等"一网通办"组织实施工作。2019年，原政务公开与"互联网+政务服务"领导小组调整为"一网通办"改革和政务公开领导小组；以市政府办公厅作为市公共数据和电子政务工作的主管部门，负责统筹规划"一网通办"工作。具体工作分工上，在"一网通办"改革和政务公开领导小组领导下，市政府办公厅牵头统筹，市大数据中心组织实施，具体工作逐级抓落实。各区确定本区公共数据的主管部门对接相应工作，接受上级部门集中统一管理。每一个子项目落实到具体责任单位，通过第三方考核来确保任务落实。市政府和大数据中心机构的设置，提供地方数字政府建设的组织载体。通过制定标准来促进各区的信息化项目开展，有效地处理市级政府与区级政府的统筹与创新的关系。在访谈中，上海市政府办公厅某部门领导谈道："原来的各委办信息部门被市大数据中心收编后，原来的信息部门的人员纳入市大数据中心统一管理和考核，然后由大数据中心统一外派到各委办、部门驻点，人员的考核归市大数据中心统一开展，这样确实能够提高数据的整合和统筹。"（访谈资料A33：20211224）上海市市场监督局某干部、上海市经济信息化委某干部也印证了这样的观点："相比于市大数据中心成立前，我们需要跟各委办要数据，现在我们只要跟市大数据中心提交数据需求，就跟逛'数据超市'一样，大数据中心有数据目录，现在不需要跟各委办要了，确实提高了效率。"（访谈资料A36、A38：20211224）

其次，规章制度是地方政府执行效能的重要考察维度。规章制度是企业介入地方数字政府建设的保障。上海市通过制定电子政务云、"一网通办"平台运营等管理办法和标准规范，进一步优化信息化项目管理机

---

① 陈思丞、孟庆国：《领导人注意力变动机制探究——基于毛泽东年谱中2614段批示的研究》，《公共行政评论》2016年第3期。

制，推进一体化移动协同办公平台建设①，保障了"一网通办"改革的规范性。2018 年《全面推进"一网通办"，加快建设智慧政府工作方案》强调，加快推进政务服务统一受理平台建设，注重线上、线下服务项目的合力联动，逐步做到一网受理、只跑一次、一次办成。随后，上海市陆续颁布 22 份地方性法律规章（其中，地方性法规 1 项，地方政府规章 1 项，地方规范性文件 10 项，地方工作文件 10 项）。② 2021 年 6 月，上海市人大常委会审议并通过《关于进一步促进和保障"一网通办"改革的决定》。《决定》指出，"强化'一网通办'一体化平台建设……各级市机关单位按照'一网通办'标准规范，实现服务事项全流程、一体化运行，应当将其政务服务移动端应用统一接入'随申办'移动端，不再新建政务服务移动端。区行政服务中心和街道乡镇社区事务受理服务中心建设，推进企业等市场主体事项向区行政服务中心集中，个人事项向街道乡镇社区事务受理服务中心集中"③。由此可见，上海市政府主要通过地方法律、规章制度来实现地方政府的统一建设，通过采购标准等来规范各区、各部门的项目外包。

（二）企业优势

上海具有技术基础的比较优势。一方面，从统计数据来看，本书根据《2020 年中国统计年鉴》，从三个维度进行考量：第一个维度是城镇非私营单位就业人员的统计。上海的信息技术就业人数在全国排名领先。截至 2019 年 12 月，"城镇非私营单位就业人员数"的统计数据中，上海的"信息传输、软件和信息技术服务业"就业人数为 41.8 万人。第二个维度是地区企业信息化情况统计（如表 2-2 所示），个人方面，上海每百人使用计算机数（台）为 62 人，互联网渗透率较高；企业方面，上海每百家企业拥有网站数为 62 个、企业拥有网站比重为 62.27%，均高于浙江、广东。第三个维度按地区和登记注册类型分企业法人单位数统计（如表 2-3 所示），上海市登记注册类型分企业法人单位，国有企业占比为 0.3%，高于浙江、

---

① 参见调研资料政策文件 F2《2020 年上海市深化"一网通办"改革工作要点》。
② 资料来源于北大法宝和上海市人民政府网页。
③ 上海市人民代表大会常务委员会：《上海市人民代表大会常务委员会关于进一步促进和保障"一网通办"改革的决定》，《解放日报》2021 年 7 月 7 日第 12 版。

广东。根据上述内容，上海市的企业信息化水平较高，市场条件呈现多元主体竞争，政府倾向于与企业建立基于合同关系的合作。

表2-2　2019年上海、浙江及广东的企业信息化水平情况统计[①]

地区	企业数（个）	期末使用计算机数（台）	每百人使用计算机数（台）	每百家企业拥有网站数（个）	企业拥有网站		有电子商务交易活动	
					网站数（个）	比重（%）	企业数（个）	比重（%）
全国	1039765	54433299	32	51	534190	51.38%	109410	10.52%
上海	42344	4212421	61	62	26369	62.27%	4660	11.01%
浙江	96974	4395882	28	48	46952	48.42%	11353	11.71%
广东	140878	9450134	40	59	83586	59.33%	15175	10.77%

表2-3　2019年上海、浙江及广东的企业法人单位数统计[②]
（按地区和登记注册类型分）

地区	企业数（个）	国有企业（个）	私营企业（个）	私营企业所占比例（%）	国有企业所占比例（%）
全国	21091270	74547	18921928	89.71	0.35
上海	447643	1335	348461	77.84	0.30
浙江	1719850	1970	1632403	94.92	0.11
广东	3037617	7418	2567749	84.53	0.24

另一方面，从调研情况来看，上海市16个区的企业信息化水平相对均衡，具有良好的信息化基础，具有国有企业和大型跨国公司。上海高度重视国有企业和大型跨国公司，早期外资的投入和大型跨国公司的发展，挤占了民营企业特别是新兴互联网公司的发展空间。[③] 因而，相比于

---

① 表格为作者自制。参见国家统计局《2020年中国统计年鉴》，http://www.stats.gov.cn/tjsj/ndsj/，2020年12月23日。

② 表格为作者自制。参见国家统计局《2020年中国统计年鉴》，http://www.stats.gov.cn/tjsj/ndsj/，2020年12月23日。

③ Victor Nee, Sonja Opper, *Capitalism from Below: Markets and Institutional Change in China*, Cambridge: Harvard University Press, 2012, p.50.

浙江、广东，上海缺乏阿里巴巴、腾讯类似的互联网头部企业。在调研中，上海市大数据中心某部门领导描述了上海各区的信息化发展的现状以及市级政府制定标准促进各区创新发展的缘由："上海条线、块的信息化建设都很强，各区信息化水平都比较高，也有相应的合作企业。我们市级层面不会主观地推荐企业给相关的区级部门，而是通过制定统一的标准进行统筹，市级层面通过委托原来的本地企业 Y，发挥总集的作用。各区可以跟原来企业合作，也可以更换企业，我们市级层面不给予干涉。这样既可以给区级政府创新的空间，也可以发挥各技术企业的优势。"（访谈资料 A02：20210618）

（三）营商环境

政企关系作为一种社会关系，政府和企业分别担任公共资源、商业资源的不同分配者，并在相互交换中发生关联，这是形成政企关系基本内涵的逻辑起点。在企业与政府互动过程中，部分企业认为，迎合地方政府和官员干部的政绩冲动是获取政策影响力的最有效方式。[①] 企业陷入政企关系"离不开、靠不住"的悖论，其本质原因在于部分地方政府公共权力的无限扩大或"越域"，这将使企业尤其是民营企业感受到政策的不确定性，带来制度性障碍的"焦虑"，影响企业参与的热情和力度。因而，健康的营商环境是地方数字政府建设中企业介入的重要影响因素。

上海市政府通过制度的完善，明确界定公共权力的范围，企业无需花费成本去处理寻租等非生产性事项，可以投入更多精力用于生产性活动。根据《中国城市政商关系排行 2020》，从"亲近指标"和"清白指数"两个方面对政商关系进行系统的评估，依据全国城市廉洁度的排名，上海市在省级政商关系健康总指数名列第二。[②]

（四）互动经验

"互动经验"主要是关注地方政府与互联网企业在过去几年时间里围绕着数字政府和政府信息化建设合作的基础和积累。上海市数字政府建

---

① 黄冬娅：《企业家如何影响地方政策过程——基于国家中心的案例分析和类型建构》，《社会学研究》2013 年第 5 期。

② 聂辉华、韩冬临、马亮、张楠迪扬：《中国城市政商关系排行榜 2020》，中国人民大学国家发展与战略研究院报告，2020 年。

设的"政企合作"内容主要涉及平台建设和运营维护。调研发现,全省政务云是数字政府建设的"物理基础",主要由三家国有企业来完成;而数据的运营维护是数字政府建设的"神经网络",主要由本土大型私营企业 Y 公司完成。自网上政务大厅建设开始,上海市政府就与 Y 公司建立长期的合作。Y 公司成立于 1995 年,总部设置于上海,在各地设立 40 多家分公司,是国内领先的智慧城市整体解决方案提供商,是国家规划布局内的重点软件企业。

区别于一般外包合同,在地方数字政府项目外包中的主体选择方面,地方政府除对承包方的资质、经营水平、技术能力和业务范围等有较高要求外,还对其合作沟通经验、企业社会声誉、与政府部门合作历史、知识管理能力等提出进一步的要求。在通常情况下,地方政府在项目外包中都会选择资金、技术雄厚和信誉良好的企业,与之签订长期服务项目合同,但由此也会产生"路径依赖"的风险。也就是说,随着合作的进一步深入,数据归集等项目内容的推进,政府部门往往只能将目前的项目合作伙伴作为项目维护和迭代的唯一选择,这样就不可避免排除其他服务提供者参与竞争,也造成了利益联盟或内部垄断的风险。

二 行动者:"单一政府对多个企业"的主体关系及特征

(一)行动者主体

地方政府作为法人行动者。法人行动者具备两个基本条件:一是把所有委托人的资源和利益集中到一个组织;二是把资源配置在由代理人组成的组织结构中,以实现委托人的利益。[①] 根据法人行动者的定义,地方政府的目标是维护和增进全体公民的公共利益,其委托人是全体公民,其代理人则是各级政府官员,集中的资源必须配置到代理人(各级政府官员)的手中,才能实现委托人(全体公民)的利益。"地方政府"这一行动者,宏观层面是作为一个整体性概念,中观层面是体现各级政府部门的集合体,微观层面是各级政府部门的各级政府官员。因而,本书对地方政府的探讨主要从中观、微观两个层面,涉及多层次的主体。

---

① 吕纳:《公共服务购买中的政府与社会组织互动关系研究》,上海交通大学出版社 2017 年版,第 69—70 页。

在地方数字政府建设中,政府主导型的政企关系涉及哪些主要行动者?在上海"一网通办"的案例中,主要涉及市级政府、承包企业、区级政府三个主要行动者和"一网通办"平台(如图2-2所示)。这就构成了政府、企业这两类主体以平台为载体的交叉、联系和重叠关系。主体的主要角色作用表现如下:首先,市级地方政府是平台项目的规划者、资助者和监督者,以大数据中心为载体来贯彻落实任务。大数据中心将数字政府建设平台细分为多个子项目,通过项目外包的方式,由多个技术公司进行承包。上海市政府通过承包项目的方式进行"一网通办"的整体规划、底层底座的建设、数据的归集等工作。其次,市级的外包企业是项目具体建设者,负责项目的具体落实,对接区级地方政府或其委托的外包企业的业务。而区级地方政府则按照市级地方政府的要求和标准进行基础平台的对接和特色App的构建,并将数据归集至平台,针对异常数据进行修正和处理。因而,政府和企业基于"一网通办"项目,在市政府为核心的统筹指导下进行分工合作。

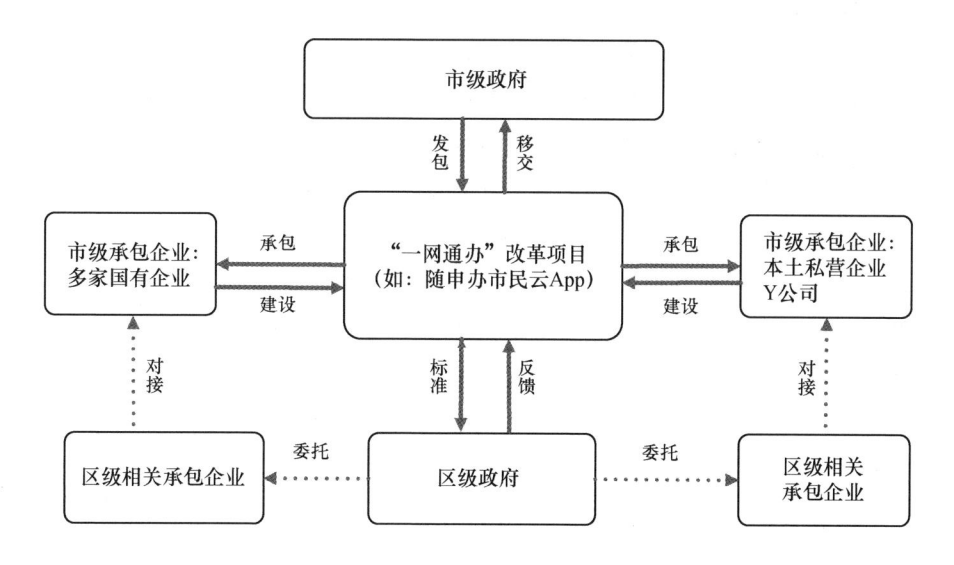

图 2-2 政府主导型—项目外包模式的主要行动者①

---

① 图片来源:作者自制。

关于"一网通办"改革的项目外包涉及政务云、公共基础数据库、App 运营方等多个子项目，每个子项目涉及的行动者虽有不同，但是具有项目外包的共性特征。为了更具情景化、清晰地展现政企关系，本书选取了上海"随申办"市民云 App 作为样本，深描政府主导型政企关系的行动者互动逻辑。作为"一网通办"移动端政务服务总入口，"随申办"市民云已汇聚上海 900 余项政务服务事项，接入了身份证、结婚证等 200 余类电子证照，截至 2021 年 4 月，已覆盖 5400 万个人用户。市民可查看到所有"一网通办"事项的办事指南，完成办事预约，实时查询办事状态。上海"随申办"市民云涉及的承包商项目如下：政务云由三家国有企业承包，"一网通办"技术支撑由国有企业某公司承包，上海"一网通办"平台总集成、核心系统承建方和 App 运营方由本土大型私营企业 Y 公司承包。

（二）行动者特征

不同类型的行动者采用何种方式进行合作，影响行动者的参与程度，从而形成多样化的网络关系和结构。[①] 网络关系是各个主体在合作中组织行为的表现，网络关系影响网络结构的形成，不同网络关系与结构会影响协作的整体效率。[②] 针对多元行动者网络归属的网络节点以及行动者互动所形成的网络结构（主体特征及结构特征），这两个特征的描述是解释多元行动者在共同项目过程中微观主体动机与宏观结构的基础。在地方数字政府建设中，不同类型的行动者通过何种方式参与数字政府建设项目，以及参与程度如何，塑造了不同类型的网络关系和网络结构。在此网络中，其网络节点是指地方政府、企业等不同行动者；其网络连接体现在不同行动者通过项目外包、长期战略合作、共建组织等方式将互动目标转化为互动过程，其网络运行与发展取决于不同行动者在其中的地位和能力。

首先，从主体特征来看，本书用"同质性""均衡性"两个维度来衡

---

① 马捷、锁利铭：《城市间环境治理合作：行动、网络及其演变——基于长三角 30 个城市的府际协议数据分析》，《中国行政管理》2019 年第 9 期。

② Keith G. Provan, Patrick Kenis, "Modes of Network Governance Structure, Management, and Effectiveness", Journal of Public Administration Research and Theory, Vol. 18, No. 2, 2008, pp. 229 – 252.

量不同行动者主体共同参与的情况。政府、企业等行动者是否具有主体多样性，是判断行动者同质性的标准，行动者主体越多，同质性越低。不同行动者在共同项目过程中所发挥作用的不同及地位的差异性，是判断行动者均衡性的标准。项目外包是一种"委托—代理"关系，政府和企业等行动者因资源及需求的相互依赖，选择共同参与主体。外包过程中存在单一政府、多个企业的主体特征，具有较低的同质性。同时，由于政府和企业存在着信息不对称，政府在合作过程中具有关键信息的优势（如采购标底），往往造成双方地位上的差距。因而，政府和企业两种行动者均衡性较低。

其次，从结构特征来看，行动者在互动过程中形成不同关系，表现了网络结构的特征，从而塑造了不同的互动模式。在网络关系结构中，用"紧密性""依附性"来反映行动者之间的信任程度以及依赖水平。"网络的紧密性"通过不同行动者之间互动的频次进行考量，而"网络的依附性"则通过不同行动者对于彼此的依赖程度以及整个网络结构受某一行动者的影响程度进行考量。

在地方数字政府的项目外包中，其显著结构特征是单一政府与多元企业的关系，地方政府通过项目方式把多元企业纳入其中，由政府起统筹主导作用。这里的企业可以是国有企业、私营企业、混合所有制企业等市场主体。由于市级政府是单一主体的核心领导、处于发包的主导位置，市级政府可以通过发包、市场化的方式，增加多元企业主体参与的机会，并通过制定标准来统筹区级等基层政府的建设。在这个过程中，主体具有多样性，各具资源禀赋等特征优势，主体特征的同质性较低。由于地方政府在网络结构中处于主导作用，其他主体的谈判能力较弱，主体间的均衡性较差。就结构特征而言，以地方政府单一主体作为核心的多元结构，主要依靠临时性或者单一性项目来建立关联，其紧密程度较低，而这种多元主体间的不平衡性也导致了主体间的高依附程度。该模式中，政府以大型国有企业、大型本土私营企业为抓手，中小国有企业、私营企业分布于数字政府建设中核心程度相对弱的业务，上层战略核心业务由大型国有企业、大型本土私营企业垄断，中下层非核心业务才开放给中小国有企业、中小私营企业，战略核心地位越低，中小私营企业越多（如图2-3所示）。

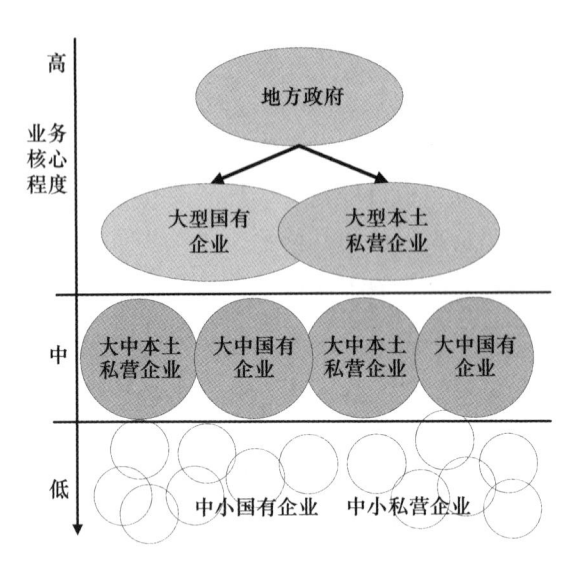

图 2-3　政府主导型—项目外包模式的行动者主体结构特征①

三　过程：基于扎根理论的政府主导型政企互动过程分析

（一）政企互动过程的要素抽取及关系

1. 样本选取与资料收集

对于政府主导型—项目外包模式的政企互动过程的分析，本书采用扎根理论研究方法。笔者选取上海市及相关省级层面的数字政府建设的代表性政府和企业人员等 25 人进行非结构性访谈，整理形成访谈记录文本 22 份的一手的数据资料。同时，选取 2017 年至 2021 年上海市的权威官方网站、媒体报道、政策内部公文等资料，这些案例材料和报道的二手资料，与微观生动的访谈等一手资料相结合，能够更好地进行证据佐证。综合这些资料构建研究资料库，提供编码、范畴提取与模型构建的素材。

2. 范畴提取与模型构建

本书随机抽取 2/3（15 份）的访谈文本，按照扎根理论的步骤进行编码分析，借助分析软件 Nvivo 12 进行辅助编码和资料分析。通过开放式编码、主轴编码和选择性编码对数据资料进行概念化、抽象化分析，

---

① 本图为作者自制。

提炼出概念和范畴，在此基础上构建模型理论。

（1）开放式编码

在开放式编码过程中，本书首先是对访谈文本按照 Ai、Bi 进行编码，A 代表地方政府访谈对象，B 代表企业人员访谈对象，i 为数字，代表访谈序号（详见附录3）。其次是对每份访谈文本进行试验性编码，进行概念化，形成初步概念。运用 Nvivo 12 软件对 15 份访谈文本进行分析，逐句进行概念化处理和开放式编码，萃取原始语句的概念，形成 83 个有效概念。最后，对于初步形成的概念按照意义、相同现象的概念进行归纳合并，删除相同意思以及频数小于 3 的初始概念，在反复推敲的基础上，共得到技术供给、政治升迁等 12 个初始范畴，由于开放编码需要对大量原始材料进行分解和提取，编码分析过程工作量较大。囿于篇幅有限，每个初始范畴仅列一个原始语句，以展示概念化的过程。编码示例如表 2-4 所示。

表 2-4　　　　　开放式编码与初始范畴编码部分示例①

原始语句	概念化	范畴化
A01 企业有技术，是有技术优势。我们（政府）是缺技术优势。 A02 对于外包合同中的合作企业选择，从根正苗红的角度，毕竟国企是国家自己的人，我们肯定优先考虑国企。这样，建设经费只是从国家的左口袋到右口袋	政府通过选择企业实现技术供给	技术供给
A05 我们（地方政府）通过项目外包将企业的力量纳入我们数字政府建设中，地方数字政府建设好了，能够产生辐射作用，引起其他地区政府的模仿，也容易引起中央政府的关注	地方政府在同级地域经济竞争中胜出	政治晋升
B01 他们（地方政府）需要挑选本土企业来承担项目，即使没有在本地，也会要求总部在当地设立分公司，这样当地政府的税收也就增加了，税收收入关系到经济绩效，关系到地方政府官员的晋升	本地企业增加税收	经济激励

---

① 本表为作者自制。

续表

原始语句	概念化	范畴化
B38 我们（企业）不是每个项目都是利润导向的，需要考虑企业信誉、社会责任等多因素，特别是数字政府项目的影响都比较大，长期的收益可能是互联网头部企业更看重的。当然，中小企业在外包中主要还是利润导向	利润导向与长期收益兼顾	收益导向
B39 很多企业介入数字化转型的项目，争抢这块"蛋糕"。因为数字化项目往往是需要迭代升级的，一次没有拿到项目，以后很难拿到。所以出现了"跑马圈地"的乱象，部分企业不惜亏本先拿项目	企业需要项目开发的技术场景	技术开发
B40 数字政府项目做好了，会给其他项目带来其他的好处。毕竟公众在接受政府公共服务的时候，知道这技术是我们公司的，肯定会更信任我们企业，对其他项目很有帮助	企业获得政府的信用	外溢性收益
A01 我们（政府）的期望值与他们（企业）对政府的理解不在一个频道上。我们（政府）是缺技术优势，但关键是他们不懂我们的工作……多次沟通后没有进展，后面怎么做呢？就是我们的干部带着他们的技术人员给他们解读制度	政治立场与技术优势不同目标的融合	多元目标的统合
A04 我们（地方政府）很多项目都是先做后付。也就是说，项目完成大半或基本完成，再来补充相关的招投标流程和材料。这可以最大限度地降低风险。公司会派人员过来，常驻这边（政府部门），上班也在行政服务中心。常驻政府的工作人员相当于领导的技术秘书	政府通过政治地位优势实现对资源的控制	资源整合
A05 现行政府采购法律法规规定，除单一来源采购外，前期参与了项目整体设计等活动的企业，都不能再参与该项目的具体实施。但是，现实中真是行不通，很多项目需要优质企业的前期参与，只能做适当的变通	法律的不完备性赋予政府执行的变通	变通执行
B01 由于项目具有创新性，很多细节我们（企业）也是在摸索阶段，政府先做后付的模式是目前技术行业的潜在规则。大家都是必须要这么去做的，至于后期的成本如何收回，就取决于项目经理的能力了	项目的模糊性使得政府在执行中有自由裁量权	自由裁量空间

续表

原始语句	概念化	范畴化
B10 企业想要拿到数字化项目，除满足招投标的要求外，一般是要通过熟人关系，提前介入项目。除制度外，还需要考虑"情、礼"等，中国人情社会"见面三分情"还是存在的。特别是数字化项目，没有提前介入，就是填政府的招标相关表格都没法填，更别说中标了	非制度关系存在合理性	技术合同的不完善性
A37 我们地方官员也担心企业骗取补贴和优惠政策，或随时撤走，这一定程度上会影响政策的执行效果。如果原来对企业负责人有所了解，一定程度上可以减少这种顾虑	非制度关系嵌入可以降低企业的道德风险概率	非制度关系的内嵌

（2）主轴编码

在开放性编码的基础上，本书获得了12个初始范畴（用"Mi"进行统一编码）。为了厘清政府主导型—项目外包模式的互动过程各要素的关系，利用Nvivo12软件进行聚类分析，并经过多次讨论微调、专家咨询等环节，梳理初始范畴间的关系，归纳出政府主导型—项目外包模式互动过程的5个主范畴："N1 地方政府的互动目标""N2 企业的互动目标""N3 政企统合机制""N4 变通容纳机制""N5 制度与非制度关系互嵌机制"（用"Ni"进行统一编码），如表2-5所示。

表2-5　　　　　　　主轴编码与主范畴提取①

主范畴	初始范畴	内涵解释
N1 地方政府的互动目标	M1 技术供给	地方政府的数字技术缺失，可以通过项目外包的方式获取技术资源供给，在资源上对企业具有选择权力，促使其互动的意愿
	M2 政治晋升	地方政府官员的政治理性，数字政府建设能使其在政治锦标赛获得晋升机会，促使其互动的意愿
	M3 经济激励	地方政府官员会激励、支持本地的企业和发展本地的经济，提高个人的工作绩效，从而提升地方政府的整合能力

① 本表为作者自制。

续表

主范畴	初始范畴	内涵解释
N2 企业的互动目标	M4 收益导向	企业基于短期的经济利润与长期预期利润的衡量确定互动目标
	M5 技术开发	企业获得技术开发场景的需求
	M6 外溢性收益	企业获得政府的信用背书等政治资源
N3 政企统合机制	M7 多元目标的统合	在政府科层制的主导下，政府、企业的多元目标能通过项目制形式达成共识
	M8 科层主导的资源整合	以项目为载体，通过灵活的机制来调用资源，形成以科层制为基础的项目组资源整合结构
N4 变通容纳机制	M9 变通执行	法律的不完备性赋予政府的创造性自由裁量权
	M10 自由裁量空间	项目的信息模糊性增加地方政府合作过程的自由裁量空间
N5 制度与非制度关系互嵌机制	M11 不完善性的合同	技术合同不完善性的客观存在，非制度关系嵌入合同制度的必要性
	M12 非制度关系的内嵌	非制度关系的内嵌降低政企互动的道德风险

（3）选择性编码与模型构建

本书在上述得出的主轴编码的基础上，采取选择性编码步骤，继续提炼、探讨和验证主范畴的内在关系，采用"故事线"形式的描述方法和策略来梳理和发现核心范畴，最终得出三个核心范畴，进而构建出整个测度指标的理论框架。经过选择性编码，本书将"N1 地方政府的互动目标"与"N2 企业的互动目标"归为"互动目标"核心范畴，将"N3 政企统合机制""N4 变通容纳机制""N5 制度与非制度关系互嵌机制"归为"互动机制"核心范畴。而本书的研究对象政府主导型—项目外包模式作为"互动模式"核心范畴。三个核心范畴的关系表现为：互动目标通过互动机制影响互动模式，核心范畴与主范畴的关系结构形成"政府主导型—项目外包模式的互动过程"模型，核心范畴与主范畴的联结机理如表2-6所示。

表 2-6　　　　　　选择性编码与典型联结机理描述①

联结机理	内涵解释
政府的互动目标 ─┐ 　　　　　　　　├─→ 互动目标 企业的互动目标 ─┘	政府和企业的不同互动目标共同影响行动者在地方数字政府建设中的互动过程
政企统合机制 ↓ 互动目标 ──→ 互动模式	政企不同的互动目标以政企统合机制为载体，影响政企互动模式
变通容纳机制 ↓ 互动目标 ──→ 互动模式	政企不同的互动目标以变通容纳机制为载体，影响政企互动模式
制度与非制度关系互嵌机制 ↓ 互动目标 ──→ 互动模式	政企不同的互动目标以制度与非制度关系互嵌机制为载体，影响政企互动模式

（4）理论饱和度检验

模型建立后，检验其理论饱和度：编码完成后，本书用剩下的 1/3（7 份）的访谈文本和二手资料进行理论饱和度检验。结果显示，模型中的范畴已相对丰富，暂无新的概念和范畴，因此可以认为上述理论模型是饱和的。

（二）政府主导型—项目外包模式的政企互动过程模型阐释

经过访谈文本的扎根理论编码分析、范畴提炼与模型构建，本书实现了"政府主导型—项目外包模式的互动过程"构成要素的抽取和要素关系的分析，归纳出政府主导型—项目外包模式的政企互动过程模型（如图 2-4）。该模型包含地方政府和企业两个关键行动者，形成"互动目标、互动机制、互动模式"三个政企互动过程的核心范畴。

---

① 本表为作者自制。

```
┌──────┐  ┌─────────────────────────┐  ┌──────────────────────────┐
│互动目标│  │    政府的互动目标         │  │    企业的互动目标          │
│      │  │ 技术供给  政治晋升  经济激励 │  │ 收益导向  技术开发  外溢性收益│
└──────┘  └─────────────────────────┘  └──────────────────────────┘
                            ↓
┌──────┐  ┌─────────────┐ ┌──────────┐ ┌───────────────────┐
│互动机制│  │ 政企统合机制   │ │变通容纳机制│ │制度与非制度关系互嵌机制│
│      │  │多元目标  科层主导的│ │变通执行  自由│ │不完善性  非制度关│
│      │  │的统合    资源整合 │ │        裁量空间│ │的合同    系的内嵌│
└──────┘  └─────────────┘ └──────────┘ └───────────────────┘
                            ↓
┌──────┐  ┌───────────────────────────────────────────────┐
│互动模式│  │地方数字政府建设中的政企关系：政府主导型—项目外包模式       │
└──────┘  └───────────────────────────────────────────────┘
```

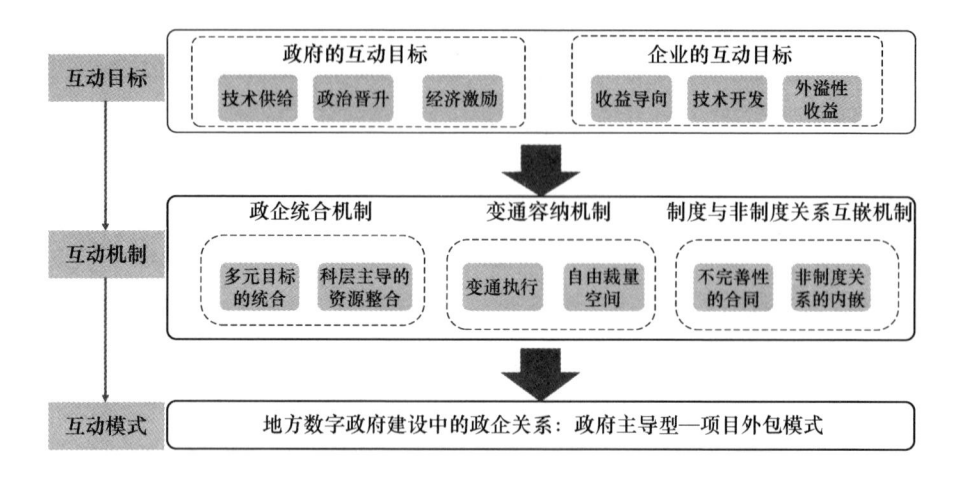

图 2-4 政府主导型—项目外包模式的政企互动过程模型[①]

1. 互动目标

地方数字政府建设中的项目外包本质上是一种委托—代理关系，涉及地方政府、多元企业等行动者的互动目标。本节的理论前提是行动者的"理性人"假设，地方政府和企业在项目外包过程中存在不同的目标需求。

（1）政府的互动目标

第一，资源依赖。地方政府实现数字化转型旨在为公民提供整体性的优质公共服务。省级政府缺乏数字政府建设的技术供给，这是其合作的最初驱动力。资源依赖理论认为，作为开放的系统，任何组织都需要从外部环境或其他组织中获取它所需要的资源。[②] 控制资源的行动者能够使需求资源的行动者对其产生依赖。如果资源具有稀缺性、不可替代性，控制资源的行动者往往具有较高的自由裁决权，造成另一方行动者的依赖程度越高的结果。目前，地方政府虽然囿于自身技术能力限制，需要选择项目外包获取外部资源，但是，地方政府拥有选择由哪个企业提供技术的自由裁量空间，控制着企业的选择权资源，此时的地方政府是控

[①] 本图为作者自制。
[②] Jeffrey P. feffer, Gerald R. Salanckik, *The External Control of Organizations*, New York: Harper & Row, Publishers, 1978, p. 6.

制资源的一方行动者。部分地方政府甚至缺乏启动数字政府项目的资金，在此情况下应如何实现技术资源的获取？奥斯本、盖布勒认为，可以用市场机制重塑政府，主要通过民营化手段来实现。① 市场化的项目外包可以实现政府数字技术的供给，提高组织的效率。但是，在合同不完全的情况下，由于私营企业承包商降低成本的动机过于强烈，容易忽视外包项目的质量。② 因此，地方政府还需要处理好社会正义与市场效率目标之间的关系。务实主义者认为，"自由、正义和效率代表着不同甚至相互冲突的目标，三者之间的权衡十分重要。社会可以使用政府这一工具，以帮助实现这些目标并保持平衡"③。当然，地方政府在项目外包给企业后，囿于自身技术能力限制，企业作为技术资源的控制方，也可能造成地方政府新的技术依赖，使得地方政府在技术上处于被动地位，该种情境将在下一章具体阐述。

不同所有制的企业由于产权属性的不同，具有不同的法律地位。地方政府基于"自由、正义和效率"的不同目标在不同所有制企业进行选择，从而形成不同的政企关系（如表2-7所示）。调研发现，在数字政府建设中，地方政府在不同所有制企业进行合作对象的选择，往往不仅限于市场原则，还嵌入了政治原则的考虑。"对于项目外包中的合作企业选择，我们会制定采购标准，但是会优先考虑原来合作的企业、国有企业、本土的私营企业，如果国有企业有的选（能力达到技术要求），从根正苗红的角度，毕竟国企是国家自己的人，我们肯定优先考虑国企。这样，建设经费只是从国家的左口袋到右口袋。本土私企也能够增加地方财政税收。外资企业涉及数据安全问题，我们基本不考虑。"（访谈资料A02：20210618）由此可见，国有企业、本土绩效优秀的私营企业更容易得到当地政府在项目外包的青睐。比如，上海"随申办"市民云的承包

---

① ［美］戴维·奥斯本、特德·盖布勒：《改革政府：企业精神如何改革着公营部门》，上海市政协译组、东方编译所编译，上海译文出版社1996年版，第14—17页。

② Oliver Hart, Andrei Shleifer, Robert W. Vishny, "The Proper Scope of Government: Theory and an Application to Prisons", *Quarterly Journal of Economics*, Vol. 112, No. 4, 1997, pp. 1127 - 1161.

③ ［美］E. S. 萨瓦斯：《民营化与公私部门的伙伴关系》，周志忍等译，中国人民大学出版社2002年版，第3页。

商除长期合作的本土大型私营企业 Y 公司外，其他均是国有企业。

表 2-7　　　　　　　不同所有制企业的政企关系比较①

企业类型	产权特征		经济地位	支持政策	发展政策	管理政策	政企关系
	性质	产权代表					
国有	公有制	各级政府	主要力量	国家保障其巩固发展	财政、信贷、市场化	一定范围内自主经营	半行政、半法律
私营	私人	投资者	重要力量	国家保护其合法权益	市场化	自主经营	法规、法律
三资	合作混合	投资者	重要力量	国家保护其合法权益	市场化	自主经营	法规、法律
股份制	混合	投资者	重要力量	国家保护其合法权益	市场化	自主经营	不同的产权关系下有不同的政企关系

第二，经济激励。从组织维度来看，地方政府会通过制度等政府权威来保护自身利益，其独立的利益可能与委托人利益存在一致性和冲突性。事实上，地方政府的整体行为是官员个体的激励和行为"加总"的结果。② 在实践中具体通过各级政府和政府官员的目标来呈现。地方政府官员会有经济理性考虑，经济激励是地方政府官员激励的主要目标之一。③ 地方政府官员会激励、支持本地的企业和发展本地的经济，这能促进地方政府财政收入的增加，提高个人的工资绩效，提高地方政府的整合能力。因此，在地方数字政府建设承包方的选择上，地方政府将数字政府建设项目细分给各个承包商，承担"项目经理"的角色。首先，他们需要挑选企业来承担项目，通常会坚持"属地原则"的标准，形成对本土企业的"地方保护主义"。即使中标的企业不在本地，地方政府往往

---

① 本表在参考赵东荣、乔均的观点基础上修改自制而成。参见赵东荣、乔均《政府与企业关系研究》，西南财经大学出版社 2000 年版，第 225 页。
② 周黎安：《转型中的地方政府：官员激励与治理》（第二版），格致出版社、上海三联书店、上海人民出版社 2017 年版，第 19 页。
③ 沈立人、戴园晨：《我国"诸侯经济"的形成及其弊端和根源》，《经济研究》1990 年第 3 期。

会鼓励企业在本地设立总部，或要求其在本地设立分支机构。其次，他们作为统筹者的角色，管理、跟进、组织评估等数字政府建设项目的内容。在此过程中，如果嵌入政府官员个人的利益诉求，就会诱发政企合谋、贪污腐败等问题，使数字政府建设面临难以为继的风险。[1]

第三，政治晋升。在中国政治锦标赛[2][3]中，中央政府会通过各种方式鼓励地方政府在主要经济指标等内容上展开同级竞赛，这意味着经济发展快的地区政府官员升迁到中央部门概率更大。在这种背景下，同一行政级别的地方官员都处在政治晋升博弈过程，一个官员的晋升将降低同一级官员晋升的机会，两者之间是一种零和博弈。政治和经济的双重竞争导致地方政府官员之间竞争空间加大，造成各地区之间的恶性竞争和产业壁垒。在地方数字政府建设中，地方官员出于晋升的考虑，主要关注其政治指标的高低，而关系到的政治指标（GDP、财政税收等）具有鲜明的属地性，这也造成政府项目外包企业的"属地"特征，形成了有别于西方学者对项目外包的定义，中国项目外包呈现"行政性"色彩的表征。

（2）企业的互动目标

第一，收益导向。一方面，在合同外包过程中，从短期来看，利润导向是企业参与地方数字政府建设的首要目的。但是，企业关注利润不限于短期利润，还包含长期的预期利润。各企业竞相追逐政府数字化项目体现了企业对长期收益的正向预期。调研发现，即使在这个过程中，政府基于主导者的身份采用有悖于合同公平的做法，企业还是"乐于接受"。比如，政府由于预算流程、资金短缺性等问题而采用"先用后付"的模式，即企业需要先垫付建设成本，或者政府仅支付一部分的定金，剩下先由企业来完成筹建项目，等项目完成后，政府再根据企业的建设情况，支付相应的金额，并完成前期的采购流程。该模式与西方的合同外包模式大有不同，但是，在中国的场域下该模式为何能够有效地实行，

---

[1] Patrick Dunleavy, Helen Margetts, Simon Bastow, et al., *Digital Era Governance: IT Corporations, the State, and E-Government*, New York: Oxford University Press, 2006, pp. 1–15.

[2] 政治锦标赛是指在高度中央集权的局面下，行政体制本身会内生出一种"锦标赛"的独特现象。参见周飞舟《锦标赛体制》，《社会学研究》2009年第3期。

[3] 周黎安：《中国地方官员的晋升锦标赛模式研究》，《经济研究》2007年第7期。

其原因之一在于企业希望通过与政府建立政治性的关联,获得政府"人脉资源",从而获取后期追加合同等持续收益。

另一方面,企业基于预期利润的衡量,往往会以"跑马圈地"的方式争抢项目,甚至出现部分企业为了获得政府的首期项目,不惜以亏本报价进行招投标。比如,2017 年政务云项目领域在市场竞争中所呈现出的"低价中标"乱象可以一定程度上说明该问题。腾讯以 0.01 元中标预算为 495 万的厦门市信息中心政务外网云服务项目[①];中国电信以 0.01 元中标辽阳市信息中心公共信息资源共享平台硬件建设项目、以 0 元中标连云港市政务数据云计算平台项目;中国移动以 1 元中标预算为 100 万的温州市政府云服务项目。表面上,地方政府在中标中获得极大的优惠,但是,事实上并非所有的 0 元中标都等于免费,后期将衍生出另外一种"先免费,再收费"的逻辑,地方政府在合作后期向服务提供商进行按需付费。因而,政府在项目合同外包的过程中,需要嵌入短期收益与长期预期的考量,企业的介入不仅仅是为了短期的利润,更是为了获得长期合作的正向预期收入。

第二,技术开发。在地方数字政府建设过程中,即使企业拥有技术上的优势,但由于企业缺乏实际的应用场景,无法进行技术产品的场景实验和完善。比如,一个企业在组织内部已实施中台战略,可以将整个组织的数据运营能力和产品技术能力进行整合,进而形成对前台业务强有力的技术支撑。但是,企业组织有别于政府组织,如果缺乏技术应用的场景,就无法向外拓展新的业务。同时,由于数字技术的可复印性,如果一个数字项目在一个地方政府试点取得成功,后期只要做相应的模块调整,就可以得到同级甚至上级政府部门的推广,迅速抢占全国的市场。比如,上海"一网通办"建设中的本土企业 Y 公司,在承接上海"一网通办"平台后,又在全国范围内承接了多个项目(如:辽宁省大连市一体化在线政务服务平台、山东省一网通办门户智能检索与用户行为分析系统、湖南省政务服务中心等)。

第三,外溢性收益。企业介入地方数字政府建设项目后,获取了与

---

① 参见调研资料政策文件 F1《2021 年上海市全面深化"一网通办"改革工作要点》(中共上海市委、上海市人民政府,2021 年 2 月)。

政府合作的"政治资源",可以获得外溢性收益。比如,更容易在与其他企业或民众合作的过程中得到信任,从而获得其他市场化的项目。企业承包地方政府的项目,相当于隐性地获得政府的"信用背书"。大众在接触企业提供的公共服务的过程中,能无形中增加对企业的信任度和认可度,为企业后期商业产品的推广减少广告性支出的成本,有利于企业正面形象的宣传。此外,在与政府的合作过程中,企业能够获得政府在政策性信息的便利条件,及时得到政治性的关照。

综上分析,政府主导型—项目外包模式是通过项目外包的方式,实现政企目标的融合,并采用合同方式实现目标的统一,约定行动者之间在项目中需要交换的资源。可以看出,政府和企业的项目外包式的互动目标更多并不是关系的建立和维护,而是实现彼此的"工具性"的目标,仅限于功能性的取长补短。这样的合作方式,使得两者无法在"价值层面"达成一致的共鸣。

2. 互动机制

互动目标通过互动机制作用于互动模式,形成地方数字政府建设中不同的模式。西方学者对项目合同研究更多从契约的完备性、物质利益等维度进行考虑,忽略了声誉、社会资本等精神层面[①]的追求;注重享受资源的索取互补,缺乏对职业升迁、上级关注等影响官员动机因素的考量。西方学者基于契约合同形成的政企关系,与中国基于项目外包所形成的政企关系不同。

(1) 政企统合机制

由于公共物品和公共服务呈现复杂性特征,单靠政府的力量难以提供足够的公共服务,公共服务的规划者与生产者分离成为世界潮流。[②] 学者主张用复合逻辑解释多元主体供给公共服务的创新机制,目前主要有项目管理和公共管理两个视角。项目管理主要把政企合作当作市场行为,而公共管理主要将政企合作当作科层逻辑。但是,政府作为购买者,往

[①] Rui Cunha Marques, Sanford V. Berg, "Public-Private Partnership Contracts: A Tale of Two Cities with Different Contractual Arrangements", *Public Administration*, Vol. 89, No. 4, 2011, pp. 1585 – 1603.

[②] 郁建兴、吴玉霞:《公共服务供给机制创新:一个新的分析框架》,《学术月刊》2009年第12期。

往往拥有"决定做什么、如何做"的权力，确定选择私人部门的标准，来以此确保完成相关事项[①][②]，其本质是一种"强行政弱外包"的统合治理。[③] 黄晓春、周黎安认为，"基层政府的政府购买行为，受行政体系内部科层制运作逻辑的影响"[④]。笔者认为，数字政府领域项目外包的政企关系是科层组织和市场组织的整合，是以科层制为主导的"政企统合"。即使在这个过程中，合同的不完善性可能导致企业的被动地位，但是在该模式中，政府能够利用其主导性的地位，利用科层治理和市场行为来迅速推进地方数字政府建设，实现政企资源成功交换。科层制以节约交易成本、提高效率为目标，以其组织强有力的控制能力，通过外部交易内部化的方式来减少不确定性和机会主义。

具体而言，合同外包强调地方政府向行政组织外的企业发包，作为发包方的政府按照科层体制运作，作为承包方的企业按照市场机制运作，两个组织边界清晰。但是，政府"既是市场的管制者又是合同的参与者，既有以纵向等级为基础的垂直、权威行动模式，又有以商业交易谈判为基础的横向平行模式"[⑤]。地方政府和企业的互动过程形成了结构和行动互嵌的关系格局，形成了以科层体制为指导的统合机制，赋予地方政府更强的协调性和灵活性。政府通过权力的扩张，能快速地实现政企互动过程中目标、资源的统合，提供推动项目建设的基础条件。因而，"政企统合"具有科层制的整合性特征，但又不同于计划经济"政企不分"下政企之间存在的内生矛盾，是基于各自发挥作用的过程中彼此的局限性，在双方互动过程中所形成的一种张力。这种张力通过项目外包的方式将

[①] Barbara Ann Allen, Luc Juillet, Gilles Paquet, et al. "E-Governance & Government On-Line in Canada: Partnerships, People & Prospects", *Government Information Quarterly*, Vol. 18, No. 2, 2001, pp. 93–104.

[②] Anne-Marie Reynaers, "Public Values in Public-Private Partnerships", *Public Administration Review*, Vol. 74, No. 1, 2014, pp. 41–50.

[③] 陈永杰:《强行政弱外包：政企统合治理的机制及其影响》,《公共管理学报》2021年第1期。

[④] 黄晓春、周黎安:《政府治理机制转型与社会组织发展》,《中国社会科学》2017年第11期。

[⑤] [美]菲利普·库珀:《合同制治理——公共管理者面临的挑战与机遇》,竺乾威、卢毅、陈卓霞译,竺乾威校,复旦大学出版社2007年版,第51页。

政府和企业有机统一起来，能够发挥政府和企业两个主体在制度创新、组织创新等诸方面的优势，从而更有效地促进数字政府的建设。

首先，多元目标的统合。科层制的组织具有专业化、权力等级、照章办事与非人格化的工具理性特征①，这种工具理性要求政府各部门在各自的层级各司其职，并对上级和正式制度负责，从而高效率地完成各项任务。如上所述，政府和企业在互动过程中存在多样的目标，以科层制为主导的政企统合机制能够高效地实现多元目标的整合，把自上而下的政策传达有效转化为政策行动。在政府科层制的主导下，多元目标能通过项目制形式达成共识。当然，目标的统一无法克服政府与技术公司合作过程中理念不一致的障碍，以政府为主导能够使得多元主体在磨合过程中实现理念的统一。正如调研中的上海市大数据中心某领导所言："我们（政府）跟互联网公司最大的问题是什么呢？我觉得是我们（政府）的期望值与他们（企业）对政府的理解不在一个频道上。企业有技术，是有技术优势。我们（政府）是缺技术优势，但关键是他们不懂我们的工作。即使我们有统一的目标做好工作，但是需要在统一目标的基础上，实现理念的统一……后面怎么做呢？就是我们的干部带着他们的技术人员给他们解读制度，这个对他们公司肯定也是印象深刻。几年合作下来，这家公司内部专门成立政府业务部，来提高研判政府需求的能力。这家公司后来将该模式复制推广到其他省份，拿到很多其他省份的相关业务。"（访谈资料A01：20210619）可见，"地方政府官员带着企业人员学制度"的场景生动地展示了政府和企业理念的差异，以及地方政府官员如何通过主导性的地位来统一不同理念。

其次，科层主导的资源统合。地方政府在合同外包的过程中，往往采用"一个政府对接多个企业"的工作模式。该模式以项目为载体，通过灵活的机制来调用资源，形成以科层制为基础的项目组织结构，这种结构的优势并非取消科层制管理，而是能有效提高组织行动效率，统筹政府与企业的组织优势。对于数字政府建设中的外包制，即使外包的方式未发生变化，但是合作的内容相比于外包更为复杂，企业往往通过外

---

① 张紧跟：《科层制还是民主制？——改革年代全国人大制度化的内在逻辑》，《复旦学报》（社会科学版）2013年第5期。

派驻点的方式与政府频繁沟通，企业工作人员成为政府的"编外成员"，企业逐渐成为政府的"临时组织"。而政府往往对承包方采取分类控制策略，由此造成政权的内卷化趋势，政企双方从游离型向互嵌型关系形态转变。当然，政府采用项目外包的方式，本质上并没有改变传统政企关系，地方政府对企业具有主导性的权力。企业依然需要通过依附于政府主管部门来获取资源，除了合同规定的限制性设置，还受官僚规则约束和程序控制。"公司会派人员过来，常驻都在这边（政府部门），上班也在行政服务中心。常驻政府的工作人员相当于领导的技术秘书。"（访谈资料A04：20210118）

（2）变通容纳机制

虽然科层制权力金字塔式的层级结构，能够通过明确分工的制度把各种组织活动进行工具理性的精确计算，但是，从风险生产的角度看，科层制的"精密计算"无法排除不确定性因素的影响。科层制仅仅从纯技术层面实现"高效率"优势，而且这种纯技术层面具有刚性，需要一定的柔性"缓冲地带"。加上合同外包往往具有临时性、受政府主导的特征，理论上使得政企互动过程趋于刚性而拥有较少的协商空间。① 但是，在中国模糊信息的场域下，地方政府的政策执行具有明显的"变通韧性"，一定程度上缓和了这种刚性，形成了中国特色的科层制。这里所指的"变通"，不同于西方理论界所理解的一般意义的"政策失败"（Policy Failure），而是指在政策决策内容上，地方政府作为执行者仅仅在形式上遵从，在具体政策的执行过程中对其内容进行重新规划②，地方政府在数字政府建设过程中的变通执行具体体现在如下几个方面。

首先，变通执行。外包法律的不完备性增加了地方政府变通执行的概率。目前，地方政府的政务信息化项目外包遵循的法律规章主要包括：《政府采购法》《政府采购法实施条例》《国家电子政务工程建设项目管

---

① John Langford, Jeffrey Roy, "E-Government and Public-Private Partnerships in Canada: When Failure Is No Longer an Option", *International Journal of Electronic Business*, Vol. 4, No. 2, 2006, pp. 118 – 135.

② 刘世定、孙立平：《作为制度运作和制度变迁方式的变通》，《中国社会科学季刊》（香港）1997年第21期。

理暂行办法》《财政部关于信息系统建设项目采购有关问题的通知》《财政部关于印发〈政务信息系统政府采购管理暂行办法〉的通知》。这些法律法规为地方数字政府建设的采购活动提供了法律依据和行动方向，但是，目前现行政府采购制度仍亟待完善。比如，如上所述的《政府采购法》《政府采购品目分类目录》对政府购买公共服务的模糊界定，增加了地方政府在项目外包的权限，使得部分政府行为游离于法律规定的边缘地带。

地方数字政府建设的很多项目外包具有复杂性和多样性，与传统聚焦于货物、工程及服务的政府采购行为具有显著区别。这造成了现有政府采购相关法律框架与地方数字政府建设的不完全适配。① 具体表现在：首先，地方数字政府建设的一体化技术平台需要整体规划、巨额投入，但是，政府的采购项目必须通过年度财政预算的方式得以实现。基于年度财政预算的执行，原本适合整体采购的项目被拆分成若干小的项目。针对该问题，地方政府往往采取变通的做法，即不采用建设模式，通过购买技术平台的基础服务来缓解资金压力。其次，目前地方数字政府技术平台采取"小步快跑、快速迭代"的建设方式，与政府长期采购不契合。但是，《财政部关于印发〈政务信息系统政府采购管理暂行办法〉的通知》第十六条规定："在年度预算能够保障的前提下，采购人可以与政务信息系统运行维护供应商签订不超过三年履行期限的政府采购合同。"由此可见，目前的采购法规不支持长期服务采购合同，与地方数字政府技术平台建设的需求相佐，这也驱使地方政府采取变通性的"先建后付""先建设后结算"模式。最后，《政府采购法实施条例》第十八条第二款规定："除单一来源采购项目外，为采购项目提供整体设计、规范编制或者项目管理、监理、检测等服务的供应商，不得再参加该采购项目的其他采购活动。"但是，数字政府技术平台很难将顶层规范设计与建设实施区分开来，政府和企业往往采用"边设计、边建设、边完善"方式建设项目。

法律的不完善与建设的紧迫性，赋予地方政府足够的"变通执行"

---

① 石小兵、袁强：《"数字政府"建设期盼政府采购制度改革》，《中国招标》2019 年第 47 期。

空间以及"创造性的自由裁量权"①，使得地方政府以探索性地开启数字政府的工作。比如"先建后付"模式，能够利用市场资本来实现政府的项目建设，从而快速推动项目建设，满足政府、企业互动的短期目标和需求。

其次，自由裁量空间。项目的信息模糊性，增加了地方政府合作过程的自由裁量空间。上述内容对中国场域下的项目外包实践进行描述，进一步体现了中国独特的信息机制。与西方理论的科层制相比，中国尚未培育出以信息标准化为特征的成熟市场与科层制度。②③ 所谓信息标准化，是以损失信息的丰富性为代价，将信息进行压缩、编码，以减少理解信息的成本，方便信息的理解和传递。信息标准化是市场与科层制度的基础，与之相对的是"信息模糊"，模糊信息的使用有助于增大自由裁量权，从而有利于维护官僚权力。④ 政府购买服务项目实践中存在着三种信息模糊：脱耦型、关系型与产品型，表现为制度环境的模糊催生了对关系的依赖⑤⑥，这种依赖关系反过来导致制度环境更加难以去模糊化。⑦⑧ 地方数字政府建设的项目具有模糊程度相对高、测量难度相对高

---

① E. Lianne Visser, Peter M. Kruyen, "Discretion of the Future: Conceptualizing Everyday Acts of Collective Creativity at the Street-Level", *Public Administration Review*, Vol. 81, No. 4, 2021, pp. 676 – 690.

② Max Boisot, John Child, "The Iron Law of Fiefs: Bureaucratic Failure and the Problem of Governance in the Chinese Economic Reforms", *Administrative Science Quarterly*, Vol. 33, No. 4, 1988, pp. 507 – 527.

③ Max Boisot, John Child, "From Fiefs to Clans and Network Capitalism: Explaining China's Emerging Economic Order", *Administrative Science Quarterly*, Vol. 41, No. 4, 1996, pp. 600 – 628.

④ "信息模糊"由詹姆斯·G. 马奇（James G. March）等人提出，是指对同一种事物或情境，人们往往施加不同的意义和解释。马奇将其具体区分为情境性、目标性、身份性、结果性和历史性五种模糊。参见 [美] 詹姆斯·G. 马奇《决策是如何产生的》，王元歌、章爱民译，机械工业出版社2013年版，第135—170页。

⑤ Andrew G. Walder, *Communist Neo-Traditionalism: Work and Authority in Chinese Industry*, Berkeley: University of California Press, 1986, p. 9.

⑥ Douglas Guthrie, "The Declining Significance of Guanxi in China's Economic Transition", *The China Quarterly*, No. 154, 1998, pp. 254 – 282.

⑦ David L. Wank, *Commodifying Communism: Business, Trust, and Politics in a Chinese City*, New York: Cambridge University Press, 1999, pp. 68 – 93.

⑧ Mayfair Mei-hui Yang, "The Resilience of Guanxi and Its New Deployments: A Critique of Some New Guanxi Scholarship", *The China Quarterly*, No. 170, 2002, pp. 459 – 476.

的特征，委托者往往借助关系维护来共同提供，这进一步导致产品的理解差异，强化了产品型模糊。地方政府会利用制度环境的模糊性，通过人格化的运作，形成制度化与人格化互嵌的行动主体间关系，形成关系型模糊。而产品型模糊和关系型模糊进一步加剧制度环境的脱耦型模糊。这三种信息的模糊导致了地方政府在政策执行中可裁量空间的加大，地方政府可以在企业选择、监管方式等维度进行选择，从而设计出更为科学的激励相容机制，有利于发挥本土大型私营企业的组织和能力优势，可以有效地规避信息不对称和目标冲突带来的政策执行阻碍。上海市大数据中心某部门人员认为："我们（政府）很多项目都是先做后付。也就是说，项目完成大半或基本完成，再来补充相关的招投标流程和材料。这对政府来讲，可以最低限度地降低风险，也是创新性探索。如果完全按照采购法，在实际工作中很难开展工作。此外，数字政府建设项目完成后，一般有12个月的维护期是免费的，如果在12个月之后出现问题让他们来维护的话，那么我们约定维护费用不能超过原合同金额的20%。"（访谈资料A04：20210118）对这个观点，笔者也从某企业的工作人员处得到验证："我们先做后付的模式是目前技术行业的潜在规则。大家都是必须要这么去做的，至于后期的成本如何收回，就取决于项目经理的能力了。"（访谈资料B01：20210118）

（3）制度与非制度关系互嵌机制

在中国地方数字政府建设中的项目外包，合同型契约治理可以实现政企关系的制度化，实现企业的短期利益目标。而关系型合约治理可以实现政企关系的人格化，嵌入了非制度关系的伦理情境（如"关系""人情"），这增加了制度执行的弹性空间[①]，给予企业长期目标实现的预期。在政府合同外包的过程中，政府与企业的代理委托关系存在目标冲突，这种冲突需要通过约束达成共识，制度化的合同以条文的形式给予具体化，规范着交易双方的经济行动。从法律意义上讲，一方违约就要受到对等惩罚，以补偿另一方的损失。[②] 菲利普·库珀（Philip Cooper）从合

[①] 李晓梅、白浩然：《双重政府权力运作：农村脱贫场景的治理逻辑——基于国家级贫困县村庄减贫实践的调研》，《公共管理学报》2019年第4期。

[②] 王军编：《美国合同法》，中国政法大学出版社1996年版，第1—8页。

同管理的质量层面进行深入的探讨①，但过度依赖以契约为基础的专项检查与条例等管理、监督方式，可能造成政府与企业主体间的对抗性矛盾。由于规范的合同管理，委托方往往重在项目漏洞或错误的查找，而并非关注伙伴关系的经营。② 现实情境中的政府与企业之间存在着复杂的关联，归结于纯粹合同规范层面，可能遮蔽了现实情境的丰富形态及其复杂构成，难以解释中国地方数字政府建设中政企关系的复杂机制。中国的政企关系与西方国家不同，除正式制度外，还融入了"情、礼"规则等非制度性关系的因素。

地方数字政府建设的项目外包属于复杂项目外包，具有"资产专用性、不确定性、合同不完善性"特征。从结构上看，地方政府与企业在数字政府建设过程中形成了关系依赖与合约治理互嵌的格局。具体表现为：首先，合同的不完善性需要非制度关系的支撑，关系的嵌入有利于建立初始信任关系，构建自我履约机制。在正式制度合同的项目外包中，存在着大量的非正式制度路径的协调行为，如关系协调、冲突管理等。经济学家很少考虑官员与企业互动中的信任问题，在中国的制度背景下，地方官员和潜在的投资企业之间面临典型的双向道德风险问题。在一个不完全合同的环境中，企业家担心实物投资一旦完成，官员可以敲竹杠（hold-up）；地方官员也担心企业骗取补贴和优惠政策，会随时撤走。契约制度无法完全制止双向道德风险的发生。因而，项目初期合同关系的建立，需要以官商互信为基础。在上海"一网通办"建设中，由于政府和企业的建设都是处于摸索阶段，双方签订的是一种不完全的契约。而这种契约关系往往不是"一锤子买卖"，而是非标准化的重复交易，双方不会一次性消费过去建立的类似抵押品的信誉，基于利益考虑不会轻易违约，反而会发展出非正式的规范关系。因而，外包主体之间的互动不完全基于市场规范，不完全基于科层制的命令服务关系，而是符合科层制与市场制的制度安排，同时受到关系契约的影响。这也造成了地方政

---

① ［美］菲利普·库珀：《合同制治理——公共管理者面临的挑战与机遇》，竺乾威、卢毅、陈卓霞译，竺乾威校，复旦大学出版社2007年版，第5页。
② ［美］斯蒂芬·戈德史密斯、威廉·D. 埃格斯：《网络化治理：公共部门的新形态》，孙迎春译，北京大学出版社2008年版，第106页。

府倾向于与国有企业、本地有关联关系的私营企业建立合作关系，以此规避后期的不确定性的风险。这就在企业介入地方数字政府建设的途径上设置了隐性进入壁垒，熟人社会中的身份联系与科层组织中的身份联系，两者共同构成交易的非正式规则。身份联系并不意味着就是腐败，在不确定的项目中，反而可以建立初始信任关系，促进彼此信任度的增加，快速推动项目的建设。此外，上级政府部门对企业的选择往往会影响下级政府部门对企业的选择，正式组织关系之外还存在大量的非制度关系，影响着各级地方政府的变通执行①②③，这一定程度上也对下级政府部门在企业选择过程中嵌入了非制度关系的影响，有利于数字政府的整体性建设。如上海市 B 区政府办公室政务服务科科长所言："我们（区政府）选择企业是有选择余地的，市级不会给我们倾向性意见。不过会给我们对接市级系统的参数，这个时候，我们要考虑到工作的需要和工作便利性。因为如果市里用的是 Y 公司，我们选的是其他的公司，那在技术改造的时候，不同的公司，它的数据接口是不一样的，对接冲突会增加工作的难度，所以我们还是倾向于选择市级对接的公司。另外，这样也是'顺水推舟'给市级领导一个'人情'。上海 16 个区级政府基本上都是和这几家公司合作的。"（访谈资料 A07：20210529）

其次，非制度关系的互嵌机制。政府主导型—项目外包模式具有政治和市场的双重激励机制。该模式虽然不能等同于行政发包制，但是隐含着其"行政性"特征。行政发包制中的承包者履行政府职责，但是，由于承包者个人在体制外，行政晋升激励机制无法发挥作用，无法像"行政内包"④ 通过体制内仕途前景的激励与约束来实现对承包者的管理，因此，行政外包只能依靠体制外纯粹的市场化激励。在政府主导型—项

---

① Ronald H. Coase, "The Nature of the Firm", *Economica*, Vol. 4, No. 16, 1937, pp. 386–405.

② Oliver E. Williamson, "Comparative Economic Organization: The Analysis of Discrete Structural Alternatives", *Administrative Science Quarterly*, Vol. 36, No. 2, 1991, pp. 269–296.

③ Bengt Holmstrom, Paul Milgrom, "The Firm as an Incentive System", *The American Economic Review*, Vol. 84, No. 4, 1994, pp. 972–991.

④ 行政发包制是一种差异化、灵活的激励机制，正式激励与非正式激励并存，层层分包过程也是"层层分利"过程。参见周黎安《再论行政发包制：对评论人的回应》，《社会》2014 年第 6 期。

目外包模式的分包实践中,由于地方政府掌握外包的主导权,地方政府官员可以将自己的行政晋升目标通过合同规则、管理机制等方式内嵌到外包合同中,也可以通过非制定性的关系来影响承包方。非制度关系渗透在政治和经济领域的正式组织和科层体系之中,被认为是中国社会关系的重要特征①,而以中国社会关系作为重要内容的政企关系,同样是制度化与人格化交融的结果。因而,不能简单地把地方政府贴上"经济人"的标签并一味苛责②,实际上,非制度关系提供了科层制执行过程中的容纳机制。这个容纳机制可以发挥合同外包的契约和关系的优势,在刚性监管的同时,保持柔性的关系,从而促进公共产品的供给。在地方数字政府建设的项目外包过程中,合同条款制度化的刚性与关系人格化的柔性两者相辅相成、相互平衡,从而促进模糊化的项目外包的开展。

第三节 政府主导型—项目外包模式的风险扫描

政府主导型—项目外包模式可以在政府强整合能力下集中力量办大事,在短时间内实现治理的目标。但是,此政企关系模式也伴随着系列风险。本节将主要扫描政府主导型—项目外包模式的潜在风险,主要表现为:政府公共责任挑战、企业自主性受限、隐性壁垒与外包合谋发生概率增加。

一 政府公共责任挑战

埃森哲公司基于政府信息通信技术执行情况的调查,认为外包关系的适度管理情况是判断外包成功与否的标准。而从成本节约维度,只有一半的外包实现了其预期既定的目标。③ 其实,除成本节约的失败风险外,行动者原来的功能职责也可能随着合同外包关系而发生调整。

第一,企业介入政府公共服务将进一步增加政府数据安全管理的难

---

① 纪莺莺:《文化、制度与结构:中国社会关系研究》,《社会学研究》2012 年第 2 期。
② James G. March, "The Business Firm as a Political Coalition", *Journal of Politics*, Vol. 24, No. 4, 1962, pp. 662 – 678.
③ Jane C. Linder, Thomas J. Healy, "Outsourcing in Government: Pathways to Value", *Accenture Government Executive Series Report*, 2003, p. 7.

度。在大数据时代，数据成为政府部门的权力来源，政府各职能部门都是数据生产部门，逐步演化为依法处理各类信息的"信息处理器"，这进一步强化了政府部门作为数据权力中心的地位。① 地方政府作为地方数字政府建设的发起人，执行项目外包意味着政府信息调控职能的部分调整。在大数据领域，全国 31 个省级政府（含自治区和直辖市）把大量的政府数据交给技术企业进行运营和开发。② 在数据运营和开发的过程中，即使企业只是通过技术来对数据进行脱敏等处理，依然需要以个人数据等基础数据库作为支撑。因而，企业介入政府公共服务将进一步增加政府数据安全管理的难度。首先，个人隐私暴露的风险。由于数据可复制性的特点，数据流通过程的所有权难以界定。同时，由于政府和企业关于大数据的界限、未来数据保护方面缺乏制度的规范，即使企业人员签订保密协议等合同，也无法完全规避数据泄露的风险，这对个人隐私暴露问题形成了挑战。其次，数据使用中的失范风险。目前，政企在地方数字政府建设中往往以合约方式规范彼此的行为，关于技术企业如何使用数据、使用的界限方面没有相关法律法规，比如，参与数字信息开发的公司需要什么资质？何种类别的数据信息可以被技术企业利用？如何规范地方政府和技术公司的合作？上述风险的存在对政府公共服务责任形成了一定的挑战。当然，在现阶段的政府项目外包中，企业即使提高政府公共服务的能力，但是表现依然较为微弱，从本质上并没有导致政府公共服务的权力转移，政府在项目外包中转移的是政府公共服务的业务功能而不是权力。

第二，地方政府无法完全规避技术企业的"道德风险"。地方政府在获得合同外包带来效率的同时，由于将全部或部分数据开发与服务等信息化项目委托给技术企业，双方形成了委托代理关系，双方因各自目标和利益不同而产生道德风险和逆向选择问题。③ 加上外包合同的短暂性、

---

① 张楠迪扬：《区块链政务服务：技术赋能与行政权力重构》，《中国行政管理》2020 年第 1 期。

② 樊鹏：《利维坦遭遇独角兽：新技术的政治影响》，《文化纵横》2018 年第 4 期。

③ 按照信息不对称发生时间的先后，可把委托代理问题划分为逆向选择和道德风险，信息不对称发生在当事人签约之前的称为逆向选择，信息不对称发生在当事人签约之后的则称为道德风险。参见 [美] 科斯·哈特·斯蒂格利茨等著，[瑞] 拉斯·沃因、汉斯·韦坎德编《契约经济学》，李风圣主译，经济科学出版社 1999 年版，第 19 页。

管理的复杂性等因素的影响，技术企业作为承包方可能采取机会主义，利用地方政府对技术信息的短板，通过信息不对称采取背离外包职责，更改服务的供给形式与数量规模。虽然政府可以通过非制度性关系的介入，对企业实施一定的监督管理，但是风险依然存在，如技术公司利用政府平台进行捆绑式宣传造成的商业化、市场化风险，因技术问题引发的政治风险等。与此同时，外包的发展可能导致地方政府能力的弱化、过度依赖企业的技术和服务，从而造成地方数字政府建设中地方官员数字控制力、数字技术能力的弱化。随着地方政府对技术企业依赖的加剧，技术企业获得市场"主导地位"或"垄断地位"概率增加，不利于市场价格稳定。① 这有悖于成本节约的初衷，有可能造成政府公共服务的管理权限进一步让渡的风险。当然，中国地方政府的管理权限的转移具有有限性，目前对社会的放权仅仅是控制手段的创新，"社会的能力虽然有了一定程度的加强，但并没有发生质的改变"②。

第三，项目外包走向过度"技术化线路"的风险。政府公共服务不仅要追求经济效率，更要追求社会公平。在政府治理过程中，政府职能的发挥既依赖其政治权威，又依赖其技术手段。③ 政府的合同外包是政府提升技术的手段。目前，政府治理呈现技术化倾向，表现为政府各种量化考核的专项化和项目化等主要特征的指标管理。比如，政府的合同外包在招投标过程中各类项目的评审、评估的指标化，是政府技术化治理的一个缩影。虽然"指标数据、专家论证"等方式可以实现项目外包的专业化，但是也需要警惕合同外包走向过度政府治理技术化的风险。西方现代社会中政府技术化路线的治理模式体现出效率、量化指标等特征，增加了科学与政治机构合谋、对技术的控制权转移等风险。乌尔里希·贝克（Ulrich Beck）等也提出，西方社会正在用技术来掩盖政府的政治意图，从而增加了社会性风险以及技术性风险，呼吁让公众增加对技术的

---

① ［德］赫尔穆特·沃尔曼：《从公共部门转向私有部门，再回归公共部门？——欧洲国家的服务提供：介于国家、地方政府和市场之间》，姜文译，《德国研究》2011 年第 2 期。
② 吕纳、张佩国：《公共服务购买中政社关系的策略性建构》，《社会科学家》2012 年第 6 期。
③ 渠敬东、周飞舟、应星：《从总体支配到技术治理——基于中国 30 年改革经验的社会学分析》，《中国社会科学》2009 年第 6 期。

控制权。① 即使中国政府的项目外包与西方国家有所区别，但依然要警惕技术化导致的风险，防范政治和科学的合谋对专业知识的合理性垄断，而这种垄断将不利于民众参与治理的机会。

二　企业自主性受限

政府和企业合作的过程是建立在行动者之间相互吸引的基础上，通过相互控制、单边控制等不同途径和方式实现对彼此的互相影响。政府作为资源的主要所有者和支配者，具有信息资源、权力资源等禀赋优势，特有的天赋赋予了政府在更多领域的影响力高于企业。单边控制往往是政府影响企业的重要方式。在数字政府建设的过程中，单边控制可以通过整合性优势来外拓政府的功能，把企业的技术优势纳入其中，但是一定程度上也造成了企业自主性的削弱。而企业自主性的削弱，往往又不利于地方数字政府建设的开展，这就造成了"技术创新悖论"。政府既希望通过企业的组织灵活性优势来加快技术创新，促进地方数字政府建设，又往往以单边控制来加强统筹，导致其技术创新灵活性的缺失。相比于政府对国有企业的干预程度，通过合同确定政府和企业在项目开发中的权利与义务更为规范。但是，政府出于公共利益维护的需要会对合同条款进行不同程度的限制，加上企业作为承包方，其谈判能力的不足对企业自主性产生消极的影响。这导致企业快捷、高效的组织优势未必能得到充分的发挥，作为承包方的企业可能成为服从政府指令的"派出机构"，从而改变了原来的组织优势和"主动作为"的组织特色。

在地方数字政府建设中，企业谈判能力的弱化、组织优势的未充分发挥，使企业可能采取另外一种策略选择，即通过"成本的缩减"来提高自身的收益。这种"成本缩减"风险产生于如下背景：由于项目外包合同往往是不完全契约，政府和企业之间的项目协议具有不完全性和模糊性，双方在实施过程中的权利义务关系无法明确。而数字政府建设实施过程中产生了大量剩余权力，由于政府的主导地位，企业往往在剩余权力上没有谈判能力，只能获取既定的利润。针对技术企业尤其是私营

---

① ［德］乌尔里希·贝克、［英］安东尼·吉登斯、［英］斯科特·拉什：《自反性现代化——现代社会秩序中的政治、传统与美学》，赵文书译，商务印书馆2001年版，第10页。

企业来讲，提升公共产品的质量是次优选择。

三 隐性壁垒与外包合谋发生概率增加

合同化制度关系与非制度关系互嵌于地方数字政府建设的合同外包项目中。合同制度化与交易双方签署的合同只部分依靠于法律体系，部分则嵌入于人格化的关系体系之中。① 非制度关系一定程度上缓和了科层制的刚性，但是，非制度关系介入也导致政企互动过程存在既定的风险。

（一）隐性的市场进入壁垒

在项目外包过程中，项目的发包方与承包方之间即便签订了比较正式的合同，但是，由于项目难以转化为可测量的交易明细内容，契约往往具有不完全性。为了避免出现契约之外的"敲竹杠"问题、剩余控制权的矛盾等风险，地方政府会优先选择体制内组织或本土企业作为合作伙伴，以降低搜索成本、激励成本和协调成本。即使是公开招标市场的过程，他们往往还是会倾向于让同级政府或下一级政府部门进行推荐，这样就有可能造成合作主体的"路径封锁"。因而，政府与承包企业之间很容易形成非制度关系，构建起一种比较封闭的合作圈，而对于其他的企业主体特别是外地企业来讲，则是一个"隐性市场进入壁垒"。此外，由于涉及数字技术平台的迭代升级，政府往往不会随意更换技术企业。如果频繁更换企业，将涉及数字接口等转移的高成本等问题加剧这一壁垒的构建。上海市大数据中心某部门领导表示："在地方数字政府建设中，我们会倾向于寻找原来有合作关系的本土大型私营企业或国有企业。因为涉及后期技术的更新迭代问题，我们经常会持续性地与一个企业进行长期的合作，一方面是减少风险，另一方面对接起来也更为顺畅一些，如果频繁更换企业，将会造成沟通成本的急剧上升，而且也会增加数据泄露的风险。"（访谈资料 A02：20210618）

（二）"外包合谋"风险

在地方数字政府建设中，地方政府与承包企业在关系处理上可能呈现"合谋"风险。地方政府与承包企业在外包合同初期是"选择与被选择"的关系，在合同外包的中后期，两者是"监督与被监督"的关系。

---

① 刘世定：《嵌入性与关系合同》，《社会学研究》1999 年第 4 期。

从理论上来讲，两者合谋发生的可能性很小。但是，在实际的调研中发现，政府和企业的"合谋风险"依然存在，首先体现在采购环节。如上所述，上海"一网通办"项目中地方政府倾向于采用"先做后付"的模式，因而在采购的环节中，地方政府为了确保"已实施"的承包企业能够顺利中标，他们往往会通过设置非常详细的技术指标或者预先商定的方案来进行招投标，一个企业如果没有在招标前期参与项目，是很难完成招投标前期的材料填写，这样就在招投标环节有效地排除其他的企业。这正如调研对象上海市大数据中心某部门人员所言："我们前期与技术企业采用'先做后付'的模式，是一种探索性创新，但是，从检查招投标的文件材料来看，我们是符合上级规定的，手续也是完备的。从这点上并没有违反上级采购的规定。"（访谈资料 A03：20210618）。

其次体现在监管验收环节。在中国特色制度环境下，中央政府以 GDP 等作为衡量指标，授权地方政府监督当地企业的生产活动、发展本地经济，中央政府采取分税制等方式从税收中给予地方政府收入分成①，这形成了中央政府作为委托人、地方政府作为监督者、企业作为代理人的不同角色定位。上级政府往往会通过抽查等方式对项目进行检查。为了应付上级的检查，地方政府可能会告知承包企业上级政府相应的检查参数及要求，私底下指导承包企业如何避责和被投诉，协商"制造"监管效果，以保证本行政区域或者本部门能够通过上级的检查，避免被上级批评；或者地方政府有意告知承包企业如何有效规避项目的瑕疵，以获得上级的褒奖。这样，原来的"检查与被检查"的关系就演变为"走过场"的合谋式监管，弱化了监管的严肃性。

第四节　本章小结

上海市以政务服务为突破口打造高效化服务型的数字政府，"一网通办"是上海市数字政府建设的名片，在实践中逐渐形成具有代表性的上海模式。本章以"一网通办"案例中的政企关系为研究对象，通过参与式观察和深度访谈对案例进行深描，提炼了"强政府—弱企业"的政府

---

① 聂辉华：《政企合谋：理解"中国之谜"的新视角》，《阅江学刊》2016 年第 6 期。

主导型—项目外包模式。首先，在对比该模式与外包、采购概念区别的基础上，提炼了"政府主导、管运一体"的政府主导型—项目外包模式。其次，以"结构—行动者—过程"作为分析框架，分析政府主导型—项目外包模式的内在逻辑。本章认为，上海的政府能力、企业优势、营商环境、互动经验等结构性因素，促使上海市数字政府建设中"地方政府与多个企业"主要行动者的形成，也是政府和企业互动过程的基础条件。在此基础上，采用扎根理论建构了政府主导型—项目外包模式的政企互动过程模型，从互动目标、互动机制、互动模式三个核心范畴分析了政府主导型—项目外包模式互动过程。地方政府的"技术供给、政治晋升、经济激励"的互动目标、企业的"收益导向、技术开发、外溢性收益"的互动目标，是政企互动的驱动力，决定了政企互动过程的意愿。政企互动目标通过政企统合机制、变通容纳机制、制度与非制度关系内嵌机制作用于政企的互动过程，形成了政府主导型政企互动模式的独特特征。最后，总结该模式运行的潜在风险，具体体现在：政府公共责任挑战、企业自主性受限、隐性壁垒与外包合谋发生概率增加。

在政府主导型—项目外包模式中，项目外包强调政府与外部环境的互动，重点在于将企业的技术吸纳到政府内部。而采用项目外包的方式，使得政府能够通过政治统合机制将企业纳入其中，实现技术功能的供给。地方政府通过科层制在短期内实现多元目标的共识的达成，通过强有力的方式去推进地方数字政府建设。需要注意的是，该模式下的地方政府和企业的关系本质依然是靠科层制运作的惯性来维持，政企关系互动的效果是优化政府内部流程、整合碎片化的信息。决策权力主要集中于政府部门或者政府部门与国有企业形成的复合决策机构中，即使本土非私营企业有介入的可能，但是参与决策的程度较低。承包商的企业更多承担的是执行、落实的角色。该模式呈现的是科层制组织文化的特征，其驱动的因素依然是自上而下的政策推动，私营企业在其中的参与深度相对有限，其组织优势的发挥也具有局限性，地方数字政府建设可能面临着技术应用逻辑和科层组织逻辑间的冲突。[①] 地方政府应该管理国有企业

---

① 刘祺：《当代中国数字政府建设的梗阻问题与整体协同策略》，《福建师范大学学报》（哲学社会科学版）2020 年第 3 期。

实现自主生产还是交由私营企业开展委托生产？奥利弗·哈特（Oliver Hart）等认为，与国有企业相比，私营企业更有可能降低成本和提高质量，但是降低成本可能导致质量下降。[1] 因此，如果一项业务的质量易于考核并且需要降低成本，就应把业务委托给私营企业；如果一项业务质量难于考核并更注重社会公共价值，则由国有企业提供。但是，在采取政府主导的政企关系模式时，也应有意识地发挥私营企业在其中的重要作用，发挥其组织优势。

进一步拓宽研究视野，可以将政府主导型—项目外包模式置于政府和市场关系的研究谱系进行考察，该模式属于"强政府—弱市场"的关系。该模式在短期内虽然取得了一定的成绩，但是在长期发展的过程中，我们仍然需要去思考政府和企业之间的平衡关系。当企业在市场中有效配置资源，政府要有意识地淡出相应的领域，从具体的微观事务中脱离出来，在宏观政策上给予市场指导和引导，培育更强的市场主体力量。此外，把政府主导型—项目外包模式置于中国治理转型的现实场域中发现，该政企关系模式抑或适用于政企关系的发起方为地方政府，如产业扶贫、公共服务外包等相关领域。这需要学者结合该模式，对中国其他现实场域进一步分析，从而丰富中国政企关系的理论。

---

[1] Oliver Hart, Andrei Shleifer, Robert W. Vishny, "The Proper Scope of Government: Theory and an Application to Prisons", *Quarterly Journal of Economics*, Vol. 112, No. 4, 1997, pp. 1127 – 1136.

第 三 章

企业驱动型—战略合作模式：
以浙江省为例

长期以来，在工程外包等传统项目领域，政企关系往往呈现"政府主导型"的特征。而在地方数字政府建设领域，企业驱动型的政企关系何以可能？浙江省"最多跑一次"数字政府建设，取得了卓越的成效。本章首先概述浙江省"最多跑一次"数字政府建设的案例，尤其是地方政府与互联网头部企业通过长期战略合作共同建设数字政府的过程。基于此，分析政府和企业互动过程中呈现短暂的"强企业—弱政府"特征，并进一步提炼企业驱动型—战略合作模式。其次，通过"结构—行动者—过程"分析框架，试图分析地方数字政府建设项目背景下企业驱动型—战略合作模式的约束条件、行动者特征和互动过程，并采用扎根理论的方法对该模式的互动过程进行理论提炼，阐述该模式的优势及内在逻辑。再次，对企业驱动型—战略合作模式进行全面评价和分析，试图总结该模式运行的潜在风险，为下文该模式政企关系的优化提供支撑。最后，结合经验性材料，将该政企关系模式置于政府和市场关系的研究谱系中，讨论该模式在其他领域的适用性等理论性问题。

第一节 企业驱动型—战略合作模式的构建思路

本节将对浙江"最多跑一次"案例的事实性材料进行概述，分析"最多跑一次"改革中企业介入路径。结合事实性材料提炼企业驱动型—

战略合作模式的内涵，总结模式的具体特征。

一 浙江"最多跑一次"案例：战略合作的企业介入

（一）案例概况

"最多跑一次"改革是推行行政管理体制改革的重要举措，是地方政府"放管服"改革的浙江方案。① 2016 年年底，浙江省委、省政府提出"最多跑一次"改革，此后，这一改革从"地方创新"发展为"全国推广"，从"地方探索"发展为"顶层设计"，其影响甚至扩散至部分西方国家。②③ 具体而言，在纵向制度化层面，浙江省的改革自 2017 年启动以来就得到中央的高度重视，国务院办公室对该改革进行通报表扬；2018 年，中央深改组听取了浙江省"最多跑一次"的经验介绍并建议推广至全国，并于同年将其列入国务院政府工作报告。在横向扩散层面，截至 2018 年 6 月，全国除港澳台外的 31 个省、自治区、直辖市中，已有 29 个提出并开展了"最多跑一次"或类似改革。④

"最多跑一次"改革是基于"四单一网"⑤ 建设，群众和企业到政府办理"一件事情"，在申请材料齐全、符合法定受理条件时，从政府部门受理申请到作出办理决定、形成办理结果的全过程一次上门或零上门。⑥ 目前，浙江省数字政府建设的具体承载平台主要体现在一体化政务服务平台、"浙里办""浙政钉"两个移动应用平台。根据近三年《省级政府

---

① 郁建兴等：《"最多跑一次"改革：浙江经验、中国方案》，中国人民大学出版社 2019 年版，第 25 页。

② 郁建兴等：《"最多跑一次"改革：浙江经验、中国方案》，中国人民大学出版社 2019 年版，第 27 页。

③ 刘少华：《浙江"最多跑一次"法国人点赞》，《人民日报·海外版》2018 年 11 月 21 日第 5 版。

④ 姜晓萍：《在特殊性中寻找普遍性——评〈"最多跑一次"改革：浙江经验，中国方案〉》，《公共管理评论》2019 年第 2 期。

⑤ "四单一网"的具体阐述：2013 年起，浙江省首推政府权力清单、部门责任清单、财政专项资金管理清单、企业投资负面管理清单及全省联通的浙江政务服务网"四单一网"建设。参见郁建兴、高翔《浙江省"最多跑一次"改革的基本经验与未来》，《浙江社会科学》2018 年第 4 期。

⑥ 郁建兴等：《"最多跑一次"改革：浙江经验、中国方案》，中国人民大学出版社 2019 年版，第 25 页。

和重点城市网上政务服务能力（政务服务"好差评"）调查评估报告》，浙江省一直稳居全国第一。截至 2020 年 9 月，浙江政务服务网用户超过 3600 万，日均访问量超过 1200 万，每天都有 20 万至 30 万人会在网站上进行搜索。近年来，浙江"最多跑一次"在"浙里办""浙政钉"两个移动应用平台的内容不断拓展（其整体框架如图 3-1 所示）。

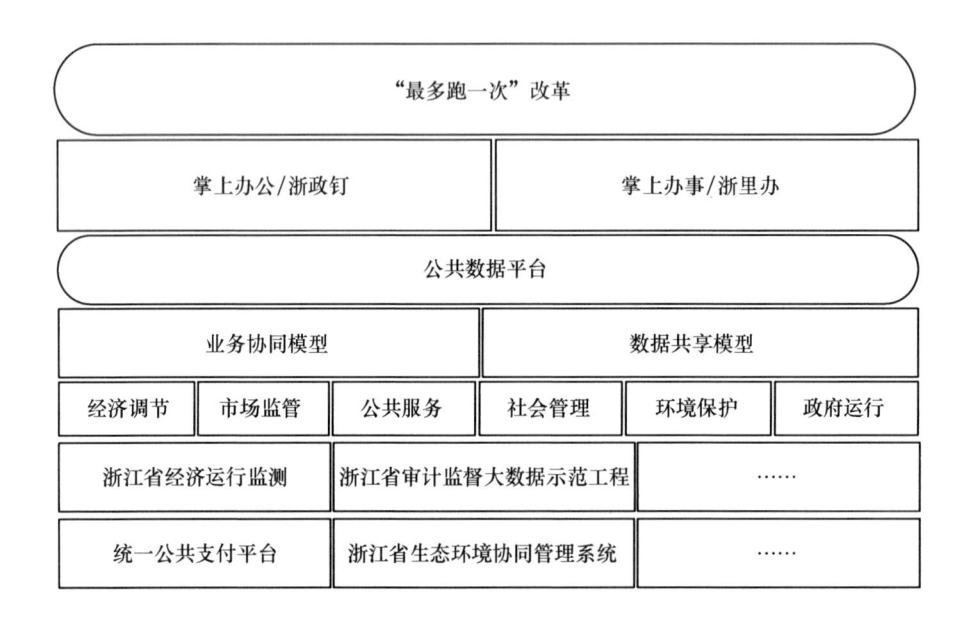

"最多跑一次"改革	
掌上办公/浙政钉	掌上办事/浙里办

公共数据平台	
业务协同模型	数据共享模型

经济调节	市场监管	公共服务	社会管理	环境保护	政府运行
浙江省经济运行监测	浙江省审计监督大数据示范工程	……			
统一公共支付平台	浙江省生态环境协同管理系统	……			

图 3-1　浙江"最多跑一次"整体框架①

"浙里办"是原浙江政务服务 App 的升级版，其功能定位是使浙江成为掌上办事之省。通过接入全省统一的运营平台、数据分析平台，为民众和法人提供综合办事服务和精准化服务。"浙里办"主要包含三个核心内容："掌上办事""掌上投诉""掌上咨询"，通过以上三个板块实现民生事项网上可办率为 100%，用户掌上的意见投诉、政策咨询、便民服务咨询有问必答。截至 2020 年 9 月，浙里办已覆盖浙江省、市、县、乡、村五级机构，使用人数累计 3700 万，"一证通办"事项为 350 多项。

---

① 本图为作者自制。信息来源于笔者到浙江省大数据发展管理局调研期间获得的内部材料。

"浙政钉"作为浙江全省统一的政务钉钉集成化平台，其功能定位是为浙江省政府工作人员的移动政务办公提供一体化支撑服务，使浙江省成为掌上办公之省。平台从工作门户、业务应用、基本资源三个方面内容，可以避免各部门应用同质化和重复建设，推动办公的在线化，实现治理的在线化。截至2020年9月，"浙政钉"使用人数为136.2万，日均消息量为1000万，应用数为1531个。

（二）企业介入路径

浙江省"最多跑一次"采取"自上而下"的改革模式，通过省级综合统筹，在全省范围内推行政务平台建设，全省划一，各地切实执行。省大数据发展管理局隶属于浙江省政府办公厅的核心政府工作部门，负责统筹、管理公共数据资源以及电子政务的建设。至2019年初，省、市、县三级已组建了专门的数据管理机构，整合原先分散在不同部门的公共数据及电子政务管理等职责内容。浙江省"最多跑一次"改革成效的取得，还得益于浙江省优质企业的资源供给及重要技术支撑。[①] 浙江省数字建设拥有X互联网头部企业，X互联网头部企业于1999年在中国杭州创立，近20年互联网业务实战使其拥有强大的先进技术和数据业务能力，是中国最早践行"中台战略"[②] 的互联网企业。根据CB Insights发表的《2021年全球独角兽公司研究报告》，X互联网头部企业位居全球独角兽企业行列。[③]

自2018年以来，浙江省政府利用属地优势与X互联网头部企业建立

[①] 郁建兴、高翔：《浙江省"最多跑一次"改革的基本经验与未来》，《浙江社会科学》2018年第4期。

[②] 中台概念最早源于中国古代，"在中国古代东汉时期，尚书台成为政府的中枢，号称中台"。引自陈新宇、罗家鹰、邓通、江威等《中台战略：中台建设与数字商业》，机械工业出版社2019年版，第46页。芬兰Supercell移动游戏公司首先在企业运营中引入中台模式。2015年，阿里巴巴受该公司的启发，正式启动"大中台，小前台"的中台战略。目前，"中台"一词没有统一的定义，广义层面，中台可以理解为一种战略、一种管理思想，狭义层面可以定义为一套运行架构、一套方法论。张剑锋认为，中台是资源整合、高效协同的解决方案。参见张剑锋编《数字政府2.0——数据智能助力治理现代化》，中信出版集团2019年版，第50—55页。笔者把中台界定为针对服务对象的框架设计，从行业业务、通用业务中抽象共性，形成共享服务体系和基础设施赋能平台。在数字政府建设中，中台包含政务业务中台和政务数据中台。

[③] CB Insights：《2021年全球独角兽公司研究报告》，https://www.sohu.com/a/492690756_354973，2021年12月10日。

了长期合作关系，已形成了"浙政钉""浙里办"等移动政务平台品牌。正如调研中浙江省大数据发展管理局某领导所言："浙江省政府拥有 X 企业互联网头部企业，拥有中台等全国领先技术。而浙江省数字政府建设是以平台为依托，两者有高度契合性。浙江省政府可以充分借用 X 企业的技术优势来推动数字政府建设。同时，X 企业的发展也会为地方政府增加税收等收入，增加其数字政府建设的资金来源。在目前可选择的企业来看，X 企业肯定是浙江省政府合作企业的首选。"（访谈资料 A11：20210618）省级层面"浙政钉""浙里办"等移动政务平台品牌的技术供给主要由 X 互联网头部企业统筹完成，其他层级的地方政府虽然没有明确要求与 X 互联网头部企业合作，可以根据智能定制需求，开发个性化业务应用，但是，X 互联网头部企业对浙江省各市、区（尤其是杭州）的影响非常深刻，浙江省数字政府建设的市场集中程度依然相对较高。

　　从具体建设内容来看，浙江省政府依托 X 互联网头部企业的优势，就"一云、大中台、两端、N 智能"等内容开展合作，以"112N"一体化架构体系为例①，通过中台解决"烟囱式架构""重复造轮子"的资源浪费和重复建设等问题。"112N"一体化架构体系的功能如 X 互联网头部企业某部门经理所言："X 企业给浙江省政府提供数字政府建设所需要的技术服务，将政务服务体系做成了一个标准化、智能化的平台。主要体现在技术架构体系的层面，我们行业概括为'112N'体系。该体系可以让政府部门在保障全省统筹的前提下，实现各市、区的特色创新。在统一的平台中，实现各地的业务创新、场景创新，有利于更好地处理省级政府与市、区政府的'统分关系'。"（访谈资料 B05：20210605）目前，中台的主要应用对象是 X 企业等互联网头部企业。那么，在地方数字政府的建设过程中，浙江省政府采取何种方式与 X 互联网头部企业进行合作？与上海的项目外包相比，浙江省数字政府建设中采取的政企关系有何优势和风险？本章接下来将基于浙江省"最多跑一次"改革的案例，提炼企业驱动型—战略合作模式的内涵、特征，分析其内在逻辑的优势和潜在的风险。

---

① 张剑锋编：《数字政府 2.0——数据智能助力治理现代化》，中信出版集团 2019 年版，第 75 页。

二 企业驱动型—战略合作模式的内涵描述

浙江省"最多跑一次"改革是浙江省数字政府建设的重要内容①，地方数字政府建设中政企合作的趋势是由传统的单一项目交付的外包、合同管理向长期战略合作关系转化的过程。② 基于浙江省"最多跑一次"改革的案例，本书认为，浙江省"最多跑一次"改革中政企关系主要是基于政府和互联网头部企业的战略合作所形成的关系。在政企互动过程中，政府由于缺乏数字化转型所需的中台等技术能力，往往与互联网头部企业建立长期的战略合作，主张运用社会力量、经由市场化运作来推动地方数字政府建设。不对称的创新能力与技术资源使得私营企业有机会改变在项目契约中的被支配性地位，政府原先的支配性地位逐渐被弱化，私营企业与政府所形成的权力结构也随之发生变化。③ 相比于上个章节分析的项目外包模式，在长期战略合作过程中，由于互联网头部企业对技术解决方案的创新和突破等优势因素，企业的谈判空间更为广阔。即使在合作的初期，政府仍然处于主导性地位，但是，企业驱动型—战略合作模式下，企业的主导性特征在数字治理领域合作过程中日渐凸显，其政企关系呈现"弱政府—强企业"的特征，战略合作是企业驱动型政企关系的载体。企业驱动型—战略合作模式与公私伙伴关系（以下简称PPP）、跨部门合作既有关联又相区别。

企业驱动型—战略合作模式是 PPP 的一种现实表征，但是有别于 PPP。斯蒂芬·P. 奥斯本（Stephen P. Osborne）将 PPP 界定为政府、营利组织、非营利组织之间为履行政策职能而形成的合作关系。④ 在此基础上，詹妮弗·M. 布林克霍夫（Jennifer M. Brinkerhoff）等进一步总结 PPP 的六个特征：共同决定的目标、基于协同和共识的决策过程、组织架构

---

① 浙江省大数据发展管理局：《浙江省探路政府数字化转型》，《中国建设信息化》2020 年第 3 期。
② 杨学敏、刘特、郑跃平：《数字治理领域公私合作研究述评：实践、议题与展望》，《公共管理与政策评论》2020 年第 5 期。
③ 郑跃平、杨学敏、甘泉、刘佳怡：《我国数字政府建设的主要模式：基于公私合作视角的对比研究》，《治理研究》2021 年第 4 期。
④ Stephen P. Osborne, *Public-Private Partner-ships: Theory and Practice in International Perspective*, New York: Routledge, 2000, p. 87.

和过程是水平式而非垂直式的、基于信任的正式或非正式关系、合作方之间协作互动、对产出和结果共同负责。[1] 可见，企业驱动型—战略合作模式与 PPP 具有高度的相似性，两者都强调政府与非公共部门的共同合作、协商。其细微区别在于，PPP 较为笼统地强调政府和非公共部门的合作，而企业驱动型—战略合作模式则更细致地刻画政府和企业在合作过程中不同主导性地位的发挥。从应用领域来看，PPP 更多应用于基础建设领域，强调在项目运作模式下，政府与私营企业、民营资本共同参与公共基础设施建设。[2][3][4][5] 而企业驱动型—战略合作模式的应用领域和涉及内容更为丰富，强调政府和企业长期战略合作所形成的政企关系不仅涉及基础设施、技术服务的合作，而且包含长期合作过程中所形成的非制度性关系，比如，政府对企业的政策性倾斜政策、企业根据领导者的升迁而进行厂址的搬迁等。

此外，企业驱动型—战略合作模式具有跨部门合作的协作性功能，但是，两者的参与主体有所不同、发起有所区别。表现在跨部门合作的参与主体主要包含政府和营利性组织、非营利性组织，发起主体往往是政府[6][7][8]，由其领导跨部门合作安排，如项目界定、可行性、风险分析、

---

[1] Jennifer M. Brinkerhoff, Devick W Brinkerhoff, "Public-Private Partnerships: Perspectives on Purposes, Publicness, and Good Governance", *Public Administration and Development*, Vol. 31, No. 1, 2011, p. 214.

[2] Darrin Grimsey, Mervyn K. Lewis, *Public Private Partnerships: The Worldwide Revolution in Infrastructure Provision and Project Finance*, Northampton: Edward Elgar Publishing Limited, 2007, p. 2.

[3] Hans van Ham, Joop Koppenjan, "Building Public-Private Partnerships: Assessing and Managing Risks in Port Development", *Public Management Review*, Vol. 4, No. 3, 2001, pp. 593 – 616.

[4] OECD, *Public-private Partnerships. In Pursue of Risk Sharing and Value for Money*, Paris: OECD, 2008, p. 17.

[5] Hodge Graeme, Carsten Greve, "On Public-Private Partnership Performance", *Public Works Management & Policy*, Vol. 22, No. 1, 2017, pp. 55 – 78.

[6] 张明军、汪伟全：《论和谐的地方政府间关系的构建：基于府际治理的新视角》，《中国行政管理》2007 年第 11 期。

[7] John M. Bryson, Barbara C. Crosby, Melissa Middleton Stone, "The Design and Implementation of Cross-Sector Collaborations: Propositions from the Literature", *Public Administration Review*, Vol. 66, No. s1, 2006, pp. 44 – 55.

[8] Nairn Kapucu, "Disaster and Emergency Management Systems in Urban Areas", *Cities*, No. 29, 2012, pp. S41 – S49.

成本分担等。①② 而企业驱动型—战略合作模式的参与主体主要指政府与营利性组织之间的合作，不包含与非营利性组织的关系，发起主体可以是政府，亦可以是企业。在地方数字政府建设的常规项目中，需要政府、企业等不同部门来合作应对，企业往往以提供基础设施建设、咨询规划、应用开发、运营维护等专业技术服务介入地方政府建设中。③

综上所述，企业驱动型—战略合作模式是一种基于战略联盟的跨部门合作，政府和企业在合作中有共同战略目标，进行资源互补与信息共享的合作，以信任与承诺为特征，通过签订协议的方式建立起长期合作关系。④ 在战略联盟合作过程中，双方着眼于长远的利益，资源互补性强⑤，相互依赖程度高。在该模式中，数字政府建设中的政企关系主要采取"企业主导、管运分离"的方式，互联网头部企业往往运用市场化运作来推动数字政府建设。在此过程中，由于互联网头部企业在合作过程中的资源集聚能力强、数字化项目的技术门槛高。随着合作互动过程的深入，互联网头部企业越来越深入地参与项目的顶层设计以及整个服务运营的全过程，地方政府的决策也越来越多地依赖互联网头部企业的方案建议，逐步形成了"企业主导，管运分离"的公私合作机制。⑥

第二节 企业驱动型—战略合作模式的内在逻辑

本节将从理论层面进一步分析该模式的内在逻辑，主要从"结构—

---

① Howard W. Buffett, William B. Eimicke, *Social Value Investing: A Management Framework for Effective Partnerships*, New York: Columbia University Press, 2018, pp. 10 – 15.

② Joop F. M. Koppenjan, "The Formation of Public-Private Partnerships: Lessons from Nine Transport Infrastructure Projects in the Netherlands", *Public Administration*, Vol. 83, No. 1, 2005, pp. 135 – 157.

③ 蒋敏娟：《地方数字政府建设模式比较——以广东、浙江、贵州三省为例》，《行政管理改革》2021年第6期。

④ Jay B. Barney, "The Resource-Based Theory of the Firm", *Organization Science*, Vol. 7, No. 5, 1996, pp. 469 – 469.

⑤ 杨伟明、孟卫东：《联盟组合管理、合作模式与企业绩效》，《外国经济与管理》2018年第7期。

⑥ 郑跃平、杨学敏、甘泉、刘佳怡：《我国数字政府建设的主要模式：基于公私合作视角的对比研究》，《治理研究》2021年第4期。

行动者—过程"分析框架的三个维度,来分析企业驱动型—战略合作模式的结构条件、行动者特征、互动目标及互动过程。

一 结构:四要素分析

(一)政府能力

第一,资源禀赋是影响政府能力的重要维度。区位发展优势和区域发展不平衡影响政府能力和政府决策。从地理位置来看,浙江省具有优越的地理位置,地处中国东南沿海,毗邻长三角,这一独特的区位条件成为浙江省的现实优势,也是影响政府能力的关键维度。[1] 浙江省通过区位优势等禀赋条件促进其整体快速发展,浙江省行政区划分为11个:杭州市、宁波市、温州市、嘉兴市、湖州市、绍兴市、金华市、衢州市、舟山市、台州市、丽水市。[2] 但是,11个市依然存在区域发展不平衡的问题,相对嘉兴、湖州、杭州、绍兴、宁波、舟山6个城市而言,温州、台州、金华、衢州、丽水5个城市的发展水平相对滞后。[3] 区域发展不平衡问题影响各市信息化发展水平,各市信息化发展水平的不同也成为影响浙江省数字政府建设模式的重要因素。相比于上一章所述,上海市各区信息化水平较高和相对均衡,而浙江省各市的信息化水平差异化较为明显,各区市政府能力也有所差异。基于此现状,省级政府层面的统筹更有利于地方政府建设。

第二,领导支持是政府能力的重要影响因素。浙江省把数字政府建设作为构建推动浙江经济高质量发展的体制机制、引领数字时代政府改革与治理能力建设的着力点和突破口[4],数字政府仅仅是浙江省数字化改革的组成部分。浙江省"最多跑一次"得到了领导的长期支持,最早可

---

[1] 查志强、江于夫、吕苏娟:《发挥区位优势,全面推进开放强省建设》,《浙江日报》2018年5月21日第5版。
[2] 浙江省统计局:《2020年浙江统计年鉴》,https://zjjcmspublic.oss-cn-hangzhou-zwynet-d01-a.internet.cloud.zj.gov.cn/jcms_files/jcms1/web3077/site/flash/tjj/Reports1/2020-%E7%BB%9F%E8%AE%A1%E5%B9%B4%E9%89%B40115/indexcn.html,2021年1月3日。
[3] 叶华、陈修颖:《近16年来浙江省区域经济发展差异分析》,《经济问题探索》2008年第2期。
[4] 浙江省社会科学院课题组:《加快推进政府数字化转型》,《浙江日报》2018年9月3日第5版。

以溯源到习近平总书记在浙江工作时大力倡导加强机关效能建设的要求。2018年，浙江省成立由省长任组长、常务副省长任副组长牵头的政府数字化转型工作领导小组，组建省委全面深化改革委员会办公室（省"最多跑一次"改革办公室），成立省大数据发展管理局，省级领导高度重视数字化改革。"当省委省政府领导对地方数字政府建设作出指示并给予了一定的支持时，如果该省具备的技术人才数量越多，对于地方数字政府建设可提供的技术支持也就越多。"① 省大数据发展管理局等组织机构的成立，为浙江省政策能力的提升提供了组织保障和制度基础。

第三，规章制度是地方政府能力的重要体现。良好的制度支持促进数字政府建设的重要基础，也关系到不同政企关系模式的形成。制度因素影响创造扩散的速度和形式②，数字政府建设需要以制度创新为载体来营造其发展所需要的制度环境。浙江省坚持顶层设计和目录管理相结合，形成了一体化推进的机制。

浙江省政府高度重视顶层制度设计，2017年至2021年制定了6个省级总体方案，指导各市、区数字政府建设（如表3－1所示）。其中，2018年7月发布《浙江省数字化转型标准化建设方案（2018—2020年）》，明确指出政府数字化转型的目标为打造智慧政府；2018年12月发布的《浙江省深化"最多跑一次"改革推进政府数字化转型工作总体方案》提出"四横三纵"③ 的七大体系，为地方政府数字化转型的组织架构提供指引。此外，浙江省构建了较为完善的政策制度体系，推行目录管理。如：《浙江省公共数据和电子政务管理办法》《浙江省公共数据开放与安全管理暂行办法》《政府数字化转型工作指南》《省市两级公共数据平台建设导则》《浙江省建立政务服务"好差评"制度工作方案》《浙江省电子政务云技术平台管理办法》等16个政策文件。

---

① 汤志伟、周维、李晓艳：《中国省级政府政务服务在线办理能力的影响因素与路径组合》，《电子政务》2021年第5期。

② David Strang, John W. Meyer, "Institutional Conditions for Diffusion", *Theory and Society*, Vol. 22, No. 4, 1993, pp. 487–511.

③ "四横三纵"架构体系，是指浙江省政府数字化转型平台架构七大体系，"四横"分别是全面覆盖政府职能的数字化业务应用体系、全省共建共享的应用支撑体系、数据资源体系、基础设施体系，"三纵"分别是政策制度体系、标准规范体系、组织保障体系。

表 3-1　2017—2021 年浙江省数字政府建设省级设计方案①

2017 年 2 月	《加快推进"最多跑一次"改革实施方案》
2018 年 7 月	《浙江省数字化转型标准化建设方案（2018—2020 年）》
2018 年 11 月	《浙江省深化"最多跑一次"改革推进政府职能转变和"放管服"改革行动计划（2018—2022 年）》
2018 年 12 月	《浙江省深化"最多跑一次"改革推进政府数字化转型工作总体方案》
2020 年 11 月	《浙江省数字赋能促进新业态新模式发展行动计划（2020—2022 年）》
2021 年 2 月	《浙江省数字化改革总体方案》

（二）企业优势

首先，浙江省具有数字政府建设的技术基础。一方面，相对于上海市的企业而言，浙江省具有私营企业更为发达的比较优势。按地区和登记注册类型分企业法人单位数统计，浙江省私营企业占比达 94.92%（如表 2-3 所示）。浙江省新兴技术产业在全国名列前茅，智能科学在全国处于领先水平，包括云计算、物联网、网络存储和信息安全、城市大脑等领域。这些新兴技术产业优势，为浙江省数字政府建设提供了技术支撑。另一方面，浙江省具有大型互联网头部企业优势。浙江省在全国率先大力发展以互联网为核心的信息经济，以互联网经济为龙头的数字经济成为推动浙江省经济转型的强劲动力。网购和移动支付都诞生于浙江，目前，移动支付、互联网金融已深入每个镇村。在此背景下，浙江省享受着 X 互联网头部企业、网易等为代表的世界一流企业的属地便利，这为其数字政府建设提供了独特技术优势。

其次，浙江省具有私营企业的组织优势。浙江省具有数量众多的私营企业，相比于上海对国有企业的高度重视，浙江省呈现出不同发展路径，私营企业具有相对灵活的组织优势。"浙江省周边山区和沿海地区缺乏发达工业基地的社区别无选择，只能依靠创业活动的自发发展，地方政府对私营企业的默契，加上温州模式的企业家精神，使得这种私营企业在浙江省迅速蔓延发展。早在 20 世纪 80 年代末，浙江省已注册 1 万多

---

① 本表为作者根据调研材料的时间自制。

家私营企业,而此时上海的私营企业只有 1000 个。"① 当然,私营互联网头部企业的组织优势,是相对于地方政府与国有企业合作的不足而言。地方政府与国有企业需要承担中央下派的社会性或政治性任务,在科层制的场域下,国有企业存在执行弹性受限的先天不足。在国有企业无法完成地方政府的政治任务时,地方政府往往会选择以实力雄厚的私营企业进行合作,从而形成了私营企业对国有企业的替代。② 在地方数字政府建设前期的电子商务阶段,浙江省政府也曾与国有企业(如杭州电信的中国黄页)有过合作的尝试,具有代表性的是浙江网新与地方政府的合作历程:1997 年,地方政府通过产学合作途径,将中国黄页与浙江大学电脑公司合并成立浙大网新科技股份有限公司(以下简称"浙江网新",原名浙江天然科技股份有限公司)。③ 2001 年,为了支持浙江省政府产业政策的调整目标,浙江网新进行了企业的兼并、重组,扩大公司规模,完成了北京晓通网络科技有限公司等企业的增股工作并正式更名。④ 2000 年的互联网科技泡沫改变了 B2B 所有电子商务企业的市场占比,浙江网新受到重创,2003 年呈现亏损的状态,上缴地方政府的税收大幅减少。⑤ 而 X 互联网头部企业以"诚信通"快速抢占市场占有率,盈利大幅增加,地方政府的税收也随之增加。在此背景下,地方政府转向与电商私企 X 互联网头部企业合作发展电子商务。

如上所述,在地方政府无法完成既定的政治性任务的情况下,地方政府对包含私营企业在内的所有本土企业都存在适时干预的动机。⑥ 在浙江数字政府建设的过程中,浙江省政府在自身技术水平有限的情况下,

---

① Victor Nee, Sonja Opper, *Capitalism from Below: Markets and Institutional Change in China*, Cambridge: Harvard University Press, 2012, p. 50.
② 邓可斌、李智鹏:《中国式分权下的地方政府干预与控制权转移绩效》,《审计与经济研究》2014 年第 4 期。
③ 浙江网新:《闪光的思想:浙大网新总裁陈纯访谈录》,http://www.insigma.com.cn/index.php/news/detail/1811.html,2021 年 10 月 14 日。
④ 人民网:《浙大网新近期工作备忘录》,http://www.people.com.cn/fuwu/pic/y85.html,2021 年 10 月 12 日。
⑤ 根据浙大网新的 2003 年半年公司财报,净利润较上年度减少 44.82%。参见深圳证券交易所,2003 年。
⑥ 邓可斌、李智鹏:《中国式分权下的地方政府干预与控制权转移绩效》,《审计与经济研究》2014 年第 4 期。

利用属地优势,与 X 互联网头部企业开展长期战略合作,在数字政府建设上取得显著成效,构建了省、市、县、乡、村五级联动的浙江政务服务网,打造了"浙里办""浙政钉"移动应用平台。

(三)营商环境

浙江省在政企关系健康指数位于全国第一梯队①,根据中国人民大学国家发展与战略研究院发布的《中国城市政商关系排行 2020》,政商关系指数根据省内各市政商关系指数的平均分计算,在各个省市排名(含直辖市)中,浙江省位居第五。② 浙江省的营商环境为地方数字政府中的政企关系构建提供了较为宽松、包容的发展空间,也为私营企业的发展提供了契机。周黎安认为,"政企关系的开放性与动态性,企业会根据当地的政商环境选择地方政府,而地方官员永远欢迎和支持成功的企业、成长性好的企业、附加值高的企业,并非'锁定'或封闭的寻租关系,双方形成了开放俱乐部空间"③。从这一维度看,对于长期失去市场竞争力的企业(包含国有企业),地方政府即使短期内会给予一定政策支持,但是从长期来看,将会减少甚至取消政策支持,只有显著贡献区域增长的企业(即使是私营企业),才会持续得到地方政府的青睐。

(四)互动经验

浙江省"最多跑一次"改革是"以民众为中心"的公共管理创新④,公众需求是浙江省数字政府建设的驱动力。浙江省公众对数字政府建设的便利性需求是驱动浙江省改革的重要因素,正如浙江省委改革办领导所言:"浙江的经济基础是民营经济,民营经济特别发达,淘宝、支付宝、网易等企业起源于浙江,政府很多事情其实是滞后于民营的。比如说买东西,购物、外卖、互联网金融这一些领域,老百姓便利的习惯已经培养出来了,企业变化快,民营企业船小好调头,它(私营企业)洞

---

① 张楠迪扬:《政商关系与营商环境如何实现双赢》,《小康》2018 年第 22 期。
② 聂辉华、韩冬临、马亮、张楠迪扬:《中国城市政商关系排行榜 2020》,中国人民大学国家发展与战略研究院报告,2020 年。
③ 观点受周黎安于 2020 年 6 月 16 日在北京大学文研院讲座报告"地区增长联盟:中国特色的政商关系"的启发。
④ 郁建兴等:《"最多跑一次"改革:浙江经验、中国方案》,中国人民大学出版社 2019 年版,第 30 页。

察整个社会变化是很快的。然后怎么办呢？企业和百姓会促使你怎么样、做什么，那些人大代表会一直提案，你不改都不行。"（访谈资料 A14：20210602）

公众的需求也促进浙江省政府与 X 互联网头部企业的长期互动，可以从省政府与 X 互联网头部企业的合作历程得到体现。省政府与 X 互联网头部企业有良好的互动基础。X 互联网头部企业与浙江省政府在电子商务、金融等领域具有合作前提，比如推出诚信通、蚂蚁金服、采购云等业务，联合政府开展"万企工程""春雷计划"等活动；就数字政府建设而言，早在 2014 年，浙江省政府就携手 X 互联网头部企业全面实施"四单一网"，率先在全国推出首个基于云计算平台的省级政务网站——浙江政务服务网。① 2015 年 7 月，浙江省政府与 X 互联网头部企业集团签订战略合作框架协议，开展政企深度的战略性合作②，将全球最领先的云计算和大数据技术服务于浙江政务，开始建设浙江省政务云（公共云、专有云）。2016 年，浙江省全面深化"最多跑一次"改革，与 X 互联网头部企业合作共同打造全省数据共享体系，通过数据跑路代替群众跑腿。③ 2017 年，浙江省发布《关于推进实施省政府与 X 互联网头部企业集团深化全面战略合作核心项目的函》，确定了"X 互联网头部企业与省政府共建全省政务云和省公共数据管理平台，X 互联网头部企业全面参与项目顶层设计和规划，作为总集成统筹项目落地实施"④。由此可见，浙江省政府与 X 互联网头部企业通过全面战略合作协议确立了长期一对一的合作关系，共同打造了"浙里办""浙政钉"等移动政务平台品牌。在合作过程中，浙江省政府与 X 互联网头部企业所形成的合作关系模式，与上海发展数字政府建设的模式存在明显的区别，需要进一步总结与提炼。

---

① 浙江省人民政府：《关于浙江政务服务网》，https：//www.zjzwfw.gov.cn/zjzw/zj/about/，2021 年 10 月 4 日。

② 《创新引领，理念共享——"中国政府采购创新发展高峰论坛"在杭州举办》，《中国政府采购》2018 年第 6 期。

③ 浙江省大数据发展管理局：《浙江省探路政府数字化转型》，《中国建设信息化》2020 年第 3 期。

④ 参见调研资料政策文件 F3《关于推进实施省政府与 X 互联网头部企业集团深化全面战略合作核心项目的函》。

二 行动者:"单一政府对单一头部企业"的主体关系及特征

(一)行动者主体

政府主导型—项目外包模式在地方数字政府建设中涉及政府与国有企业尤其是本土企业等多个承包企业的互动关系。本章提炼的企业驱动型—战略合作模式政企关系涉及哪些主要行动者?笔者在浙江省"最多跑一次"的案例中发现,地方政府和互联网头部企业(私营企业)两个主体的关系最为凸显。

学者一般将政府与私营企业的关系分为"自上而下"与"自下而上"两种不同的观点。布鲁斯·J. 迪克森(Bruce J. Dickson)认为,"自上而下"的政企关系,过于强调政府的主导性,忽略了私企的自主性。① 黄亚生(Yasheng Huang)认为,"中国的市场竞争环境更多地受政策影响,'政治啄食顺序'影响企业在竞争中的公平性,政府可能牺牲具有经济效率的私部门换取较不具效率的国有部门的生存空间。中国政府对拥有技术和创新的私部门,欠缺政治合法性、法律保障、融资问题"②。而"自下而上"的政企关系体现在私营企业通过非正式协会以获得政策空间和利益需求。曼瑟尔·奥尔森(Mancur Lloyd Olson)在《集体行动的逻辑》中提出,在规模小的地方性协会中,其成员更认同协会提供的好处或服务,也愿意在一定的成本下采取集体行动。③ 因而,私营企业通过"自下而上"的方式也可能获得预期的收益。维克托·尼(Victor Nee)和索尼娅·奥珀(Sonja Opper)以被政府排挤的私有企业为研究对象,发现这部分企业会成立非正式协会,通过遵守协会规定的方式来获得融资,他们主张,非正式经济制度能够发挥积极作用,引导、激励着中国新兴资本经济的发展。④ 本书认为,地方政府与私营企业的关系,需要在具体情

---

① Bruce J. Dickson, *Wealth into Power: The Communist Party's Embrace of China's Private Sector*, Cambridge: Cambridge University Press, 2008, pp. 19 – 26.

② Yasheng Huang, *Capitalism with Chinese Characteristics: Entrepreneurship and the State*, Cambridge: Cambridge University Press, 2008, p. 292.

③ [美]曼瑟尔·奥尔森:《集体行动的逻辑》,陈郁、郭宇峰、李崇新译,上海三联书店、上海人民出版社1995年版,第174页。

④ Victor Nee, Sonja Opper, *Capitalism from Below: Markets and Institutional Change in China*, Cambridge: Harvard University Press, 2012, pp. 42 – 73.

境、场域中进行研究。

在"最多跑一次"改革的案例中，主要涉及省级政府、互联网头部企业、市级地方政府三个主要行动者和"浙里办"平台（如图3-2所示）。浙江"最多跑一次"改革涉及浙江政务服务网、政务云、浙里办、浙政钉等多个子项目，每个子项目涉及的行动者虽有不同，但是，互联网头部企业均在其中发挥显著的作用，政企双方都通过战略协议等方式建立长期合作关系。为了更具情景化、清晰地展现政企关系，本书选取了浙江省"浙里办"App作为样本，深描企业驱动型政企关系的行动者互动逻辑。"浙里办"涉及的行动者有X互联网头部企业集团、浙江省政府、各市政府以及部分中小企业。

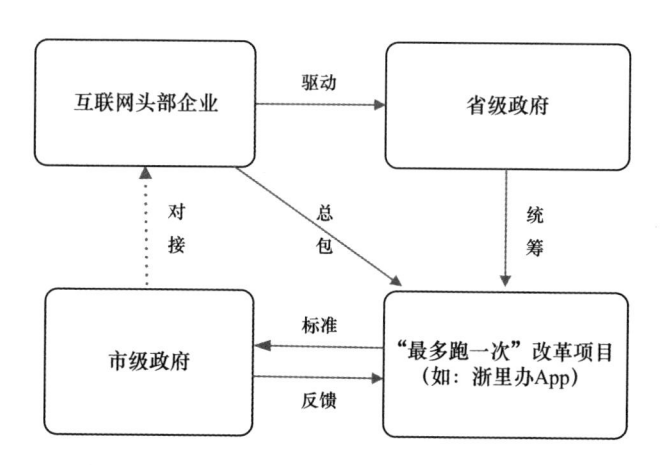

图3-2 企业驱动型—战略合作模式主要行动者①

如上所述，"浙里办"App的开发主要采取单一来源的方式，形成X互联网头部企业的云计算有限公司与浙江省政府的长期战略合作。基于技术维度，X互联网头部企业为浙江省数字化转型提供了统一的云平台，为数字政府建设提供了统一的IT基础设施和信息安全。基于数据和业务维度，省级政府全力支持各市的业务和数据创新，而中小企业依附于X互联网头部企业的平台进行具体业务的开发。本章重点阐述该模式的主要行动者的关系，即地方政府与单一互联网头部企业之间的关系，即使

---

① 图片来源：作者自制。

互联网头部企业的业务周边依附着多个中小私营企业,但是在政企关系中不起关键影响作用,因而不纳入本章的讨论。

(二) 行动者特征

互联网头部企业作为大型高新技术企业,其发展不仅可以对社会和经济结构进行再造,而且可能对现行的各国政府管理模式和政治运行方式产生重大的影响。互联网公司的崛起不仅是一个经济事件,而且是一个现象级的政治事件。① X 互联网头部企业位于全球互联网公司前列,为在技术上取得世界竞争优势,中央政府可能会通过产业政策,集中全国的稀缺资源来推动产业的发展,从而在与先进国家竞争中增加胜算的概率。② 而 X 互联网头部企业总部位于浙江杭州,而浙江省政府拥有 X 互联网头部企业给予的地域便利,加上中央对 X 互联网头部企业的关注,这使得浙江省政府对于 X 互联网头部企业高度重视,省政府因此与 X 互联网头部企业形成长期战略合作关系。

从网络关系和网络结构维度看,企业驱动型—战略合作模式,其特征具体表现如下:在网络关系中,行动者合作的有效性,除受到制度因素的影响外,更取决于处于关系中的成员之间联系的信任程度。③ 通过同质性、均衡性两个维度来衡量"主体特征",判断行动者同质性的标准界定为政府、企业等行动者是否具有主体多样性。该模式涉及的主要主体是地方政府和互联网头部企业,长期战略合作关系意味着有效地排斥其他的企业主体,涉及的主体行动者多元性有限,该模式的同质性较高。而判断行动者均衡性的标准体现在不同行动者在共同项目过程中所发挥作用的不同及地位的差异性。政府和互联网企业在地位上处于动态变动的过程。在合作初期,政府在合作项目中处于主导作用;随着互联网头部企业的谈判能力不断增强,主体间的均衡性相当甚至倾向于企业;随着政府干预的强化,主体间的平衡有可能重新回到政府。

就"结构特征"而言,以地方政府与互联网头部企业两个主体作为二元结构,结构上主要依靠长期战略合作来建立关联,其紧密程度较高。

---

① 樊鹏:《利维坦遭遇独角兽:新技术的政治影响》,《文化纵横》2018 年第 4 期。
② 瞿宛文:《多层级模式:中国特色的产业政策》,《文化纵横》2018 年第 2 期。
③ 鄞益奋:《网络治理:公共管理的新框架》,《公共管理学报》2007 年第 1 期。

在企业驱动型—战略合作模式中，政府以私营大企业作为地方数字政府建设的主要抓手，在与私营企业建立伙伴关系之后，采购方式一般为单一来源采购，这以近乎垄断的形式来牵引数字政府建设的业务项目，然后再由私营大企业按照业务核心程度的不同赋予中小民营企业介入的广度和深度，私营大企业周围依附着大量的中小私营企业（如图3-3所示）。但是，随着私营大企业介入业务的逐步深入，政府在技术参与上逐步弱化、业务上逐步放手，使得私营大企业可能成为政企关系的驱动者，主导着政企合作项目。而当政府意识到互联网头部企业潜在的风险后，可能采取政策等手段让企业慢慢"淡出"，从而再次获得政企关系的主导权。

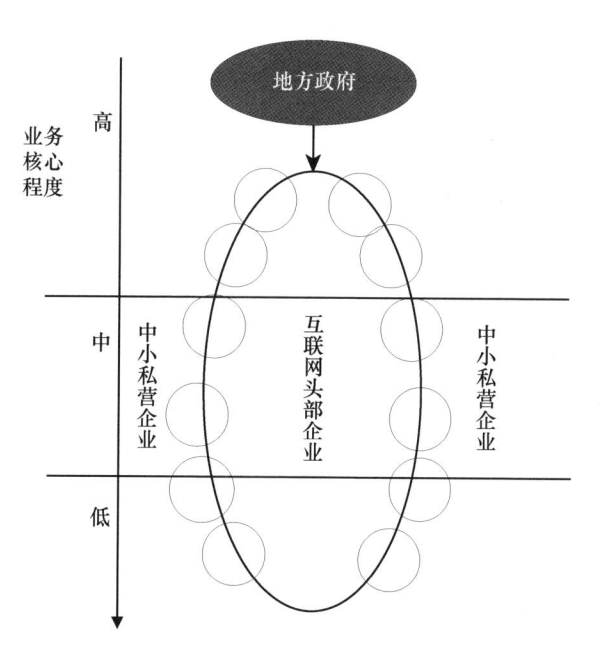

图3-3 企业驱动型—战略合作模式的行动者主体结构特征[①]

三 过程：基于扎根理论的企业驱动型政企互动过程分析

（一）政企互动过程的要素抽取及关系

1. 样本选取与资料收集

对于企业驱动型—战略合作模式的政企互动过程的分析，本书采用

---

① 本图为作者自制。

扎根理论研究方法。本书选取浙江省及相关省级层面的数字政府建设的代表性政府和企业人员等30余人进行非结构性访谈，整理形成访谈记录文本29份一手的数据资料。同时，选取2017年至2021年浙江省政府的权威官方网站、媒体报道、政策内部公文等资料，这些二手资料与访谈文本一手资料相结合，构建研究资料库，为编码、范畴提取与模型构建提供经验素材。

2. 范畴提取与模型构建

本书随机抽取2/3（19份）的访谈文本，借助分析软件Nvivo 12进行辅助编码和资料分析。通过开放式编码、主轴编码和选择性编码对数据资料进行概念化、抽象化分析，提炼出概念和范畴，在此基础上构建模型理论。

（1）开放式编码

在开放式编码过程中，本书首先对访谈文本按照Ai、Bi进行编码，A代表地方政府访谈对象，B代表企业人员访谈对象，i为数字，代表访谈序号（详见附录3）；其次，运用Nvivo 12软件对19份访谈文本进行分析，逐句进行概念化处理和开放式编码，萃取原始语句的概念，形成91个有效概念。将初步形成的概念按照意义、相同现象的概念进行归纳合并，删除相同意思以及频数小于3的初始概念，在反复推敲的基础上，共得到"多元信息匹配、硬弹性优势"等11个初始范畴。囿于篇幅有限，每个初始范畴仅列一个原始语句，编码示例如表3-2所示。

表3-2　　　　　　　开放式编码与初始范畴编码部分示例①

原始语句	概念化	范畴化
A12 浙江民营经济特别发达，阿里巴巴、支付宝、网易这些互联网公司都在浙江杭州，政府很多事情其实是滞后于民营的。但是，当地老百姓便利的习惯已经培养出来了，这就促使政府进行改革。2021年的《浙江数字改革总体方案》，定位是以数字化改革撬动各领域各方面改革，我们浙江的数字化改革是全方位的、系统的，数字政府建设只是其中一部分	数字政府建设是全方位数字化改革的一部分	数字化改革

① 本表为作者自制。

续表

原始语句	概念化	范畴化
A12 浙江省政府不可能放着 X 互联网头部企业不用,这与广东省政府支持腾讯的发展道理是一样的。X 企业发展了,省政府当然开心。这样,可以带来的不仅仅是税收,还会带来就业率增加等其他社会效应	培育本土互联网头部企业带来的政治红利等社会效应	政治晋升
B36 在浙江,私营企业家从未被轻视,私营企业家是政府发展、社会发展的重要推动力。浙江政府非常清楚私营企业有助于地方经济的发展。政府对私营企业一直是包容的,这为私营企业的发展提供了广阔的空间	私营企业的发展对地方经济的带动	经济激励
A13 浙江省数字政府相比其他省份的情况要复杂点,X 企业在浙江取得成效后推广到其他地区政府是相对容易的。建设样板往往是确定的,框架结构也是既定的,复制粘贴过去就很容易。这也是信息化的一个特点,企业做信息化建设实验成功后可以开始推广到其他市区,到落后地区只需要做减法就可以	数字化项目驱动企业获得独占市场的动机	商业利益
B05 通过长期战略合作,我们企业人员在政府部门驻点,可以第一时间获得政策信息。随着项目的推进,企业人员也参与到政策制定的过程中,对我们企业来讲,确实是非常有好处的。毕竟政府是下单的角色,互联网公司是接单方。了解政府官员的政策需求,可以获得更多眷顾	长期战略合作赋予企业更多参与到政策制定的机会,获得政策眷顾	政策眷顾
A15 政府考虑的是把政府信息化水平提上去,是否给民众带来便利性、是否符合上级政府的政策意图,同时最低限度地控制风险。而企业以利润为导向,乐于开发容易实现的新功能,最大限度地盈利。双方思考的逻辑不同,肯定会影响项目的开展,以项目为主导的长期战略合作使得双方更愿意去互相融合	政府政治立场与企业技术开发不同逻辑的融合	不同逻辑融合
A11 相比于地方政府,互联网头部企业在行业内更具优势,可以借助信任口碑、行业信息的高熟悉度,能够快速识别业界伙伴,互联网头部企业和生态小伙伴可以快速形成一致的目标和信任	互联网头部企业在业内的信息匹配优势	多元信息匹配

续表

原始语句	概念化	范畴化
B04 技术知识是有门槛的，相对于政府人员，我们（企业）的优势是熟悉专业知识，可以较快地与优质企业对接上。同时，我们问责往往是绩效导向，相对清晰	企业利用行业的技术知识快速与其他合作伙伴建立合作	硬弹性优势
B05 私营企业的组织制度相对灵活，可以根据市场情况随时调整，与地方政府比，请示报批的流程相对较短。这样，更有利于数字化项目的迭代更新	私营企业的组织灵活性可以促进数字化项目的推进	软弹性优势
B09 在地方数字政府建设过程中，项目往往需要涉及原有制定方案的修改，修改制定周期较长，难度较大。这时候，就需要领导的重视，在不违反原来制定方案的前提下，制定新方案、成立项目小组，以通知等方式先推进项目。等取得成效后，再提出修改制定的方案	私营企业以层化的方式推动项目的开展	企业"层化"创新方式
B10 政企的长期战略合作关系以项目为联结，以地方政府官员与企业主管的私人关系为基础，这种关系随着官员的退休、调动而发生变动，企业政治行为可能导致政府选择其他企业以及国有企业	企业政治行为可能导致政企模式的变迁	企业政治行为的脆弱关联

（2）主轴编码

在开放性编码的基础上，本书获得了 11 个初始范畴（用"Pi"进行统一编码）。利用 Nvivo 12 软件对初始范畴进行聚类分析，并经过多次讨论微调、专家咨询等环节，梳理初始范畴间的关系，归纳出企业驱动型—战略合作模式互动过程的 5 个主范畴："Q1 地方政府的互动目标""Q2 企业的互动目标""Q3 企业驱动的政企合作机制""Q4 私营企业的弹性运行机制""Q5 互动模式的动态变动机制"5 个主范畴（用"Qi"进行统一编码），如表 3-3 所示。

表3-3 主轴编码与主范畴提炼①

主范畴	初始范畴	内涵解释
Q1 地方政府的互动目标	P1 数字化改革	数字化改革不限于数字政府建设等在具体场景的应用上，更在于推动治理方式、生产方式以及生活方式发生根本性的改变
	P2 政治晋升	地方政府与互联网头部企业建立长期合作，通过对私营企业的帮扶，更有利于政治升迁和良好社会效应的获得，从而推动政府互动的意愿
	P3 经济利益	地方政府与单一企业建立长期互动合作，可以降低单次合作的信息不对称等风险；与私企的长期战略合作也有利于推动地方经济发展，从而推动政府互动的意愿
Q2 企业的互动目标	P4 商业利益	企业可以从长期战略合作中获得与同级政府或上级政府共同参与数字政府建设的机会
	P5 政策眷顾	企业获取有价值的商业信息，影响政府的部分决策行为，获得有利于自身的政策眷顾和倾斜
Q3 企业驱动的政企合作机制	P6 不同逻辑融合	政企长期战略互动关系，促进政企不同逻辑的融合
	P7 多元信息匹配	互联网头部企业的牵头，推动政府与行业其他企业互动信息的快速匹配
Q4 私营企业的弹性运行机制	P8 硬弹性优势	企业利用行业领域知识、资源等物质层面的优势，快速促成政府与其他合作伙伴的关联
	P9 软弹性优势	企业通过协调、协作能力等精神层面的优势，促进企业驱动的政企互动模式的形成
Q5 互动模式的动态变动机制	P10 "层化"方式的项目创新	互联网头部企业在合作过程中，采取间接的方式修改既有制度，以"层化"方式推进项目创新
	P11 企业政治行为的脆弱关联	互联网头部企业通过政策企业家的角色与政府官员建立关联，但是这种关联不具有稳定性，导致模式动态性

① 本表为作者自制。

(3) 选择性编码与模型构建

在上述主轴编码的基础上,本书采取选择性编码步骤,继续提炼、探讨和验证主范畴的内在关系,采用"故事线"形式的描述方法和策略来梳理和发现核心范畴,最终得出三个核心范畴,进而构建出整个测度指标的理论框架。经过选择性编码,本书将"Q1 地方政府的互动目标"与"Q2 企业的互动目标"归为"互动目标"核心范畴,将"Q3 企业驱动的政企合作机制""Q4 私营企业的弹性运行机制""Q5 互动模式的动态变动机制"归为"互动机制"核心范畴。而本书的研究将企业驱动型—战略合作模式作为"互动模式"核心范畴。三个核心范畴的关系表现为:互动目标通过互动机制影响互动模式,核心范畴与主范畴的关系结构形成"企业驱动型—战略合作模式的互动过程"模型,核心范畴与主范畴的联结机理如表 3-4 所示。

表 3-4 选择性编码与典型联结机理描述①

联结机理	内涵解释
政府的互动目标 → 互动目标 企业的互动目标 ↗	政府和企业的不同互动目标共同影响行动者在地方数字政府建设中的互动过程
企业驱动的政企合作机制 ↓ 互动目标 → 互动模式	政企不同的互动目标以企业驱动的政企合作机制为载体,影响政企互动模式
私营企业的弹性运行机制 ↓ 互动目标 → 互动模式	政企不同的互动目标以私营企业的弹性运行机制为载体,影响政企互动模式
互动模式的动态变动机制 ↓ 互动目标 → 互动模式	政企不同的互动目标以互动模式的动态变动机制为载体,影响政企互动模式

① 本表为作者自制。

(4) 理论饱和度检验

模型建立后，检验其理论饱和度：编码完成后，本书用剩下的1/3（10份）的访谈文本和二手资料进行理论饱和度检验。结果显示，模型中的范畴已相对丰富，暂无新的概念和范畴，因此可以认为，上述理论模型是饱和的。

（二）企业驱动型—战略合作模式的政企互动过程模型阐释

经过访谈文本的扎根理论编码分析、范畴提取与模型构建，实现了"企业驱动型—战略合作模式的互动过程"构成要素的抽取和要素关系的分析，归纳出企业驱动型—战略合作模式的政企互动过程模型（如图3-4所示）。包含地方政府和企业两个关键行动者，形成"互动目标、互动机制、互动模式"三个政企互动过程的核心范畴。

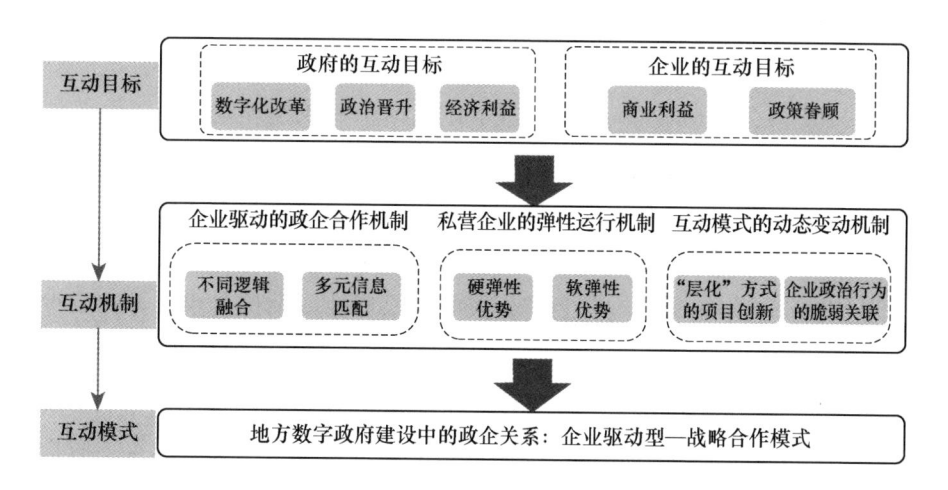

图3-4　企业驱动型—战略合作模式互动过程模型①

1. 互动目标

地方数字政府建设中的政企战略合作关系涉及的主要行动者是政府和企业，他们在多次博弈过程中，其互动目标依然遵循"理性人"假设。

（1）政府的互动目标

首先，数字化改革。浙江省数字政府建设基于"最多跑一次"改革

---

① 本图为作者自制。

的良好基础,其动因在于将数字化作为政府内在改革的契机,建成"掌上办事"之省、"掌上办公"之省。2020年11月19日,时任浙江省委书记袁家军在浙江省委十四届八次全体(扩大)会议上作出决策部署:"以数字化改革为总抓手,撬动各领域各方面改革。"数字化改革不限于数字政府建设,是围绕建设数字浙江目标,统筹运用数字化技术、数字化思维、数字化认知,把数字化、一体化、现代化贯穿到党的领导和经济、政治、文化、社会、生态文明建设全过程各方面,对省域治理的体制机制、组织架构、方式流程、手段工具进行全方位、系统性重塑的过程,从整体上推动省域经济社会发展和治理能力的质量变革、效率变革、动力变革,在根本上实现全省域整体智治、高效协同。① 从改革的重点看,聚焦于党政机关、数字政府、数字经济、数字社会、数字法治,并按照系统分析V字模型持续迭代,将"业务协同模型和数据共享模型"的方法贯穿到数字化改革的各领域、各方面、全过程。

其次,经济利益。新制度经济学派依据交易成本理论分析了服务外包问题,认为原单位出于节约成本的目的,才选择服务外包。② 由于数字政府项目的迭代升级等特征,地方政府往往会选择经验丰富的互联网头部企业进行长期合作,减少单次博弈的信息不对称等风险。交易成本理论认为,在具体的交易过程当中,人的有限理性以及机会主义导致了很多不确定的风险因素,为了降低这种风险,需要支出更多的费用。③ 交易成本理论更多强调机会主义行为对交易的重要影响④,需要适当机制来控制组织间交易中的不确定性,降低机会主义行为带来的交易成本。而长期战略合作能有效降低交易的不确定性,规避机会主义行为发生的概率。因而,通过长期战略合作来降低风险,是地方政府作为组织维度的理性选择。在政企互动过程中,地方政府短期目标是满足数字政府建设的业

---

① 袁家军:《全面推进数字化改革,努力打造"重要窗口"重大标志性成果》,《政策瞭望》2021年第3期。

② Goe W. Richard, "Factors Associated with the Development of Non-metropolitan Growth Nodes in Producer Services Industries", *Rural Sociology*, Vol. 67, No. 3, 2002, pp. 416–441.

③ 杨楠:《新公共管理视角下的政府管理模式创新》,《人民论坛》2012年第5期。

④ Oliver E. Williamson, *The Economic Institutions of Capitalism: Firms, Markets, Relational Contracting*, Cambridge: Free Press, 1985, pp. 43–68.

务需求，实现数字政府建设的技术供给。

最后，政治晋升。从长期目标看，地方政府与企业在数字政府领域的长期互动目标不限于克服技术的短板、提供高效行政服务，更在于通过企业的技术力量来促进政府职能部门的自我革命和自我改造，推动政府全面的数字化改革。数字化项目改革所取得的政策成效，更容易引起上级的关注和认可。中央政府会通过"规划""讲话""通知"等方式，鼓励地方政府继续探索这项新的政策制度。① 浙江省数字政府的建设成效，一定程度上成为全国数字政府建设的政策试点和标杆，更容易在后期的地方政府发展中向中央的政策倾斜。浙江省政府和 X 企业长期伙伴关系的构建，更容易获得中央的试点项目。

从地方政府干部的微观视角看，对民营企业的保护是其政治升迁的保障。地方政府对私营企业的关照，会为私营企业的"自下而上"创业活动提供更大的空间。② 地方政治精英经常面临不确定的政治和政策环境，为了保证其政治生存，必须向上或向下寻求政治支持。从何处取得政治支持，取决于他们在权力结构中所处的位置。③ 按照这一逻辑思路进行类推，用更微观的视角看待上海市和浙江省在地方数字政府发展过程中对企业类型的选择，相比于上海市在权力结构中的地位，浙江省政府干部在政治结构的位置抑或小于上海市政府干部，那么这为浙江省政府干部对民营经济高度关注、在地方数字政府建设中选择民营性质的互联网头部企业，提供了一个新的解释视角。的确，浙江省政府干部对民营企业的本地认同和利益联盟，使得浙江省本地干部更容易对民营企业采取积极支持和偏袒性保护，这决定了地方政府干部在面临"奉行中央政令"和"纾解社会诉求"的矛盾时，他们会尝试权衡应对。

---

① 刘晓亮、侯凯悦、张洺硕：《从地方探索到中央推广：政府创新扩散的影响机制——基于 36 个案例的清晰集定性比较分析》，《公共管理学报》2019 年第 3 期。

② Victor Nee, Sonja Opper, *Capitalism from Below: Markets and Institutional Change in China*, Cambridge: Harvard University Press, 2012, p. 50.

③ 如果是在权力结构中处于被边缘化的位置，这部分政治精英倾向于"向下"笼络基层支持，扶助民营经济；而在权力结构中处于主导位置的政治精英，倾向于"向上"仰赖上级庇护，因而服从领导命令，压抑民营经济。参见章奇、刘明兴《权力结构、政治激励和经济增长：基于浙江民营经济发展经验的政治经济学分析》，格致出版社、上海三联书店、上海人民出版社 2016 年版，第 1—4 页。

(2) 企业的互动目标

第一,商业利益。对于与地方政府建立长期战略合作的企业,与地方政府在互动过程的目标在于,在政府的"帮助之手"的协助下,获得政府对其国有银行贷款、税收优惠、土地出让等配置性资源[①]的支持,更在于通过政府的审批特权,使其在数字政府的相关领域获得权威性资源,即独有的市场占有权,能有效排斥竞争对象,这促使企业可能放弃短期的收益来获取数字政府的项目,以长期的商业利益作为项目考量的基点。数字政府建设具有前期投入高、运维强度大、专业性强和技术更新快等特点,导致数字政府建设中更换合作企业的成本较大,使得数字政府建设项目相比于其他的项目采购,呈现出更明显的排他性。一般而言,数字政府的合作企业具有相对的稳定性,可以更好地促进数字政府建设中技术的迭代升级。

项目的信任基础和可推广性也是企业追逐数字政府建设项目的重要目标。互联网企业通过早期与地方政府的合作,建立互惠互信的关系,为大规模和深度合作创造基础。浙江作为数字政府建设早期的探索者,其政企合作模式为地方政府模仿,也使这些互联网企业成为后期的持续合作对象。在与一个地方政府合作取得成效后,由于政府的政策扩大效应,企业更容易获得上一级或同级其他政府的"青睐"。在与政府的合作过程中,获得私企发展的政策空间,能够凭借合作成效争取上一级政府机构合作的机会。正如浙江省发改委的干部所言:"信息化的一个特点,是企业做信息化建设实验成功后可以开始推广到其他市区,到落后地区只需要做减法就可以。比如,浙政钉的项目,在世界互联网大会上,X 企业集团的张总裁就表示:'浙政钉运行很成功,下一步政务钉钉要服务全国的政府客户。X 企业集团将在未来不断为客户创造价值,积累能力,争取将政务钉钉推广到国家部委、其他省份、大型央企等。'"(访谈资料 A13:20210531)

[①] 吉登斯将资源分为配置性资源(Allocative Resource)和权威性资源(Authoritative Resource),认为配置性资源是指"对物质工具的支配,这包括物质产品以及在其生产过程中可予以利用的自然力",主要表现为人类对物质世界的控制、征服能力。而权威性资源是指"对人类自身的活动行使支配的手段"。源自〔英〕安东尼·吉登斯《民族—国家与暴力》,胡宗泽、赵力涛译,王铭铭校,生活·读书·新知三联书店 1998 年版,第 7—8 页。

第二,政策眷顾。地方政府在政策执行中具有一定自由裁量空间,可以根据属地企业的实际情况行使行政权力和自由处置权。民营企业为改善政策环境而开展政治活动,实施试图影响政策内容或进程的企业行为,即"企业的政治行为",以此获得政策眷顾。[①] 在地方数字政府建设中,长期合作的企业抑或可以利用合作关系来获取有价值的商业信息和公共数据,影响政府的数字经济决策和其他领域的决策行为,从而获得有利于自身的政策倾斜。"政策信息的不确定性影响企业商业交易费用,企业能否成功运用政治权力以获得潜在的利益,这直接关系到企业的经营业绩和竞争力。"[②] 与上海的政府主导型—项目外包模式相比,浙江省的政企关系模式周期相对较长,能有效地规避企业的"短视"行为,以长期收益和信任资本作为企业的互动目标考量标准。因此,该模式下的企业更加注重政策给予带来的收益,在第一时间内获得政府的政策资讯,能够有效地规避信息不对称问题,从而取得有利于企业自身发展的政治和监管环境。

2. 互动机制

在地方数字政府的建设中,政企合作在互联网时代已经成为数字政府建设的必然选择。缺乏技术能力的政府在合作中产生了巨大的政企合作动力和压力。信息和技术的不对称,使得政府在长期合作中呈现技术无力感表征,企业在合作中的谈判能力逐渐增加,在中国数字政府建设的部分项目中,企业驱动政企合作的优势特征日渐显现,企业在合作中逐渐起到驱动甚至主导性作用,这一现象与西方学者在企业政治行为所形成的政企关系有所不同。

(1) 企业驱动的政企合作机制

私营企业作为政企互动的驱动者或主导者。这种企业的驱动性作用主要在于企业通过独特的专业技术资源优势,汇集公共和私人组织,为实现特定的目标展开跨部门合作。目前关于跨部门合作的文献主要集中

[①] Brian Shaffer, "Firm-level Responses to Government Regulation theoretical and Research", *Journal of Management*, Vol. 21, No. 3, 1995, pp. 495–514.

[②] 马新智、郑石桥、雷珩、陈怡:《新疆民营企业家政治行为实证研究》,《新疆大学学报》(哲学·人文社会科学版) 2010 年第 3 期。

于一个或多个政府部门在跨部门合作中起主导性作用①②③④，探讨"企业尤其是私营企业在跨部门合作起主导性作用"的文献却鲜有发现。在地方数字政府建设中，企业尤其是互联网头部企业通过独特的技术优势，逐渐改变政府单一主导性，越来越起到突出作用甚至主导性作用。互联网企业成为政府的"外脑"，并逐渐在跨部门合作过程中成为驱动力量或主要的主导力量。⑤ 正如在调研中的浙江省大数据发展管理局某领导所言："虽然政府是下单的角色、互联网公司是接单方，但是在很多情况下，企业作为整个设计方案的提供者和设计者，可以通过其专业的意见改变顶层设计的想法。比如，企业针对政府的需求，提供2—3套方案，供基层政府来'点菜'。但现在的问题是，政府并不清楚这菜的品质是什么样的，怎么做出来的。这就为企业在讲解菜色、做菜的过程中提供了广阔的空间。"（访谈资料A11：20210618）因而，在数字政府建设的过程中，X互联网头部企业正在大规模接管政府的数据分析工作，并承担规模信息化的顶层设计工作，具有较强的谈判能力和较大的谈判空间，这为充分发挥企业在合作过程中的组织等方面提供了广阔优势。

目前，X互联网头部企业借助于"一云两端"等技术优势，已和26个省区市达成合作，为地方政府提供公共服务的数字技术支持。企业驱动型政企关系能够实现数字政府建设中两类组织不同逻辑的融合、多元信息的匹配，促使目标的快速达成，具体表现在如下两个方面。

一方面，不同逻辑的融合。由于政府和企业追求的目标不同，政府

---

① John M. Bryson, Barbara C. Crosby, Melissa Middleton Stone, "The Design and Implementation of Cross-Sector Collaborations: Propositions from the Literature", *Public Administration Review*, Vol. 66, No. s1, 2006, pp. 44 – 55.

② Bing Ran, Huiting Qi, "The Entangled Twins: Power and Trust in Collaborative Governance", *Administration & Society*, Vol. 51, No. 4, 2019, pp. 607 – 636.

③ Liza Ireni Saban, "Entrepreneurial brokers in Disaster Response Network in Typhoon Haiyan in the Philippines", *Public Management Review*, Vol. 17, No. 10, 2015, pp. 1496 – 1597.

④ Travis A. Whetsell, Michael D. Siciliano, Kaila G. K. Witkowski, et al., "Government as Network Catalyst: Accelerating Self-Organization in a Strategic Industry", *Journal of Public Administration Research and Theory*, Vol. 30, No. 3, 2020, pp. 532 – 532.

⑤ 马亮：《需求驱动、政府能力与移动政务合作提供：中国地级市的实证研究》，《公共管理评论》2018年第1期。

和企业在合作中遵循不同的组织逻辑,导致合作中存在内在冲突。①②"十四五"时期政府职能转化的主要目标是创造良好的发展环境、提高优质公共服务、维护社会公平正义。③ 追求社会公平正义是政府的主要价值导向,而企业以追求剩余价值为目标,以效率为价值导向。两种不同的价值导向成为政府和企业在合作互动过程中最大的问题。那么,这两种不同组织的逻辑如何在地方数字政府建设的过程中进行融合?对杭州市审管办干部的访谈,为我们提供了融合的具体思路。"政府缺技术,企业缺政治,两个组织遵循不同的逻辑。怎么增加两个组织的合作默契,是政企合作最难的问题。目前来看,这也只能交给时间,两个组织磨合的时间久了,也就有了默契。所以,这也是长期战略合作最大的优势。X企业内部成立对接政府的部门和相对固定的专门人员,也是为了最大限度减少沟通成本,增加合作的契合程度。"(访谈资料 A17:20210602)因而,两个组织之间的逻辑融合需要不断互动的载体,政府和企业长期战略合作可以在此实现二者目标的博弈平衡。

另一方面,多元信息匹配。在创新战略和制度不确定的背景下,以互联网头部企业为载体可以实现多元信息的快速匹配。私营企业驱动的政企合作可以快速提供公共服务。私营企业驱动的政企合作打破了传统和常规的战略(如:招投标环节),并非依靠传统的机制来协调各项活动,而是通过市场机制来实现资源的信息匹配。地方数字政府建设没有现成的模式可以借鉴,互联网头部企业驱动的政企合作具有显著优势特征,通过平台式沟通方式快速实现业内信息匹配。

在数字政府建设过程中,尽管地方政府对数字技术有很强的需求,但是,他们无法准确获取互联网行业最优技术的拥有者。相反,拥有技术的企业也无法在短时内得到政府的技术需求。这样,数字技术的供需信息和

---

① Colin B. Gabler, Robert Glenn Richey Jr., Geoffrey T. Stewart, "Disaster Resilience through Public-Private Short-Term Collaboration", *Journal of Business Logistics*, Vol. 38, No. 2, 2017, pp. 130 – 144.

② Robert E. Quinn, John Rohrbaugh, "A Spatial Model of Effectiveness Criteria: Towards a Competing Values Approach to Organizational Analysis", *Management Science*, Vol. 29, No. 3, 1983, pp. 363 – 377.

③ 李军鹏:《面向社会主义现代化新发展阶段的政府职能转变》,《中共中央党校(国家行政学院)学报》2021 年第 4 期。

服务匹配成为紧迫性的问题。而在这个过程中,如果政府与互联网头部企业建立伙伴关系,就可以借助互联网头部企业对行业的信息优势,快速识别业界伙伴。互联网头部企业通过其行业声誉与其他业内生态小伙伴建立信任关系,能够快速汇聚业内的生态伙伴,共同促进项目的快速启动和建设。"数字政府建设具有不确定性,在数字政府建设初期,政府与企业形成初步的协议,后面通过协商的方式进行解决。很多数字化都是未知的,需要不断优化调整。一般来说,地方数字政府建设都是企业先做,后面再来决算。利用互联网头部企业的信任口碑,以及他们长期合作的生态伙伴,互联网头部企业能够快速识别业界伙伴,互联网头部企业和生态小伙伴可以快速形成一致的目标和信任。政府通过互联网头部企业,把市场各方的技术优势力量纳入项目建设中来。"(访谈资料 A11:20210618)

(2)私营企业的"弹性"运行机制

弹性是系统有效性的一个关键维度,定义为一个系统应对、适应和恢复的能力,从不利条件中恢复到原始状态。①②③ 数字政府建设是创新性的系统,创新就意味着发生危机、失败的风险增加。由私营企业驱动的跨部门协作具有增强协作网络弹性的优势,即"硬弹性"(资源和设施等物质层面)和"软弹性"(协调和协作能力等精神层面)。④ 私营企业具有发起和管理跨部门合作的独特能力,所具有的弹性机制主要表现在"硬弹性"和"软弹性"。"硬弹性",是指私营企业通过资源(知识、技能等)和设施等手段,增加应对失败风险的能力;"软弹性"通过组织灵活性来增加协调和协作能力,增强应对失败风险的能力。

首先,私营企业拥有"硬弹性"优势。特定行业的日常运营也为私营企业提供了更多与协调伙伴关系相关的知识和信息。与政府相比,从事特定行业有助于私人组织获得有关其行业特定成本、产品和服务的全

---

① Brad Allenby, Jonathan Fink, "Toward Inherently Secure and Resilient Societies", *Science*, Vol. 309, No. 5737, 2005, pp. 1034 – 1036.

② Crawford S. Holling, "Resilience and Stability of Ecological Systems", *Annual Review of Ecology and Systematics*, Vol. 4, No. 1, 1973, pp. 1 – 23.

③ Larry Mallak, "Putting Organizational Resilience to Work", *Industry Management*, Vol. 40, No. 6, 1998, pp. 8 – 13.

④ Xin Miao, David Banister, Yanhong Tang, "Embedding Resilience in Emergency Resource Management to Cope with Natural Hazards", *Natural Hazards*, Vol. 69, No. 3, 2013, pp. 1389 – 1404.

面和最新信息。在新技术行业领域的具体、专业、创新性的项目，相比于政府组织，X 互联网头部企业更具有"硬弹性"，有能力从日常的运营中获得具体的知识和信息，能够熟悉互联网市场的具体知识和信息等物质资源，能够准确、快速地确定利益相关者并选择合作伙伴，调动、分配和协调各种资源和设备以应对项目创新失败的风险。一旦项目中的某些资源和设备遭到破坏，X 互联网头部企业能够利用技术从其他源头找到替代品，因而，由私营组织驱动的合作在应对创新失败时更具有"硬恢复力"。X 互联网头部企业通过平台化、生态化运营模式建立经济体生态，X 互联网头部企业是平台的提供者，政府提供服务接口，整个市场（含各类中小企业）是应用服务的提供者和服务者。在浙江省"浙政钉"的建设中，X 互联网头部企业面向小程序场景提供一站式云服务，中小企业的开发者通过小程序云支撑全网各类中小程序的前端，实现一云多端的业务战略，并且，X 互联网头部企业通过小程序云逐步开放商业操作系统的业务能力，帮助政府与企业客户连接到该经济体生态。① 因而，基于平台塑造互联网头部企业、地方政府、中小互联网企业间的合作关系，不仅以签订协议的方式，更多还是通过数据互通、技术赋能发起与促进伙伴间的交互过程②，以此减少中小企业的重复开发投入，进而实现相关业务的共同参与。此外，私营企业通过专业的问责制来保障"硬弹性"的质量。问责制能确保合作的有效性。尽管问责制在私营、公共部门都存在挑战，但学者普遍认为，公共组织的问责比私营组织更为复杂。③④⑤⑥ 作

---

① 张建锋编：《数字政府 2.0——数据智能助力治理现代化》，中信出版集团 2019 年版，第 277 页。

② Elsa T. Berthe, Gordon M. Hickey, "Organizing Collective Innovation in Support of Sustainable Agro-Ecosystems: the Role of Network Management", *Agricultural Systems*, No. 165, 2018, pp. 44 – 54.

③ Richard Mulgan, "The Processes of Public Accountability", *Australian Journal of Public Administration*, Vol. 56, No. 1, 1997, pp. 25 – 36.

④ Lee Parker, Graeme Gould, "Changing Public Sector Accountability: Critiquing New Directions", *Accounting Forum*, Vol. 23, No. 2, 1999, pp. 109 – 136.

⑤ Christine Ryan, Peter Walsh, "Collaboration of Public Sector Agencies: Reporting and Accountability Challenges", *International Journal of Public Sector Management*, Vol. 17, No. 7, 2004, pp. 621 – 631.

⑥ Amanda Sinclair, "The chameleon of Accountability: Forms and Discourses", *Accounting, Organizations and Society*, Vol. 20, No. 2 – 3, 1995, pp. 219 – 237.

为一个私营组织，X 互联网头部企业有一个更灵活、更清晰的问责制度，以产品的质量为导向，侧重于绩效衡量，这有助于它更快地采取行动，启动跨部门合作，协调不同的参与者，避免问责紧张的两难境地的产生。

其次，私营企业具有"软弹性"优势。组织往往被期待在短时间内适应变化的环境，以及应对不确定性造成的破坏。但是，由于既定的体制安排及决策的影响，很多组织往往表现出弱"适应性治理"能力，无法有效或快速地应对变化的不确定性。① 相比于政府组织，私营企业具有"软弹性"优势，具体体现在组织灵活机制，可以通过组织灵活性来增加协调和协作能力，增加应对失败风险的能力。私营企业的组织灵活性，一定程度上可以纾解政府的"异构同治"困境。为了在竞争激烈的市场环境中获得更多利润，私营组织需要对不断变化的市场信号作出及时反馈，以培养他们更多的创新动机，使其更有能力来采取创新战略。相比之下，政府的制度环境相对稳定且等级分明，政府的日常运作通常遵循常规程序，创新较少。由于缺乏市场经验和更复杂的官僚体系，政府机构更有可能采取更加谨慎、保守的战略，而不是探索和采用创新战略来完成其使命。②

在企业驱动型—战略合作型模式中，X 互联网头部企业能够发挥其企业组织的灵活性，以灵活的运维、较高的工作效率、较低的管理成本来实现供给的优势，这一定程度上推动政府打破层级明晰的科层管理，制定出创新性的建设方案，实现了从单项决策到共商共建共享的决策创新。③ X 互联网头部企业通过技术赋能"倒逼"部分审批部门打破常规流程，采取临时审批程序，创新性地建设数字政府项目，有效地规避政府主导型项目外包的困境。如果做进一步拓展可以发现，企业驱动型的政企关系本质上是企业在政企关系的互动过程中起主导性作用，企业代表着市场的力量，这也就是说，在数字政府领域，政府与市场的关系以市

---

① Marijn Janssen, Haiko van der Voor, "Adaptive Governance: Towards a Stable, Accountable and Responsive Government", *Government Information Quarterly*, Vol. 33, No. 1, 2016, pp. 1–5.

② Steven Horwitz, "Wal-Mart to the Rescue: Private Enterprise's Response to Hurricane Katrina", *Independent Review*, Vol. 13, No. 4, 2009, pp. 511–528.

③ 沈费伟、诸靖文：《数据赋能：数字政府治理的运作机理与创新路径》，《政治学研究》2021 年第 1 期。

场优势的凸显为主要特质。

(3) 互动模式的动态变动机制

首先,私营企业以"层化"方式推进项目创新。制度变迁区分为"层化"(layer)和"转化"(conversion)两种制度变迁的类型。"层化",是指制度环境涵盖着不同制度,这些制度的目标并不一致,而使多层次的制度脉络限制了特定正式制度。当"层化"的现象发生时,新规则附加于既有规则,并且针对既有规则进行修改或增加,进而实质改变既有制度的核心。[①][②] "制度层化"形成了平行的制度,制度之间的互动造成制度改变,权力不足的行动者采取间接的方式修改既有制度。[③] 笔者借鉴"层化"的概念分析指出,在地方数字政府建设过程中,互联网头部企业在合作过程中往往乐于充当规则共同制定者的角色,甚至直接介入政府政策工具的设计以及规则的制定,并以"层化"方式来推进项目的开展。制度采用何种变迁类型,取决于私企与相关政府机构的合作对既有制度是否具有特有补充或创新作用。当合作对既有制度发挥了补充作用(完成特定政策任务)时,非正式制度以"层化"形式存在。在数字政府建设过程中,私营企业为了减少新制度的制定阻力,往往采用"弯道超车"的"层化"方式来推进项目。例如,早期的"诚信通"项目中,国有企业的网络支付系统缺乏网络交易担保机制,"诚信通"刚好弥补这一不足。在既有制度支持者掌握有限的网络支付信息的背景下,"诚信通"以层化的方式对既有制度进行功能性创新,非正式制度以转换形式改变了国有企业的网络支付系统。

其次,以企业政治行为催生政企模式的变迁。企业的经济活动不仅仅取决于"应对市场的能力",很多中国企业的竞争优势更在于获得其他企业难以拥有的有形资源和无形资源,其中最有价值的资源之一是与政

---

① Kellee S. Tsai,"Adaptive Informal Institutions and Endogenous Institutional Change in China", *World Politics*, Vol. 59, No. 1, 2006, pp. 116 – 141.

② James Mahoney, Kathleen Thelen, *Explaining Institutional Change: Ambiguity, Agency, and Power*, Cambridge: Cambridge University Press, 2010, p. 16.

③ Brink Tobiasten,"Patterns of Distinctive Institutional Change in Chinese Capitalism", in Werner Pascha, Cornelia Storz, and Markus Taube, eds. , *Institutional Variety in East Asia: Formal and Informal Patterns of Coordination*, Cheltenham: Edward Elgar Publishing, 2011, p. 206.

府建立良好的关系。因而，企业往往需要支付"关系费"的政治成本与政府建立良好关系，以期获得资源的垄断权或形成隐性契约。企业政治行为[①]也成为政府和关系的重要研究内容之一，西方企业政治行为的研究聚焦于"政治捐款"（politicalaction committee contribution）、"基层动员"（grassrootsm obilizations）、"游说"（lobbying）等关键词。[②③④] 而中国学者张建君、张志学认为，"中国不同的民营企业家会采取不同的政治策略，主要表现为先发制人战略和被动反应的战略"[⑤]。政府环境是影响企业生产和发展的重要因素，影响民营企业家的行为。企业采用先发制人的策略主要有两类：企业家为了建立政治联结，通过担任人大代表等途径与地方政府形成正式的政治关联[⑥⑦]；企业家通过贿赂官员、雇佣官员等途径取得与地方政府的非正式的政治关联。[⑧] 在地方数字政府建设中，笔者认为，在企业驱动型—战略合作模式中，互联网行业的企业家采取的是一种先发制人策略，企业往往采用先发制人的策略赢得合作过程中的主动性。X 互联网头部企业专门成立了一个政府公共部门，利用传统的信息沟通渠道将企业的意见反馈到政府的政治系统，其部门员工一般具有政府资源背景、熟悉政府规章制度。[⑨] 目前互联网公司纷纷成立政府

[①] 西方学者把企业政治行为界定为："企业试图通过影响政府政策来为公司谋利的行为。"参见 Barry D. Baysinger, "Domain Maintenance as an Objective of Business Political Activity: An Expanded Typology", *Academy of Management Review*, Vol. 9, No. 2, 1984, pp. 248 – 258.

[②] Barry D. Baysinger, Gerald D. Keim, Carl P. Zeithaml, "An Empirical Evaluation of the Potential for Including Shareholder in Corporate Constituency Programs", *Academy of Management Journal*, Vol. 28, No. 1, 1985, pp. 180 – 200.

[③] Gerald D. Keim and Carl P. Zeithaml, "Corporate Political Strategies and Legislative Decision Making: A Review and Contingency Approach", *Academy of Management Review*, Vol. 11, No. 4, 1986, pp. 828 – 843.

[④] Sethi S. Prakash, "Corporate Political Activism", *California Management Review*, Vol. 24, No. 2, 1982, pp. 32 – 42.

[⑤] 张建君、张志学：《中国民营企业家的政治战略》，《管理世界》2005 年第 7 期。

[⑥] 王春福：《民营企业政治行为有效性的理性分析：以浙江省民营企业为例》，《学习与探索》2012 年第 2 期。

[⑦] 王芹、朱丽平、朱敏：《政企关系影响民营企业发展作用机制研究——基于交易成本视角》，《天津商业大学学报》2016 年第 5 期。

[⑧] Frank N. Pieke, "Bureaucracy, Friends and Money: The Growth of Capital Socialism in China", *Comparative Studies in Society and History*, Vol. 37, No. 3, 1995, pp. 494 – 518.

[⑨] 樊鹏：《利维坦遭遇独角兽：新技术的政治影响》，《文化纵横》2018 年第 4 期。

事业部，通过政策企业家的角色与政府官员建立关联，说明企业政治行为对政企合作促进作用的有效性，但是，这种有效性也是有局限性的，如这种关系会因为官员的退休和人事变动而影响企业政治行为，导致政企合作关系的脆弱性。

第三节　企业驱动型—战略合作模式的风险扫描

本节主要扫描企业驱动型—战略合作模式的潜在风险，主要表现为：技术渗透与监管挑战；"技术绑架"与市场失灵；法律不完善性加剧风险。

一　技术渗透与监管挑战

（一）互联网企业的强技术渗透

互联网企业尤其是头部企业正以互联网平台化方式迅速扩张，业务范围涉及社会的各个领域，重塑经济社会结构；并大规模地介入公共产品的供给，通过"高效"赢得生产的合理性。互联网企业凭借先进技术、组织等灵活性逐渐介入公共事务，重新定义了传统政府公共服务供给的职能，接管了大量原本由政府垄断的公共管理事务，并逐步干预政府的公共政策，这极大地挑战了政府原来的监管模式。在数字政府建设中，截至 2020 年，全国 31 个省（自治区和直辖市）大多数均采用政企合作的方式，将海量的大数据交由互联网企业开发和运营，互联网企业所提供的基础设施在经济、社会、政治等领域发挥显著作用，提高了社会治理精准化和智能化水平。[1] 企业在公共事务管理、数字"新基建"等领域广泛介入，这意味着未来社会治理问题将与互联网企业息息相关，互联网企业将成为影响社会治理的重要社会功能主体，甚至成为新型社会稳定的主要影响者。互联网企业将代表着技术革命环境下的某种超级权力，其性质决定了互联网企业的崛起具有复杂的面相和影响。

---

[1] 高奇琦：《智能革命与国家治理现代化初探》，《中国社会科学》2020 年第 7 期。

(二) 政府监管挑战

一方面，政府行政权失效。在互联网背景下，互联网公司通过新技术将触角延伸到物理和虚拟的空间，颠覆了传统社会组织形态。传统的社会组织因技术赋权而产生的复杂交易和社会动能，逾越了传统的行政边界。这样，新技术在虚拟空间培育了无数行动主体，产生了复杂的政治空间。而且这些行动主体可能以无形、无组织的权力形态存在，覆盖了社会空间、生活领域等。尽管政府目前有一定程度的监管，但是主要通过传统的"事前许可加事后处罚"的行政管制方式，显然无法覆盖社会各领域，政治权力、规则运行也趋于失效。互联网企业的发展可能导致如下新问题：平台公司加剧垄断，呈现约瑟夫·A. 熊彼特（Joseph A. Schumpter）所说的"创造性破坏"、政府在合作过程中处于技术劣势地位等。"数据霸权"的享有者可能获得数字社会的独裁权力[1]，政府管制的传统监管工具实施效果在不断弱化，对强制性资源的占有能力下降，呈现管控略显"无力感"的特征，在某种意义上进入了"行政权失效"的状态。[2]

另一方面，政府人员的失能化、技术的空心化倾向。在地方数字政府建设中，政企合作面临着委托—代理问题，即政府和企业在信息不对称和利益不一致的情况下，如何有效规避企业商业利润最大化的行为。传统政府可以通过加强监管、重复博弈等手段来有效缓解这些问题的出现。但是，目前地方数字政府合作主要内容是对政府信息的处理，随着政府部门人员的信息技术的外包加速，政府部门人员不自觉地形成技术依赖惯性。与之相伴的是自身技术能力不断被弱化，导致政府人员的技术"失能化"风险。而人员的失能化将进一步导致政府信息和能力的加剧缺失，造成政府和企业的信息、能力进一步不对称，甚至导致政府技术空心化。长此以往，政府和企业在合作过程中博弈的"天平"将倾向于企业。

笔者在调研中的发现再次验证了政府过度依赖企业这一风险的存在。

---

[1] ［以色列］尤瓦尔·赫拉利：《今日简史：人类命运大议题》，林俊宏译，中信出版集团2018年版，第55—90页。

[2] 樊鹏等：《新技术革命与国家治理现代化》，中国社会科学出版社2020年版，第3—9页。

浙江省 A 市某区改革办领导表示："由于我们海外华人较多，为了方便他们办理公共事务，之前与一个技术公司合作开发过 App，我们对接和运行过程都很好，也确实为海外华人的办事提供了很大的便利。省里实行统一的浙里办平台后，我们要求这个技术公司与省政府的系统进行对接，需要技术公司把数据导出来给省里。这时候问题来了，数据出现了对接困难，而且这个公司的主机服务器是在国外。当时我们并不知道这个事情，确实凭我们一个区的几个干部，很难获悉企业的全面信息。这个风险对于其他区也可能存在。"（访谈资料 A22：20210601）那么，作为"浙里办"的长期合作企业，X 互联网头部企业虽然是中国本土企业，但是从股权结构来看，根据《中华人民共和国外商投资法》①，X 互联网头部企业归属外商投资企业。虽然"双重股权结构"② 能够保障 X 互联网头部企业中国合伙人团队对公司发展的决策权，但是依然无法规避其股权问题赋予的潜在风险。

二 "技术绑架"与市场失灵

（一）被企业"技术绑架"风险

当前，互联网企业通过复杂的技术形成了全国范围和层次繁复的业务体系。在此背景下，与之签订合作协议的地方政府部门可能面临谈判的劣势。在地方数字政府建设中，数字政府项目需要不断地迭代升级，数据需要不断地沉淀，地方政府一旦与企业确定长期战略合作关系，便很难更换技术企业。因而，在数字政府建设的初期，地方政府很难鉴别技术企业的能力，一般倾向于选择具有一定口碑的龙头企业、属地企业、具有国资背景的企业，地方政府只能在有限的技术企业中被动地选择。在数字政府建设的中后期，地方政府一旦更换技术企业，将导致前期项目的巨大投入可能成为"沉没成本"。作为"理性人"的地方政府，即使

---

① 《中华人民共和国外商投资法》第二条规定：本法所称外商投资企业，是指全部或者部分由外国投资者投资，依照中国法律在中国境内经登记注册设立的企业。

② 双重股权结构是指将公司的股票分高（superior）、低（inferior）两种投票权。高投票权的股票每股具有 2—10 票的投票权，主要由高级管理者所持有。低投票权股票的投票权只占高投票权股票的 10% 或 1%，有的甚至没有投票权，由一般股东持有。参见屈传建《从阿里巴巴上市看供销合作社发展电子商务的路径选择》，《中国合作经济》2014 年第 11 期。

双方合作出现问题，地方政府为了保障前期的预算投入，往往也会选择跟原来企业进行合作以挽回前期的"沉没成本"，以证明原来决策的正确性。这导致地方政府陷入了被企业"技术套牢"甚至"技术绑架"的风险。浙江省 B 市行政中心科长表示，"由于数字项目在合作中存在技术黏性和轨道效应，很多合作在短期内完成是不可逆转的，政府很难或几乎无法更换合作伙伴。即使是更好的合作伙伴，原来的数据标准参数、数据迁移接口等对接，也需要一笔额外的费用。万一没有谈拢，这个小尾巴可能会产生大祸害，比如数据泄露等问题。所以我们选择企业都是很谨慎的，不然在合作过程中会造成无休止的麻烦"。（访谈资料 A18：20210618）这也正如赫伯特·马尔库塞（Herbert Marcuse）所言，"技术的解放力量—事物的工具化—成为解放的桎梏，这就是人的工具化"①。更为让人担忧的是，这种工具化的过程往往具有隐蔽性，不易被组织和个人察觉。也正如浙江省 B 市审管办党组书记所言："政府和企业最难以把握的是数据，在跟企业合作的过程中，政府需要把数据交给第三方公司进行技术处理、算法分析。在数据处理的过程中，第三方公司就坐在你办公桌对面删改数据，但是政府对此很难进行把控。虽然数据脱敏技术可以一定程度上保障个人信息隐私，但是数据本身的应用价值在脱敏过程中会打折扣，也可能进一步成为敏感数据。没有完美的脱敏技术来应对数据被企业获取的风险。"（访谈资料 A17：20210602）更进一步地思考，当政府处于被俘获的状态时，商业利益和公共利益完全纠结在一起，导致的不仅仅是腐败，更是私营企业以技术作为工具"强行介入"决策过程的风险。

（二）潜在的市场垄断与市场失灵

垄断从进入障碍角度划分为三大类型：市场垄断、自然垄断、行政垄断。② 从目前中国市场发育程度来看，垄断更多表现为行政垄断而非市

---

① ［美］赫伯特·马尔库塞：《单面人》，左晓斯、张宜生、肖滨译，左晓斯校，湖南人民出版社 1988 年版，第 136 页。
② 市场垄断是市场竞争自发形成的结果。自然垄断一般在公用事业领域形成，政府给予某种特许权，但这种特许权亦可以通过公开拍卖引入竞争机制。行政垄断是指，"由法律或政府行政权力直接产生，或由行政权力的滥用而产生的，并受到行政权力支持和保护的一种市场力量及其限制竞争的行为"。参见［美］曼昆《经济学原理》（上册），生活·读书·新知三联书店、北京大学出版社 1999 年版，第 337 页。

场垄断。垄断者通过排斥其他企业进入市场以此制造进入障碍，在市场上保持自身是唯一卖家。① 在地方数字政府建设中，为了数字政府的整体性建设，浙江省政府与 X 互联网头部企业建立长期战略合作关系，具有市场发展的行政垄断风险。X 互联网头部企业拥有技术资源统筹的排他性权利，所触达的数据越来越庞大，加上早期在商业领域大量用户数据的积累，形成了 X 互联网头部企业对腾讯等技术头部企业的市场排斥，形成了平台企业之间的竞争。与其他传统项目相比，数字政府建设项目具有"不同的底座、算法、接口，关系存续的长期性，项目延续性"的特征，导致企业间关系的排他性强、兼容性差，这一定程度上造成了企业的垄断行为尤其是行政垄断的风险，不利于市场资源配置。X 互联网头部企业的生态小伙伴也对这一模式表达了看法："X 互联网头部企业系生态小伙伴需要经过 X 互联网头部企业的业务分包，合作链条很长。我们要项目资金，都得先经过 X 互联网头部企业的预拨。中间经过了一轮环节，周期变长，而且部分业务 X 互联网头部企业肯定要收项目管理费的，所以，对我们生态小伙伴来讲，跟原来我们与政府部门对接相比，生存的空间被挤压了，盈利空间肯定会受到影响，这种归集性的垄断一定程度上对中小企业会有影响。当然，这个也是相对的，中小企业可以通过业务场景应用上的创新对接市、区政府，后面再对接到 X 公司的平台，可以规避部分业务的重复建设。"（访谈资料 B35：20210209）可见，由于数字政府平台要求统一规划、涉及项目内容繁多，不可能由 X 互联网头部企业独自完成，很多时候需要由 X 互联网头部企业来进行分包，对于 X 互联网头部企业的分包生态伙伴而言，这种垄断性只限于部分项目。

市场集中度表征市场竞争或垄断的程度，而政府与独角兽企业的合作，意味着对国内其他技术独角兽公司的市场排斥，行政性垄断风险的产生更为明显，导致市场失灵的加剧。在广东省的调研过程中，M 科技公司总经理表达了这样的观点："浙江省政府与 X 互联网头部企业的战略合作，可以说垄断了市场，肯定是对腾讯等企业有一定影响。这种垄断会造成两者可能的结果：第一个是利益分配不均，造成 X 互联网头部企

---

① ［美］曼昆：《经济学原理》（上册），生活·读书·新知三联书店、北京大学出版社 1999 年版，第 337 页。

业以外的企业特别是省外的企业很难介入浙江省的数字政府建设。当然，X 互联网头部企业虽然很强大，但是它会有业务通过外包的形式给予行内优势企业，只是很多业务要与 X 互联网头部企业先建立合作。第二个是当地大众便利的选择范围被限制。比如，政府选择与 X 互联网头部企业的支付宝接口，就会天然地排斥微信的接口介入。这样，就造成用户获取服务的不均衡，浙江的百姓无法享受微信带来的便利政府服务，只能被迫选择支付宝。"（访谈资料 B15：20210327）因而，在地方数字政府建设的过程中，需要在市场条块和信息调控的基础上，基于国家的价值导向和群众的利益诉求来规范平台互联网企业的市场。比如，2019 年国家市场监督管理总局发布《禁止滥用市场支配地位行为暂行规定》，将互联网公司掌握和处理数据的能力列为新的垄断因素。

三　法律不完善性风险加剧

目前，关于企业运用个人数据、大数据使用的规范性法律、政策规定非常少，导致互联网企业对数据的"过度沉淀"和"过度研发"。数据的过度使用使得企业获得超额的红利，收益超过企业政治行为的成本，这增加了企业政治行为发生的概率。

在地方数字政府建设的过程中，互联网企业便利地使用个人数据产生了系列红利，快捷地开发应用，快速促进服务的供给，但也带来了各种风险。比如：部分互联网企业不加节制采集和售卖个人信息，通过各自精准推动，给个人消费者造成无休止的广告骚扰；信息隐私安全泄露造成公众个人精神和物质的损失等潜在风险。更让人担忧的是，由这些风险造成的成本，互联网企业并不需要为之买单。也就是说，互联网企业在数据使用过程中获利的概率远远大于被惩罚的概率，作为理性的企业，就会变本加厉地进行个人数据的开采，也会增加做出企业政治行为的概率。

现有关于数据使用的法律规定尤其是公私数据界定的法律接近于空白，而地方数字政府建设需要重点关注如下问题：在数据开发前期，政府和互联网企业就技术项目的合作应遵循什么法律规范？参与大数据应用的企业应该具备什么条件和资格？应用政府公共服务数据时要遵循什么原则？在数据开发过程中，政府和技术企业关于大数据使用的界限在哪里？在数据的开发过程中，应由哪个主体负责采集？开发数据的范围在哪里？在数据开发后期，产品的所有权归政府还是企业？数据的使用期限是多长？在调研中，浙江省 C 市某区政务数据局局长表达了类似的担忧："在地方数字政府建设的过程中，采集数据和数据归属是政企合作的重要内容。但是，目前数据采集的立法是空缺的。企业如何界定和处理好自有数据与公共数据的区分和关系，关系到法律责任问题。目前，行业的通常做法是签订一份保密协议，但是，保密协议并不能发挥实质性的作用。在数据流转之初，数据归属是毋庸置疑的，但是数据流动的过程，这个归属就出现模糊化了。"（访谈资料 A20：20210602）由此可见，政府和企业的分工和责任边界需要根据实际进行调整，在一段时间内难免出现"制度着力真空"等现象。

第四节 本章小结

浙江省以数字化转型为牵引打造精准化治理型的数字政府，"最多跑一次"改革是浙江省政府数字化转型的有效尝试，以此为基础撬动其他领域的改革实现政府治理能力和治理体系现代化，并在实践中逐步形成具有代表性的浙江模式。本章以"最多跑一次"改革案例中的政企关系为研究对象，通过参与式观察和深度访谈对案例进行深描，提炼了"企业主导、管运分离"的企业驱动型—战略合作模式。首先，提炼企业驱动型—战略合作模式的内涵。其次，以"结构—行动者—过程"作为分析框架，分析企业驱动型—战略合作模式的内在逻辑。本章认为，浙江省的政府能力、企业优势、营商环境、互动经验等结构性因素，促使浙江省数字政府建设中"地方政府与单一互联网头部企业"主要行动者的形成，也是政府和企业互动过程的基础条件。在此基础上，采用扎根理论建构企业驱动型—战略合作模式的政企互动过程模型，从互动目标、互动机制、互动模式三个核心范畴分析了政府主导型—项目外包模式互动过程，地方政府的"数字化改革、政治晋升、经济利益"的互动目标、企业的"商业利益、政策眷顾"的互动目标，是政企互动的驱动力，决定了政企互动过程的意愿。政企互动目标通过企业驱动的政企合作机制、私营企业的弹性运行机制、互动模式的动态变动机制作用于政企的互动过程，形成了企业驱动型政企互动模式的独特特征及模式优势。最后，总结该模式运行的潜在风险，体现在互联网企业的强渗透、企业"技术绑架"、市场的失灵、法律不完善性的加剧等方面。

相比于上海市的政府主导型—项目外包模式，浙江省的企业驱动型—战略合作模式的政府和企业通过长期战略合作建立了伙伴关系，形成了紧密的战略联盟。其数字政府建设的本质特征是企业驱动下的市场逻辑，企业在决策中期发挥主导性作用，参与决策的程度较高。企业在某种程度上演化为行动的主导者、方案的设计者，政府只是需求的提出方，互联网头部企业在过程中能有效地发挥技术、组织等优势。由于信息和技术的不对称等问题，政府在长期合作中呈现技术无力感表征，企业在合作中的谈判能力逐渐增加，利益的天平日渐倒向企业的一方。因而，该模式呈现出"弱政府—强企业"的特征①，同时具有短暂的局限性，也容易造成"技术绑架"等潜在风险。

进一步拓宽研究的视野，如果将企业驱动型—战略合作模式置于政府和市场关系的研究谱系进行考察，该模式属于"强市场—弱政府"的关系模式。在政企长期互动过程中，我们仍然需要去思考政府和企业之间的平衡关系。当企业过于强势，政府要有意识地通过制度介入相应的领域，从宏观政策上给予市场指导和引导，规避市场的部分失灵。在中国市场的场域中，如上所述，企业驱动型战略合作模式虽然具有优势，在短期内能快速促进数字政府建设，但是，其潜在风险的不足决定了该模式很可能是一个过渡性的模式，会进一步转化为政府主导型—项目外包模式（上一章节）或多元主体型—混合组织模式（下一章节）。当然，政府和市场不是非此即彼的对立性关系，这种对立关系形成两种对峙性的偏见：一种是主张政府大力干预市场的运作，即"政治迷信"；另一种是主张市场免于政府的控制，即"经济迷信"。②事实证明，政府与市场的团队合作关系，可能是一种建立政府与市场良性关系的有效途径。③这

---

① 这里所指的弱政府，并不是指政府能力（含政治、经济实力），而是指政府和企业在互动过程中哪个主体处于主导性优势地位。
② ［美］威廉·大内：《M 型社会》，（台湾）黄宏义译，中国友谊出版公司 1985 年版，第 4—7 页。
③ 任剑涛：《市场巨无霸挑战政治巨无霸："社会主义市场经济"中的政企关系》，《社会科学论坛》2011 年第 7 期。

种团队合作关系可以通过组织的形式得以实现,也就是下一章要重点阐述的多元主体型政企合作模式。在信息不对称、不可缔约、不可证实等约束条件下,通过市场完成交易所耗费的资源可能比组织内部完成同样交易所耗费的资源要多。此时,罗纳德·科斯(Ronald Coase)认为,可以通过企业内部雇佣合同与市场产品合同的交易成本边际替代来确定企业边界,企业制度对市场制度的替代是基于企业内部监督和管理成本以及使用价格机制的成本的理性权衡。① 2019年,浙江省政府与X互联网头部企业达成战略合作,成立了混合所有制的技术运营公司即数字浙江技术运营有限公司,三个国资(省属)企业控股51%〔其中,浙报智慧盈动创业投资(浙江)有限公司控股17%、浙江金控投资有限公司控股17%、浙江易通数字电视投资有限公司控股17%〕,X企业控股49%。② 该实践从侧面印证了企业驱动型—战略合作模式的不可持续性,但是,该模式依然需要我们进行深入分析,一方面是因为,该模式在浙江省数字政府建设中发挥了重要作用;另一方面,随着互联网企业越来越多介入政府事务,把该模式置于中国治理转型的现实场域中,该政企关系模式抑或同样适用于政企关系的发起方为企业,如新冠疫情防控期间私营企业领导的跨部门合作、智慧社区的企业介入等相关领域。

---

① Ronald H. Coase, "The Nature of the Firm", *Economica*, Vol. 4, No. 16, 1937, pp. 386–405.
② 企查查:《数字浙江技术运营有限公司的股份构成》,https：//www.qcc.com/firm/e-7ee745cd32e09746f30b08c1a55ab68.html, 2021年11月4日。

第 四 章

多元主体型—混合组织模式：
以广东省为例①

在中国地方数字政府建设中，由于数字政府建设项目具有信息不对称、创新过程的不可缔约等特点，通过市场完成交易所耗费的成本可能要高于组织内部完成同样交易所需要的成本。罗纳德·H. 科斯（Ronald H. Coase）认为，当市场交易的成本过高时，人们自然倾向于组织成或多或少的、正式化的机构（协会、合伙、有限公司、股份公司等），"企业"的组织样态由此产生。② 换言之，企业组织的产生是一个用"工资等契约类型"代替"价格等市场契约"，力图降低交易费用安排的行为过程③，是有效降低市场的不确定性、复杂性和机会行为所产生的成本，从而有效规避不完善契约成本的可行方案。④ 那么，地方政府会通过什么样的组织载体将企业吸纳其中并加以塑造，从而"为我所用"？多元主体的混合组织是一种有益尝试。广东省率先提出数字政府改革，打造了"粤系列"政务服务品牌。本章首先概述广东省"粤系列"案例，尤其是地方政府与企业通过混合组织的方式共同建设数字政府的过程。基于此，分析政

---

① 本章部分内容使用前期的研究成果。蔡聪裕、邓雪：《制度关系差序格局：混合型组织在中国地方数字政府建设中何以可为？——基于广东省W公司的案例分析》，《湖北社会科学》2021年第8期。

② Ronald H. Coase, "The Nature of the Firm", *Economica*, Vol. 4, No. 16, 1937, pp. 386–405.

③ 孙关宏、胡雨春、陈周旺主编：《政府与企业——政治学视野中的中国政企关系改革》，江西人民出版社2002年版，第25页。

④ Jean Tirole, "Incomplete contracts: Where Do We Stand?" *Econometrica*, Vol. 67, No. 4, 1999, pp. 741–781.

府和企业互动过程中"强政府—强企业"的特征，并进一步提炼多元主体型—混合组织模式。其次，以"结构—行动者—过程"作为分析框架，试图分析地方政府建设项目背景下，多元主体型—混合组织模式的约束条件、行动者特征和具体互动过程，并采用扎根理论的方法对该模式互动过程进行理论提炼，阐述该模式的优势及内在逻辑。再次，对多元主体型—混合组织模式进行全面评价和分析，试图总结该模式运行的潜在风险，为下文该模式政企关系的优化提供支撑。最后，结合经验性材料，将该政企关系模式置于政府和市场关系的研究谱系中，讨论该模式在其他领域的适用性等理论性问题。

第一节 多元主体型—混合组织模式的构建思路

本节将对广东"粤系列"平台案例的事实性材料进行概述，分析"粤系列"数字政府建设中企业介入路径。从"制度关系差序格局"的视角审视地方数字政府的发展，提出"制度关系差序格局"的概念，并对多元主体型—混合组织模式的内涵进行描述，总结模式的具体特征。

一 广东省"粤系列"平台：混合组织的政企共建

（一）案例概况

近年来，广东省深入贯彻落实"放管服"改革要求，提出了构建数字政府建设合作共享的运营模式，数字政府建设取得了阶段性的进展和成效。整体而言，根据2021年5月份公布的《省级政府网上政务服务能力调查评估报告（2021）》[①]，省级政府一体化政务服务能力指数评估中，广东省排名位居全国第一，这是自2018年以来广东连续第三年得分居全国第一。就应用品牌而言，广东省基于广东政务服务网的建设基础，按照民众、企业、公务员三类不同服务对象，陆续推出"粤系列"平台，包含"粤省事""粤商通""粤政易"三大应用。其中，"粤省事"是广

[①] 国务院办公厅电子政务办公室：《省级政府网上政务服务能力调查评估报告（2021）》，http://zwpg.egovernment.gov.cn/art/2021/5/26/art_1331_6343.html，2021年11月20日。

东省数字政府建设的重要成果,成为中国首个集民生服务于一体的微信小程序,该小程序对接公安部"互联网可信身份认证服务平台",民众可以方便享受一站式"指尖办理"服务。"粤省事"已成为全国服务最全、用户最多、活跃度最高的省级移动政务服务平台,截至 2021 年 1 月,"粤省事"注册用户超过一亿,累计业务量达 64.9 亿笔,上线 1716 项服务、89 种电子证照,其中 1237 项服务实现群众办事"零跑动"。① 此外,2019 年 8 月,广东省涉企移动政务服务平台"粤商通"上线,以企业主体为服务对象。截至 2021 年 3 月,累计市场主体用户达 700 万家,超过 50% 的广东省市场主体,已上线服务事项 1062 项,使广东省政府服务企业更周到、广东营商环境进一步优化。② "粤政易"主打政务应用,以实现"掌上政府指尖办、政务协同易办理",截至 2021 年 10 月,已覆盖广东 170 万公职人员,累计开通组织 12 余万个,政务应用 700 余项,应用累计访问量 17 亿多次。③ 在三大平台中,"粤省事"在全国的影响力最大,上线时间最长。"粤省事"建设所取得的成效,为其他省市建设数字政府提供了可供借鉴的样本。因此,本章以广东省的"粤系列"平台建设为例,分析数字政府建设中政企互动的实践过程。

(二) 建设初期的多重梗阻

广东省数字政府改革,其成果的取得经历了建设初期的多重梗阻。根据国务院办公厅电子政务办公室《省级政府网上政务服务能力调查评估报告 (2017)》④,广东位居中国省级政府网上政务服务能力总体排名的第九名。广东省是中国经济第一大省,拥有高科技发展的基础。但为何数字政府的发展与广东省的经济地位和政治地位呈现不匹配的特征?本书追溯至 2017 年广东省数字政府建设的情况,研究发现其呈现出如下特征。

第一,各部门分头管理造成"部门壁垒"。2017 年之前,省级层面的

---

① 南方新闻网:《"粤省事"注册用户突破一亿努力打造广东政务服务金字招牌》,http://www.gd.gov.cn/gdywdt/bmdt/content/post_3220347.html,2021 年 9 月 5 日。
② 人民网:《"粤商通"注册用户超 700 万,上线 1062 项涉企高频服务事项》,http://gd.people.com.cn/n2/2021/0325/c123932-34640123.html,2021 年 9 月 10 日。
③ 粤政易:《粤政易建设成果》,http://yzy.gdzwfw.gov.cn/,2021 年 9 月 21 日。
④ 国务院办公厅电子政务办公室:《省级政府网上政务服务能力调查评估报告 (2017)》,http://zwpg.egovernment.gov.cn/art/2018/4/11/art_1331_5568.html,2021 年 9 月 14 日。

政务信息化工作由省信息中心、省经济和信息化委大数据管理局电子政务处等单位分头承担，缺乏统一的顶层设计。此外，信息技术机构设置分散。除省政府办公厅外，55个省直单位共设立了44个机构承担或部分承担信息化工作职责（如表4－1所示）。多头管理部门和机构设置的分散化，造成了"职责分工的混乱、设置形式的各异、管理层次的复杂及业务系统的封闭"状况，导致信息资源的部门壁垒、宏观统筹的缺乏等问题。

表4－1　　　　　2017年广东省信息化机构设置情况① 　　　　单位：个

合计	承担信息化工作的事业单位				承担信息化工作的内设机构	
	公益一类	公益二类	公益三类	暂不分类	行政单位内设机构	事业单位内设机构
44	29				15	
	14	7	2	6	11	4

第二，各部门自行建设造成"数据孤岛"。各部门以单个项目为中心的传统信息化建设理论普遍存在，立足于自身的管理和服务需求，倾向于建设单个的、小而全的业务系统，造成"数据孤岛"的大量存在。据统计（如表4－2、表4－3所示），2017年，省直单位现有政务信息系统1068个（建设20个以上系统的单位21个，单位系统数最多的达95个）。其中，国家垂直系统19个，省级垂直系统475个，省本级系统574个。320个系统由单位自行维护，473个系统采用外包模式维护。

表4－2　　　　　2017年广东省直单位政务信息系统情况②

系统数（个）					建设资金投入（亿元）	年运维资金投入（亿元）
系统总数	单位系统平均数	国家垂直系统数	省级垂直系统数	省本级系统数		
1068	17	19	475	574	50	1.26

---

① 参见调研资料政策文件F4《广东省人民政府关于印发广东"数字政府"改革建设方案的通知》。

② 参见调研资料政策文件F4《广东省人民政府关于印发广东"数字政府"改革建设方案的通知》。

表4-3　　　　　2017年广东省电子政务基础设施情况①　　　　单位：个

网络隔离				机房重复建设	
业务专网数	部署在业务专网上的系统数	单位自建局域网数	部署在自建局域网的系统数	自建机房的单位数	部署在自建机房的系统数
13	93	25	79	46	447

第三，企业优势发挥不足影响"协同创新"。广东省信息产业发达，拥有腾讯、华为等世界500强企业及全国最强的三大基础电信运营商，却未能有效利用这些企业在基础设施、大数据资源、技术平台、公共服务等方面的突出优势。据统计，2017年，各部门1068个信息系统分散由超过200家规模各异的公司进行建设和运维，这些分散、孤立的企业技术标准不一，服务质量参差不齐，无法满足政务信息建设的集约化需要。

（三）企业介入路径

从2017年的第九名至近三年的连续第一名，推动广东省数字政府建设的原因值得深入分析。基于2017年广东省数字政府建设的不足，通过调研发现，广东省数字政府建设成绩的取得与"管运分离、政企合作"协同机制密不可分，更与W公司作为载体的建设方式紧密相关。

W公司成立于2017年10月，是由腾讯、中国联通、中国电信与中国移动共同投资成立的混合组织。W公司连接着数字政府建设中的生态成员，以此实现政府侧、企业侧、社会侧的协调。该模式是对原来电子政务建设多重梗阻的新突破，W公司产品负责人在调研中表达了该模式推行之初的困难。"W公司通过'数字政府'工具箱，创新了'3+3+3'数字政府建设模式，'粤省事'是W公司成立的首个产品。截至2021年1月28日17时，'粤省事'平台的注册用户超过一亿。也就是说，大约每13个中国人中就有1个人在使用'粤省事'。当然，成绩的取得非常不容易，开发初期，由于产品形态还没出来，政府工作人员对民生政务小程序尚无概念，团队要想尽办法去跟各个政府部门解释和对接，这

---

① 参见调研资料政策文件F4《广东省人民政府关于印发广东"数字政府"改革建设方案的通知》。

中间,多亏有'粤省事'的主办单位也就是省政数局作为我们的靠山,它在过程中发挥了至关重要的作用,在其帮助下,我们才能取得首批政府部门信任,陆续拿下接口。"(访谈资料B13:20210326)

各生态成员在协同机制中的角色和定位,具体表现为:政府侧,省政府裁撤了原来省信息中心及各个厅级信息中心,成立了广东省政务服务数据管理局(简称"政数局")。省、市、县三级都成立了相应机构,由广东省政务服务数据管理局负责组织管理,在多元合作过程中起到关键性的作用,作为该协同机制发起方的政府表达了机制发起的初衷和期待。广东省数字政府改革建设专家委员会成员认为:"2017年,马省长发布《广东省人民政府关于印发广东"数字政府"改革建设方案的通知》,决定了广东改革的方向,就是把原来广东的所有信息中心撤掉,将决策权由发改委转到政数局,成立了规划财务处,作为管理部门;通过成立广东省数字改革的专家委来实现技术管理,专家委起到共同决策的作用。W公司就是建设运营者,其定位是数字政府建设的助手,通过实践保障数字政府建设的落地和执行。总之,政企合作是一种承载方式,是用了信息化这么一个钥匙来撬动政府的改革。"(访谈资料A23:20200325)

企业侧,广东省数字政府建设涉及云、网、数、端等内容的建设和运营,政企合作项目主要分为两类:平台建设与数据治理及应用。[①] 平台建设包含全省政务云、政务大数据中心一体化建设、公共支撑平台三个基础资源平台,用于建立人口、社会应用信息等公共基础数据库,形成统一身份认证、统一电子印章等八大公共应用支撑。这部分基础平台建设主要由W公司负责建设,统筹建设集约化平台。而数据治理和应用部分的政企合作内容,主要包含数据收集、存储、分析、应用、销毁等多个环节,涉及W公司、生态小伙伴企业等多方主体,W公司负责建设运营及数据分析应用工作,旨在推进广东省"数字政府"改革建设各项重点工作,生态合作伙伴负责协作数字政府的建设与运营。《广东省"数字政府"建设总体规划(2018—2020年)实施方案》指出,省内各地参照省"数字政府"改革建设模式,设立"数字政府"建设运营主体,一种模式是与W公司合作,在本地成立办事机构或分公司;另一种模式是成

[①] 马颜昕等:《数字政府:变革与法治》,中国人民大学出版社2021年版,第282页。

立本土运营公司，按照"数字政府"建设总体规划加强与 W 公司合作，协同推动系统整合及省市系统、数据对接等工作。①

社会侧，作为服务对象的民众和企业，用户是数字政府的参与者和受益者，提供了作为数字政府建设的原始数据。如何将反馈信息、用户建议反馈给政府侧和企业侧，显得尤为重要。首先，构建国家级专家智库，对整个广东省的数字化改革管理、建设内容提供统筹规划方案，由 W 公司牵头促进生态合作伙伴的发展。其次，广东省政数局为"粤系列"产品招募"试客"，邀请公众为产品进行"拍砖"，"试客"分为专业和非专业两类，具备计算机、互联网行业背景的专业"试客"实行"入库"管理，从库内随机抽取若干名完成当期任务需求。对于非专业"试客"，从普通用户的角度反馈产品使用体验，提出改进意见。② 通过对两类试客的"拍砖"意见收集，了解企业和群众对"粤系列"在线政务服务平台的感受和诉求，接受社会监督，有针对性地改进平台功能。

如上所述，在广东省数字政府建设中，政府侧、企业侧、社会侧三类主体形成了"管运分离"多元协同机制（如图 4-1 所示）。首先，由省直部门向政数局提出建设需求，省政数局根据规划向 W 公司采购服务，W 公司根据省政数局的要求建设和运营。其次，W 公司把需求转化为实施方案，在生态小伙伴即其他互联网企业的协助下，共同建设数字政府。其中，生态小伙伴承担数字政府建设者和推动者的角色。最后，W 公司收集汇总民众和企业用户服务对象的反馈信息，融入数字政府建设的发展过程，助力于数字政府建设的迭代升级。W 公司在协同机制中发挥着重要的桥梁作用，需要对接"上级"政府的需求，统筹、指导"同级"的互联网生态伙伴企业，收集"基层"的民众及企业服务对象的意见及用户体验。由此可见，W 公司在协同机制中发挥了关键性作用，是广东省数字政府建设取得成功的重要影响因素。本章将以广东省 W 公司作为微观样本，深描"粤系列"项目中的政企关系互动过程，分析该公司何

---

① 参见调研资料政策文件 F5《广东省"数字政府"建设总体规划（2018—2020 年）实施方案》。

② 南方都市报：《"粤系列"政务服务平台诞生首批"试客"》，https://static.nfapp.south-cn.com/content/201912/26/c2933488.html，2021 年 9 月 20 日。

以在数字政府建设中发挥作用、在多元主体的互动过程中如何实现从主体间利益的"多元平衡"到"结合平衡"的转化。

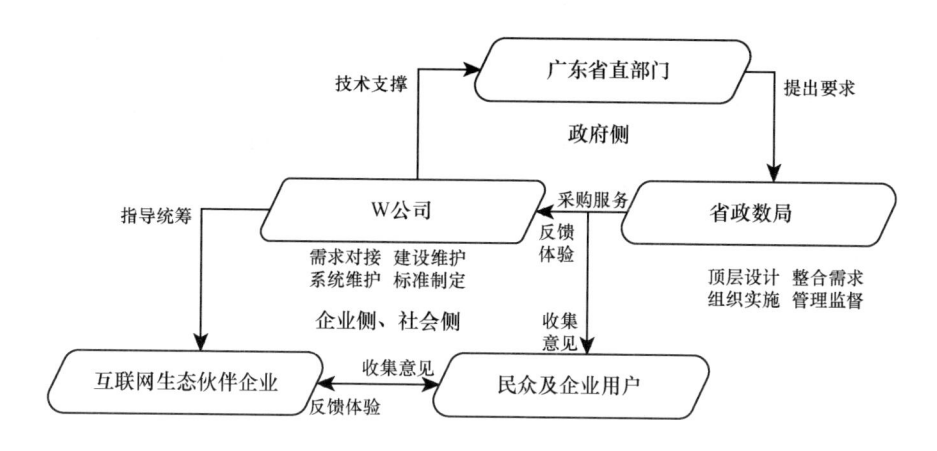

图 4-1 广东省数字政府建设"管运分离"多元协同机制①

二 多元主体型—混合组织模式的内涵描述

在地方数字政府建设的过程中,如何通过一个有效的组织载体既能推动地方数字政府建设,又能有效地规避技术公司带来的潜在风险,成为地方政府亟待回答的问题。企业按照产权性质划分,主要包括国有企业、集体企业、私有企业和三资企业。②地方政府选择与不同所有制组织合作,会产生不同的政企关系。从本质上看,要"市场经济背后的政治逻辑"这一原则贯彻于政企关系的讨论,才能更好理解中国政企关系。因而,要深刻理解多元主体型—混合组织模式的内涵,需要从制度关系的视角来思考中国的市场经济和政治逻辑之间的关系,本章基于中国体制内市场的场域,提炼了"制度关系差序格局"的概念,作为探讨混合组织优势的一个新分析视角,这也是理解多元主体型—混合组织模式的关键维度。

---

① 本图为作者自制,在"W 公司运营模式图"的基础上进行修订。参见王益民《数字政府》,中共中央党校出版社 2020 年版,第 184 页。

② 由于涉及政府数据的安全,政府与三资企业直接合作较少,或通过与国有企业、私营企业合作的间接介入,故而未将三资企业纳入本书的讨论。此外,学者对不同所有制形成的政企关系区别进行划分,参见赵东荣、乔均《政府与企业关系研究》,西南财经大学出版社 2000 年版,第 225 页。

第一，"制度关系差序格局"视角下的混合组织优势呈现。制度关系指因制度而发生、维系或消减的关系，它不同于因人际互动而发生、维系或消减的人格化关系。① 周雪光 2005 年已提及制度关系，他认为，产权是一束关系，产权基础上的关系具有超越其他社会关系网络的稳定性。② 政府、私营企业、混合组织等组织会因不同制度而产生不同制度关系。即使我们认为，多少种制度关系其实取决于观察角度，转换视角可能发现新的制度关系，但是结合已有研究③，本书从宏观视角将制度关系分为三类：第一类是市场制度关系。市场制度关系在市场经济条件下主要表现为商业制度关系。企业遵循的首要制度关系是企业追求利润最大化原则。按商业制度关系逻辑还可以分为德行制度逻辑、自利主义制度逻辑等类型。④ 商业制度关系内嵌于不同的所有制企业，一般而言，私营企业主要以商业制度关系为导向，但是在政府集权的国家，政府和市场的主导制度关系往往在企业组织中共存，也可能表现出潜在冲突。⑤ 第二类是政治制度关系。政治制度关系主要体现为"政府—市场"关系中的政府关系逻辑。借用西方学者威尔逊、古德诺的"政治—行政"二分法，可以进一步分为两类制度关系逻辑：政治制度逻辑、政策制度逻辑。其中，政治制度逻辑是国家整体意志的体现，通常由最高决策层的专家人员进行表达，形成法律法规和大政方针。政策制度逻辑，又称科层制度逻辑⑥，是指在政治制度逻辑的基础上，通常由各级政府制定和执行具体政策得以呈现。第三类是社会制度关系。社会制度关系主要表现为在政

---

① 孟庆国、董玄、孔祥智：《嵌入性组织为何存在？供销合作社农业生产托管的案例研究》，《管理世界》2021 年第 2 期。

② 周雪光：《"关系产权"：产权制度的一个社会学解释》，《社会学研究》2005 年第 2 期。

③ 孟庆国、董玄等学者将主导制度关系的制度逻辑分为四类：商业制度逻辑、政治制度逻辑、政策制度逻辑、社会制度逻辑。参见孟庆国、董玄、孔祥智《嵌入性组织为何存在？供销合作社农业生产托管的案例研究》，《管理世界》2021 年第 2 期。

④ 刘德鹏、贾良定、刘畅唱等：《从自利到德行：商业组织的制度逻辑变革研究》，《管理世界》2017 年第 11 期。

⑤ Marya L. Besharov, Wendy K. Smith, "Multiple Institutional Logics in Organizations: Explaining Their Varied Nature and Implications", *Academy of Management Review*, Vol. 39, No. 3, 2014, pp. 364–381.

⑥ 周雪光、艾云：《多重逻辑下的制度变迁：一个分析框架》，《中国社会科学》2010 年第 4 期。

府和市场之外,社会有其独特而重要的制度关系逻辑,可以进一步细分为血缘性社会网络关系、朋友网络关系、行业生态伙伴关系等各自自成系统的行为方式、规章、认知、原则。①

不同制度关系内嵌于组织结构中,表现为多元关系抑或单元关系。多元关系内嵌于组织,组织参与者通过股份、合同、政策等方式确定多重制度逻辑,组织内部运行与外部组织的合作受多重制度逻辑主导。周雪光最先提出这种观点:由于组织环境中许多关键组织(如政府)无法通过垂直兼并将其内在化,一个企业通过产权的部分出让、弱化、融合等方式与这些组织建立近似于血缘纽带的"圈内关系"。② 根据费孝通提出的差序格局理论即每个人以己为中心向外逐步推出若干圈层,社会关系形成由内及外、由近及远的结构。③ 借鉴周雪光和费孝通的观点,本书认为,不同所有制组织都会嵌入属于自身组织的一束制度关系(类比一束光源);不同组织之间的互动也会形成新的制度关系(可类比不同束光源的交会,形成一束新的光源)。基于此,本书将制度关系差序格局概念界定为:不同组织不仅在本组织内部存在各有区别的制度关系的圈层结构,而且与政府等其他外部关键组织也会存在制度关系的圈层结构。组织内的制度关系往往以组织的核心功能为核心往外拓展形成圈层,组织间的制度关系往往以合作方式为核心形成圈层。组织内部的制度关系会影响组织外部的制度关系,造成不同所有制组织与其他组织的合作关系的紧密程度不同,进而形成组织间的制度关系差序格局。制度关系差序格局会影响组织间的收益和成本,决定着相应主体的行为。在制定关系差序格局中,混合型组织可以将市场制度关系、政治制度关系、社会制度关系内嵌于其中,在中国数字政府建设的场域中具有潜在优势。

第二,混合组织有别于混合所有制企业。乔纳森·G. S. 柯普尔(Jonathan G. S. Koppell)将混合组织界定为一个"由政府创立的实体来实现一项具体的公共政策目标。它全部或部分地由私营个体或企业所有,

---

① Greenwood Royston, Roy Suddaby, "Institutional Entrepreneurship in Mature Fields: The Big Five Accounting Firms", *Academy of Management Journal*, Vol. 49, No. 1, 2006, pp. 27–48.
② 周雪光:《"关系产权":产权制度的一个社会学解释》,《社会学研究》2005年第2期。
③ 费孝通:《乡土中国 生育制度》,北京大学出版社1998年版,第26页。

通过创造效益来负担其运营成本",混合组织的构成要件和逻辑来自三种不同部门,即公共部门、私人部门和非营利部门(社会组织)。① 本书所指的混合组织与柯普尔的定义不同,主要针对国有企业与私营企业按股权组成新公司,不包含非营利性部门(社会组织)。混合组织的概念不同于传统意义上的混合所有制企业,混合所有制企业是由公有资本(国有资本和集体资本)与非公有制资本(民营资本和外国资本)共同参股组建而成的新型企业形式。虽然混合组织的构成要件与混合所有制企业有相同之处,也是由国有企业和民营企业共同出资组成,但是,混合组织的参与主体不只限于出资的企业,还有政府、产业生态链的多元中小企业等多元主体。从组织的目标来看,混合所有制企业核心目标与私营企业没有本质的区别,以追求利润最大化为核心目标,遵循的逻辑主要是商业制度关系。而混合组织的目标不仅包含企业的利益,还包含政府的公共价值、产业生态的良性发展,遵循的逻辑包含市场制度关系、政治制度关系、社会制度关系。因而,关于数字政府建设领域的混合组织的探讨,其内涵和外延要大于混合所有制企业。

综上所述,本书认为,多元主体型—混合组织模式是指从"制度关系差序格局"的视角审视地方数字政府的发展,针对"不同组织内部的制度关系的圈层结构、与政府等其他外部关键组织存在的制度关系圈层结构"这一现实场域,政府、企业、民众的不同主体采用混合组织的载体来实现不同制度关系的互嵌,在互动过程中实现"价值共创"等多维主体的目标。② 在数字政府建设的过程中,既要保证地方政府通过国资控股的混合组织来实现宏观"可控",又要保障企业研发产品的"自主",从而促进地方数字政府的有效建设,推进数字产业生态的良序发展。当然,在广东省数字政府建设的现实情境中,该模式各主体在关系中发挥的作用可能不尽相同,政府在多元主体中依然发挥着关键主体的作用,但不是绝对性的主导者,是一种政府、企业、公众等主体共建的模式;

---

① Jonathan G. S. Koppell, *The Politics of Quasi-Government: Hybrid Organizations and the Dynamics of Bureaucratic Control*, Cambridge: Cambridge University Press, 2016, pp. 21–26.

② 张毅、贺欣萌:《数字赋能可以纾解公共服务均等化差距吗?——资源视角的社区公共服务价值共创案例》,《中国行政管理》2021年第11期。

混合组织在与地方政府的互动中形成了"政企合作、管运分离"的关系，这不同于传统企业对政府的过多依附，地方政府的"管"具有限度，混合组织在互动过程中能保持"运"的主体性和能动性，甚至在某个阶段也可能具有企业驱动型政企关系的局部特征。

第二节 多元主体型—混合组织模式的内在逻辑

上文基于广东"粤系列"平台的事实性案例材料，提炼了多元主体型—混合组织模式，深入描述分析了该模式的内涵特征。本节将从理论层面进一步分析该模式的内在逻辑，主要从"结构—行动者—过程"分析框架的三个维度，来分析多元主体型—混合组织模式的结构条件、行动者特征及互动过程。

一 结构：四要素分析

（一）政府能力

1. 区域经济发展的不平衡

从资源禀赋优势来看，广东省作为中国经济最发达的省份，但是，各市、区经济发展水平不平衡，这影响到省级政府能力。从地理位置上看，广东省地理位置优越、海洋贸易发达，连续32年经济总量位居全国第一位[1]，同时具有毗邻港澳的区位优势。具体而言，广东省下辖21个地级市（其中2个副省级市），划分为四个区域：珠三角为广州、深圳、佛山、东莞、中山、珠海、江门、肇庆、惠州9个地级市；粤东为汕头、潮州、揭阳、汕尾4个地级市；粤西为湛江、茂名、阳江、云浮4个地级市；粤北为韶关、清远、梅州、河源4个地级市。[2] 其中，深圳为副省级市及计划单列市，广州和湛江为中国首批沿海开放城市，深圳、珠海和

---

[1] 钱林霞：《海洋文化精神是广东不断前进的基石——专访广东省企业文化研究会会长、原广东省社科联主席田丰博士》，《新经济》2021年第9期。

[2] 广东省统计局：《广东省统计年鉴2020年》，http://stats.gd.gov.cn/gdtjnj/content/post_3098041.html，2021年10月8日。

汕头为经济特区。各城市之间由于自然和人文因素的影响,造成了各个地市经济发展并不平衡,出现了明显的经济层级。

根据2020年的GDP情况,广东省可以划分为珠三角和非珠三角地区。这两者在经济发展水平上差距显著,即使是在珠三角地区(9个城市),也可以明显地划分为三个梯队。① 如上所述,区域发展不平衡一直是广东发展的最大软肋,区域发展的"核心(珠三角)—边缘(粤东西北)"二元空间结构格局尚未得到根本改变。区域发展不平衡不利于各地数字政府建设的均衡发展,是影响广东省数字政府建设的重要因素。广东省级政府采取"自上而下"的整合集约化方式更适用于整体性政府的推进。相比于浙江省的区域发展不平衡,广东省各市、区的信息化发展不平衡程度更大。

2. 领导的高位推动

广东省政府以"互联网思维"来指导和推进数字政府建设,促进公共行政服务质量提升及数字产业的发展。广东省建立专门的数字政府管理部门,统筹推进数字政府改革。2017年10月,广东省成立省数字政府改革建设工作领导小组,成员单位包括省委改革办、省委宣传部、省政府办公厅等20多个单位;聘请电子政务、安全保密、互联网等领域的领军人物和研究院所、高校、企业、政府方面的专家,组成省数字政府改革建设专家委员会。② 2018年10月,广东省裁撤并调整省直单位内设的信息中心,成立政务服务数据管理局(以下简称"省政数局")。省政数局作为广东"数字政府"的政府方,由省长任"数字政府"改革建设领导小组组长。与之前隶属于省经信委的二级局"广东大数据管理局"不同,省政数局作为副厅级单位,是隶属省政府办公厅的单独部门,局长由广东省政府副秘书长兼任。在机构职能上,广东省政数局负责全省数字政府相关政策、建设规划的起草与实施,省级政务信息化建设的集约化管理与审批,统筹协调省级部门业务应用系统建设,统筹管理政务云等平台。③ 省政

---

① 三个梯队分别指:第一梯队深圳、广州,第二梯队佛山、东莞、中山、珠海,而惠州、江门、肇庆可以归结为第三梯队。参见广东省统计局《广东省统计年鉴2020年》,http://stats.gd.gov.cn/gdtjnj/content/post_3098041.html,2021年10月8日。

② 参见调研资料政策文件F4《广东省人民政府关于印发广东"数字政府"改革建设方案的通知》。

③ 逯峰:《广东"数字政府"的实践与探索》,《行政管理改革》2018年第11期。

数局主要承担数字政府建设的"组织、管理、监督"职能,而具体建设运营由W公司负责。各地市、区县参照省级机构进行改革,成立政务服务数据管理局,省、市、县三级数字政府建设管理机构的设立,强化了纵向工作指导与横向工作协同的力度,有利于"管运分离"机制的建设。同时,省政府将数字政府建设列为全省全面深化改革的18项重点任务之首。组织架构的升级和领导的高关注度意味着行政资源整合能力的提升。加上领导的关注和加持,使省级政府的统筹能力得以提升,改变了原来"地市统筹能力强、省级统筹较弱"的状况。

3. 数字制度体系的完善

广东省坚持顶层设计、规章完善和建设标准化相结合,形成了一体化推进的机制。首先,广东省政府2017年起陆续制定"数字政府"总体框架等顶层设计方案,提出建设目标任务和实施路径。建设规划包括《广东"数字政府"改革建设方案》《广东"数字政府"改革建设工作推进方案》《广东省"数字政府"建设总体规划(2018—2020年)》等(如表4-4所示)。其次,构建"数字政府"建设管理制度框架。广东省建立保障"数字政府"改革建设工作系列管理制度,包括"管运分离"建设营运管理制度、知识产权保护制度、政务数据资源管理制度、网络安全管理制度、信息和数据安全保密制度、网上政务服务管理制度、绩效考核制度等。比如:2021年9月,广东省政府制定了《广东省公共数据管理办法》,明确规定"公共数据作为新型公共资源,任何单位和个人不得将其视为私有财产。对公共数据资源实行统一目录管理,并建立统一的公共数据共享申请机制、审批机制和反馈机制"[①]。该办法有利于规范公共数据采集、使用、管理的过程,数据的规范供给为数字政府建设提供基础条件。最后,构建"数字政府"建设标准规范体系。广东省建立健全了"数字政府"改革建设工作系列标准规范。目前,广东省政数局已就"粤省事"移动政务服务平台、广东政务服务网的有关数据的标识编码、采集和共享等技术和管理内容推出了24项地方标准,制定了"政务服务一体机""粤政易""粤监管"、数据治理等重点地方标准。比如,《政务信息资源标识编码规范》统一规范了"政务信息资源的分类编码原

---

① 参见调研资料政策文件F6《广东省公共数据管理办法》。

则和方法、分类编码、标识符、提供方代码、标识符管理"等内容。

表4-4　　2017—2021年广东数字政府建设顶层设计方案①

2017年12月	《广东"数字政府"改革建设方案》
2018年3月	《广东"数字政府"改革建设工作推进方案》
2018年10月	《广东省"数字政府"建设总体规划（2018—2020年）》
2018年10月	《广东省"数字政府"建设总体规划（2018—2020年）实施方案》
2018年10月	《广东省加快推进一体化在线政务服务平台建设工作实施方案》
2019年4月	《广东省"数字政府"改革建设2019年工作要点》

(二) 企业优势

1. 广东省具有数字政府建设的技术优势

一方面，广东省企业信息化水平较高。从整体上看，相对于上海市、浙江省的企业而言，每百家企业拥有网站数58个、企业拥有网站百分比为59.33%（如表2-3所示），略低于上海，高于浙江。广东省企业信息化水平较高，有利于形成多元主体竞争的市场生态。另一方面，广东省具有互联网头部企业和优良的生态企业伙伴。广东省在数字技术等智能产业综合实力领先国内，头部企业在全国占一席之地、新兴企业增长迅猛。广东省除了拥有腾讯、华为、网易等互联网头部企业和通信企业，还拥有数量众多的如迅雷、荔枝、粤数大数据等新兴技术公司，形成了"百花齐放"的数字产业格局。良好的基础为数字政府提供了技术支撑。在调研中，政府规划咨询企业V公司经理描述了广东省各市、区的信息化发展的现状："广东省自古就是改革开放的发源地，地区相对开放。相对开放宽松的环境，为这边互联网企业的发展提供良好的土壤，也容易产生产业集群。所以，广东省各市区信息化水平都比较高，一般各地、市政府搞信息化建设不愁找技术合作企业。"（访谈资料B10：20210323）

2. 广东省具有产业集群优势和科研基础

广东省区域创新综合能力多年保持全国第一，形成了强大的产业整体竞争优势。在智能、生命、新材料、新能源四个产业战略新兴科技领

---

① 本表为作者自制。

域取得良好成绩,形成了一批国内知名的企业。广东省政府将发展战略性新兴科技和产业作为工作重点。就智能产业而言,通过制定多项战略新兴产业政策来推动广东省在智能产业形成三个产业集群:智能制造产业集群、新一代通信产业集群、区块链与量子信息产业集群。① 在科研基础上,广东省"广深科技创新走廊"建有国家超级计算广州中心、国家超级计算深圳中心、深圳国家基因库、东莞散裂中子源、大亚湾中微子实验室等重大科技基础设施,松山湖材料实验室、深圳先进电子材料国际创新研究院、广东省新材料研究所等新型研发机构。

(三)营商环境

营商环境法治化是良好营商环境形成的重要举措。广东省注重营商环境法治化,促成良好政企关系形成,以此促进产业生态的发展。广东省制定了《建设法治化国际化营商环境五年行动计划》,该行动计划明确提出,"通过对企业规范经营的保护以及对政府服务管理的监督,力争五年努力,基本建立法治化国际化营商环境制度框架"②。根据中国人民大学国家发展与战略研究院发布的《中国城市政商关系排行榜2020》,在省级(含直辖市)政商关系健康总指数排名中,广东省排名第七,位于上海、浙江之后。③ 虽然广东省的政企关系排名与改革"排头兵"有所差异,但是从全国整体的政企关系来看,广东省的政企关系在全国属于第一梯队。区域经济发展的巨大差异使得省内的政企关系的指数差异也较大,比较落后地区的政企关系指数拉低了省内均等化水平。④ 在数字政府建设过程中,广东省通过"全省一盘棋"推进政务云、网建设等基础支撑能力建设,有效地克服省内地区的差异化发展。《广东省"数字政府"改革建设2019年工作要点》明确指出,"统一规划全省政务云,统筹推进欠发达地区的市政务云平台建设……对欠发达地市已上线节点集中纳

---

① 参见调研资料政策文件F8《广东省人民政府关于培育发展战略性支柱产业集群和战略性新兴产业集群的意见》。

② 代中现、曾宪慧:《粤港澳大湾区营商环境法治化建设存在的问题及对策》,《探求》2018年第6期。

③ 聂辉华、韩冬临、马亮、张楠迪扬:《中国城市政商关系排行榜2020》,中国人民大学国家发展与战略研究院报告,2020年。

④ 张楠迪扬:《政商关系与营商环境如何实现双赢》,《小康》2018年第22期。

管。统一规划全省政务外网,推进欠发达地市政务外网示范点建设"①。

(四) 互动经验

互联网企业的商业服务和内部管理模式,经过快速调整后在公共部门得以应用。由于数字政府建设是复杂的系统工程,具有专业性强和技术更新快等特征,依靠传统政府所属的信息管理部门无法完成系统开发、建设和维护,这也是广东省开启数字政府改革的初衷。广东省拥有腾讯、华为等一批优秀的互联网企业,省政府与这部分头部企业在数字政府建设之前就有良好的合作基础。如 2015 年 9 月,广东省政府与腾讯公司在公共服务、产业升级、民生应用以及创新创业等领域签署"互联网+"合作协议,进行深入合作。2017 年 2 月,广东省人民政府与华为签署战略合作协议,双方在云计算、物联网、大数据、智慧城市等新一代信息通信技术研发及广泛应用、融合应用等方面加强合作。②

数字政府改革启动后,其第一份文件《广东"数字政府"改革建设方案》就明确指出:"省政府要注重与其他优秀企业建立紧密合作关系。吸引广大优秀企业共同参与'数字政府'建设。充分发挥华为等其他优秀企业的优势,在数字政府基础设备研发、云平台搭建、应用系统开发等方面发挥各自特长。"③ 在该文件的指导下,省政府通过"管运分离"协同机制搭建了一个数字政府的运营基座,与腾讯、华为及三大基础运营商建立长期的强强合作,可以充分利用互联网企业的商业模式和优势。可以说,在广东省政府的牵头下,政府与互联网企业的跨部门合作转化为混合组织内部层级之间的合作关系,将市场间的交易成本转化为组织内部的薪资酬劳。在这样的背景下,混合组织 W 公司应运而生。W 公司的成立为广东省数字建设提供了技术支持、人才支撑,能充分利用互联网企业的组织优势捕捉和深入挖掘用户的需求,使公共服务资源得到更高效的调配。W 公司将企业的优势技术积累与政务服务应用场景紧密结

---

① 参见调研资料政策文本《广东省人民政府办公室印发广东省"数字政府"改革建设 2019 年工作要点的通知》。
② 南方日报:《广东与华为签署战略合作协议》,http://epaper.southcn.com/nfdaily/html/2017-02/24/content_7620453.htm?from=singlemessage,2021 年 11 月 13 日。
③ 参见调研资料政策文本 F4《广东省人民政府办公室关于印发广东省"数字政府"改革建设方案的通知》。

合,形成了以"粤省事"为代表的"粤系列"平台。而地方政府的专注力则更多集中于宏观调控领域,比如,公共服务的决策规划、市场引导、供给监督等。

二 行动者:"单一政府与多元企业"的主体关系及特征

(一)行动者主体:政府、企业等多元主体

在地方数字政府建设中,政府主导型—项目外包模式涉及政府与多个承包企业的互动关系,企业驱动型—战略合作模式侧重政府与单一互联网头部企业的互动关系,而在本章提炼的多元主体型—混合组织模式政企关系涉及哪些主要行动者?在广东省"粤系列"平台数字政府建设的案例中发现,地方政府和互联网头部企业、互联网生态合作企业、公众等形成了多元主体的互动过程。

理查德·雷恩(Richard Lehne)认为,"政府和企业的关系是一国道德和政治情感的表达,如果坚守这种价值观,就会牺牲政治和经济所必需的动力机制。政府和企业之间本应该成为对方的动力之源"[①]。在广东省"数字政府"改革的案例中,政府和企业互为动力机制,并将多元主体纳入其中,取得初步成就。本书将不同所有制组织的制度关系差序格局置于地方数字政府建设的具体场域中进行分析,政府可以从国有企业、私营企业、混合组织中选择合作对象,不同所有制组织的制度关系差序格局会影响政企合作,产生不同的政企关系,具体表现为如下三种方式。一是与国有企业合作的政企关系。该方式是政府委托国有企业供给公共服务。这种公共服务供给方式的制度关系是单一政治制度关系逻辑,与政府关系最为密切,处在制度关系差序格局的最内圈层。二是与私营企业合作的政企关系。在地方数字政府建设中,地方政府采用外包或者长期战略合作的方式与私营企业进行合作。该模式没有嵌入政治制度关系逻辑及社会制度关系逻辑,主要通过市场制度关系完成项目建设,处在制度关系差序格局的最外圈层。三是与混合组织合作的政企关系。数字政府建设的关键是构建由政府、社会、专业机构、科技企业共同参与、

---

① [美]理查德·雷恩:《政府与企业——比较视角下的美国政治经济体制》,何俊志译,复旦大学出版社2007年版,第57页。

共享治理资源的生态系统。① 在地方数字政府的建设中，混合组织多数通过双边治理或多边治理的方式来完成不同组织赋予的使命，将政治制度关系、市场制度关系、社会制度关系内嵌于其中，混合组织实现了多元制度关系共生。

结合上述观点以及调研发现，广东省数字政府建设涉及的主要行动者有省级政府、互联网头部企业、互联网生态中小企业、市级地方政府、专家及学者、民众及企业用户主要行动者和"粤省事"平台（如图4-2所示）。在互动过程中，广东省政府在数字政府建设中以"事项"为中心，以混合组织为载体，构建"生态化平台"（如"粤省事"）关联中小生态合作企业、用户等多元主体，从而打破了科层制的常规运作方式，通过技术与组织的互动，实现信息和资源的共享。平台为数字生态的产业链发展提供合作的基础，建立数字经济领域政、产、学、研、金、用协同创新、协同发展的生态体系，避免了中小企业的重复开发，形成了良好的生态循环。

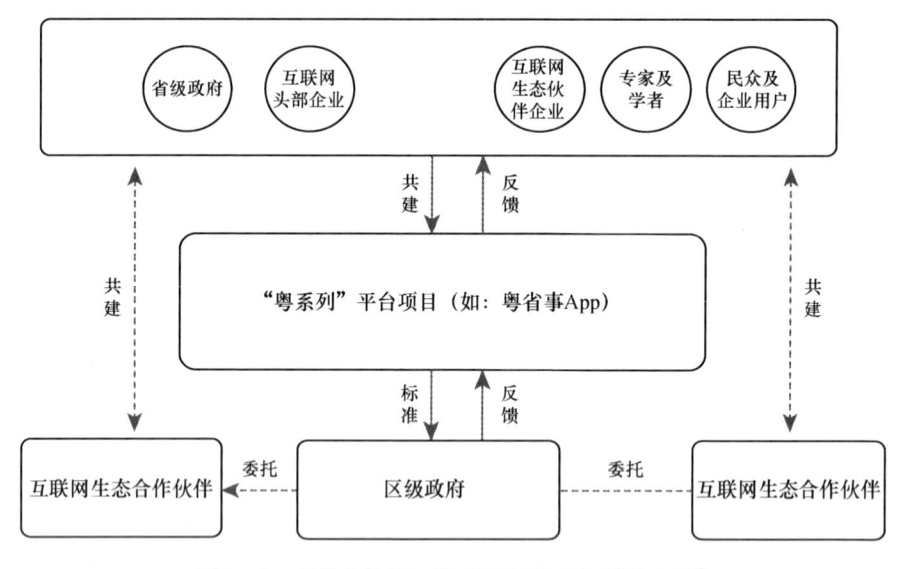

图4-2 多元主体型—混合组织模式主要行动者②

---

① 孟天广：数字政府的理论构建与评估研究于2020年清华大学国家治理研究院年会暨"国家治理的全球视野"学术论坛的观点。

② 图片来源：作者自制。

（二）行动者特征

互联网头部企业的发展推动社会、经济的结构再造，也能促进政府的流程再造。腾讯、华为等互联网头部企业，在与政府的合作过程中具有较强的谈判能力，而广东省政府具有较强的整合能力，两者"强强联合"，通过混合组织的载体来推动数字产业的发展。以强政府与强企业的牵头来形成多元合作平台，共同打造数字生态政府建设。在此过程中，多元主体之间形成了和谐共存的方式。在调研中，广东省政数局干部生动地说明了省政府和W公司等企业的关系。"政府和互联网头部企业合作的初期，省政府确实是借助于'腾讯'的鸡，生下自己的鸡蛋。后来呢，政府又孵出来自己的小鸡（W公司），这只鸡生下的蛋呢，归省政府、腾讯所有。同时，省政府和腾讯会把这一部分蛋送给其他社会主体，社会主体再通过鸡蛋孵出小鸡，慢慢地，鸡越来越多，一个鸡的产业也就慢慢形成。社会主体孵出的小鸡就是各种中小技术公司。"（访谈资料A25：20210324）

与上两章的政企关系模式相比，在多元主体型—混合组织模式中，各个行动者以较为平等和松散的方式参与治理，缺乏绝对权威的核心主体的引领。这使得该模式呈现低同质性、高均衡性的网络关系以及高紧密性、高依附性的结构特征。具体表现在：从"网络关系"的视角来审视地方政府、互联网头部企业、生态合作伙伴等行动者的关系。以同质性、均衡性两个维度来衡量"主体特征"，该模式涉及的主要主体是地方政府、互联网企业、社会组织等行动者的互助协同，主体具有多样性，因而该模式的同质性较低。而判断行动者均衡性的标准体现在不同行动者在共同项目过程中所发挥作用的不同及地位的差异性。政府、互联网企业、社会组织等行动者在地位上相对平等，能够依靠自身的优势能力在合作的过程中发挥积极的作用，促进共同"事项"目标的形成，因而该模式的均衡性较高。

就"结构特征"而言，地方政府、互联网企业、社会组织等行动者作为多元结构，主要依靠混合组织来建立关联，其紧密程度较高。在多元主体型—混合组织模式中，广东省以数字生态政府的生态构建为目标。数字政府生态以数据资源等项目为核心，以政府、互联网企业、社会组织、民众等为主体，实现了主体数据资源与公共资源的不断汇聚，呈现出政府、企业等多主体相互协同的发展态势（如图4-3所示）。这种以资源依赖、共同目标为基础的多主体协调，也使得多主体行动者之间形成了高依赖特征。

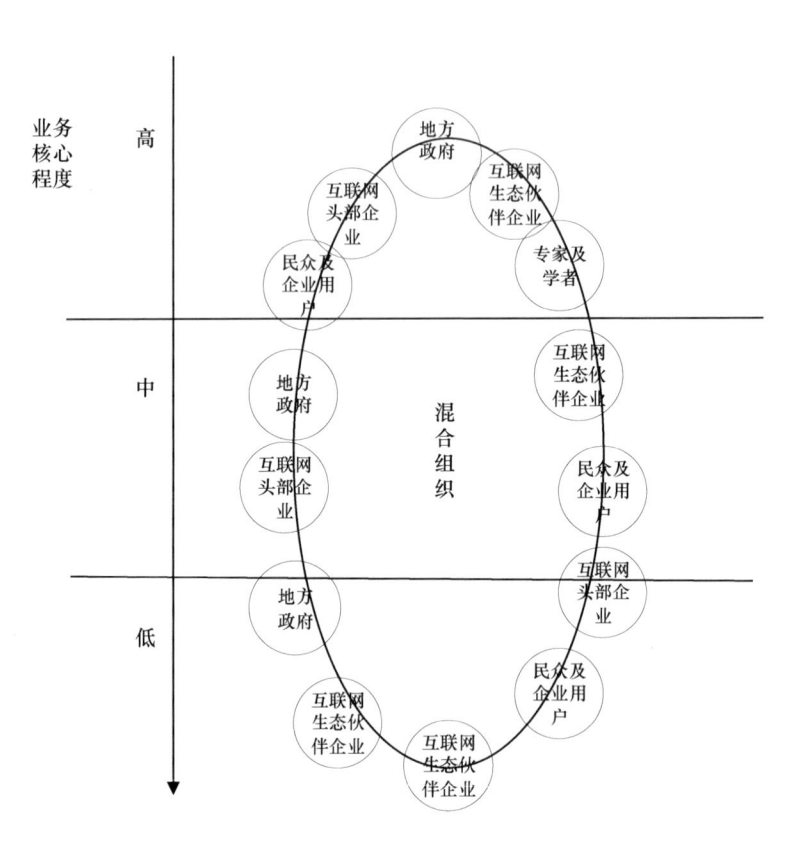

图4-3 多元主体型—混合组织模式的行动者主体结构特征[①]

三 过程：基于扎根理论的多元主体型政企互动过程分析

（一）政企互动过程的要素抽取及关系

1. 样本选取与资料收集

对于多元主体型—混合组织模式的政企互动过程分析，本书采用扎根理论研究方法，选取广东省及相关省级层面的数字政府建设的代表性

---

① 本图为作者自制。

政府和企业人员等42人进行非结构性访谈，整理形成访谈记录文本42份一手的数据资料。同时，收集2017年至2021年广东省政府的权威官方网站、媒体报道、政策内部公文等资料，这些二手资料与访谈文本一手资料相结合，构建研究资料库，为编码、范畴提取与模型构建提供经验素材。

2. 范畴提取与模型构建

本书随机抽取2/3（28份）的访谈文本，借助分析软件Nvivo 12进行辅助编码和资料分析。通过开放式编码、主轴编码和选择性编码对数据资料进行概念化、抽象化分析，提炼出概念和范畴，在此基础上构建模型理论。

（1）开放式编码

在开放式编码过程中，本书首先对访谈文本按照Ai、Bi进行编码，A代表地方政府访谈对象，B代表企业人员访谈对象，i为数字，代表访谈序号（详见附录3）；其次，运用Nvivo 12软件对28份访谈文本进行分析，逐句进行概念化处理和开放式编码，萃取原始语句的概念，形成122个有效概念。对于初步形成的概念按照意义、相同现象的概念进行归纳合并，删除相同意思以及频数小于3的初始概念，在反复推敲的基础上，共得到"服务改革、产业促进、中立性协同、多元关系协调、颗粒度治理"等15个初始范畴。囿于篇幅有限，每个初始范畴仅列一个原始语句，编码示例如表4-5所示。

表4-5　　　　　开放式编码与初始范畴编码部分示例①

原始语句	概念化	范畴化
A23腾讯是广东自己的科技公司，广东还是全国经济第一大省。但是，2007年省级政府网上政务服务能力排名第九。省领导认为，经济第一与服务第九，差距很大。在这个背景下，广东省政府开启了数字政府建设	通过数字政府建设驱动政务服务改革	服务改革

① 本表为作者自制。

续表

原始语句	概念化	范畴化
A24 广东省制定了《数字经济发展规划（2018—2025年)》，里面有提到："争取用5—8年时间，将广东建设成为国家数字经济发展先导区"，省政府想通过成立W公司，吸纳更多的优秀企业共同参与数字政府建设，从而推动数字产业发展	地方政府与企业等多元主体进行互动合作，通过制定产业政策、组织混合组织等方式，促进数字产业生态的发展	产业促进
B10 广东有良好的大数据、人工智能等新兴产业基础。政府通过战略新兴产业政策的制定，能够有效地促进战略新兴产业的发展。新兴产业取得成绩，当地干部自然能够得到上级更多关注	地方政府通过产业佳绩在同级政府的"产业比拼"中获得上级的关注	政治晋升
B18 政府对W公司的定位是提供优质政府侧服务，掌握"数字政府"核心、共性、关键技术（如政府事项流转处理的核心平台，民生、营商、社会治理等政府关注领域的核心能力等），其他外围能力依赖合作伙伴	W公司与合作伙伴分工合作，共同为政府侧提供优质服务	资源共享
B26 地方政府可能有90%的政府数字化项目都是先干活再立项、签合同，采购服务方式审计不关注过程买的不是资产而是服务本身……这个时候W公司就要承担很多成本，先行垫付，传统合作方式肯定行不通，W公司是扛不住的。这样，生态合作伙伴合作方式也就产生了，只能采取抱团、风险共担的方式	地方政府采购转型驱动"风险共担"的生态合作伙伴合作方式的产生	风险共担
B20 互联网头部企业W公司期望走出广东，与合作伙伴联袂、形成共振，如借助腾讯等合作伙伴的产品渠道，增加市场增量。W公司可以多给合作伙伴普及功能点，形成更为完善的生态产业地图	合作伙伴借助于头部企业的核心优势，汇聚产业生态	市场增量
B13 省委书记在开会时候会问我们：你还有什么困难？我的回答都是困难很多，我不需要领导帮忙解决具体的困难，我最需要的是领导的支持。我们公司需要通过领导的支持，才能发挥政府各部门与数字生态企业的桥梁作用	W公司作为混合组织成为数字生态中"牵头组织"的角色	权威性"牵头"

续表

原始语句	概念化	范畴化
A25 数字政府建设所需要的数据在各部门，谁来统筹？除了政数局，W公司作为中立的第三方组织在各部门起到中介、运营的作用，这个协同性的角色还是很重要的，他们技术相对专业，也能让部门人员认可点	混合组织作为中立的第三方组织来承担运营的角色协调政府各职能部门的业务	中立性协调
B14 数字项目正常的流程规范就是政数局给我们（W公司）需求，我们（W公司）就进入相关采购谈判环节，政府可能也没有具体规范化流程、指导性的东西给到我们。我们需要培养自己真正的核心合作伙伴。这个是互惠互利的过程，我们也不吃亏	省政数局、W公司、核心合作伙伴多元行动者在项目开发中互惠互利	共赢性合作
B30 混合组织最大的特点既要听政府的，也要听市场的，还得听生态的。所以，W公司作为新生的混合组织，既是国企控股，保障政府在突发事件发生时管控，又有互联网头部作为运营指导，同时促进数字生态产业。这样，可以最大地降低政府的风险，毕竟数字政府建设是民生项目，完全给市场也不靠谱	混合组织既能保障地方政府对紧急状况的干预，也能发挥市场的盈利机制，推动社会产业发展	兼具多维制度关系逻辑
B14 W公司的成立是有使命的，而且使命是多元性的，……省政府的政治性任务也是有阶段性的，一阶段任务多，我们就以政治为主，一阶段任务少了，我们用市场的逻辑去拓展业务……我们得照顾生态合作伙伴的诉求	W公司除了采取市场制度关系逻辑，还有平衡政治制度关系等多元制度关系	多元制度关系的协调
B06 目前正在推进的是"一件事"主题联办。比如结婚"一件事"，系统软件会提醒办理准生证、儿童医保卡等手续，把结婚相关的证件一次性办理了……个性化的客户服务背后的逻辑是我们企业与各部门通过颗粒度梳理来完成的。我们公司以项目为依托，梳理工作流程，与相关部门对接，后反馈数管局领导，由其牵头各区业务	根据民众需求将事项工作内容细分为若干项目，按照项目制管理方式进行精细化治理	颗粒度治理
B28 我们作为PMO（项目管理部），代表整个公司对关键节点进行把控，对进度、质量、成本去做管理，出现延迟和问题我们会进行预警。同时，对于生态合作部门，我们要进行双向反馈，除W公司内的生态合作部门的反馈以外，还提供相关方式给W公司的项目组成员进行反馈	项目颗粒度的划分后，由企业的项目管理部门进行跟进落实	精准项目管理

续表

原始语句	概念化	范畴化
B14 W公司与生态小伙伴有着较为明确的分工，W公司更多的是发挥底层能力、整个总控、项目管理。合作伙伴或者叫生态，它会更专注于某一项具体的业务，比如税务、人社，W公司是不可能完全去掌握的，生态小伙伴输出的是规划应用能力，本质上我们二者各有分工	W公司围绕"生态共建者"这一角色，与合作伙伴打造数字生态平台	数字生态平台
B20 目前W公司与地方政府的合作，主要通过项目的单一来源采购或招投标完成。项目评估方面，政府会通过第三方评估专家等团队来完成，流程是完整的	构建第三方评估机制来明确多元主体的权责	第三方评估

（2）主轴编码

在开放性编码的基础上，本书获得了15个初始范畴（用"Ri"进行统一编码）。为了厘清多元主体型—混合组织模式互动过程中各要素的关系，利用Nvivo12软件进行聚类分析，并经过多次讨论微调、专家咨询等环节，梳理初始范畴间的关系，归纳出多元主体型—混合组织模式互动过程的6个主范畴："S1 地方政府的互动目标""S2 企业的互动目标""S3 '牵头组织'的统筹机制""S4 混合组织的多维制度关系内嵌机制""S5 '项目处置'为中心的治理机制""S6 数字生态价值网的共建机制"6个主范畴（用"Si"进行统一编码），如表4-6所示。

表4-6　　　　　　　主轴编码与主范畴提炼①

主范畴	初始范畴	内涵解释
S1 地方政府的互动目标	R1 服务改革	地方政府通过数字政府建设推动政务信息化建设体制改革，深化"放管服"改革，构建服务型政府
	R2 产业促进	地方政府通过制定产业政策、组织混合组织等方式，搭建与多元企业互动的平台，以推动数字产业生态的发展
	R3 政治晋升	地方政府以混合组织为载体，推动数字大数据等战略产业的发展，通过产业佳绩在同级政府的"产业比拼"中获得上级的关注，促进其自身的政治晋升

---

① 本表为作者自制。

续表

主范畴	初始范畴	内涵解释
S2 企业的互动目标	R4 资源共享	企业等多元行动主体以混合组织为产业平台，企业可以从长期战略合作中获得与同级政府或上级政府共同参与数字政府建设的机会
	R5 风险共担	地方数字政府建设的趋势是由采购产品转化为采购服务，政府采购方式的转变会导致单一企业无法承担风险，驱动企业构建"风险共担"合作机制
	R6 市场增量	多种主体在合作网络中发挥资源独特优势，通过汇聚产业优势拓展国内市场
S3 "牵头组织"的统筹机制	R7 权威性牵头	混合组织依托政府领导的"权威性"，承担数字生态中的"牵头组织"的角色
	R8 中立性协调	混合组织以第三方中立性组织的名义来协调政府各职能部门的业务，W公司、政数局等多主体形成人员互派机制
	R9 共赢型合作	政府侧、企业侧、社会侧多元主体共同参与数字政府建设，形成共赢合作生态圈
S4 混合组织的多维制度关系内嵌机制	R10 兼具多维制度关系逻辑	混合组织承载着政府、市场、社会三种制度关系逻辑，可以实现多维制度关系逻辑内嵌于其中
	R11 多元制度关系协调	兼顾多元制度关系协调和平衡，实现公共使命、利润导向、社会责任的三重目标融合
S5 "项目处置"为中心的治理机制	R12 颗粒度治理	以"群众需求"为导向，提出具体的事项，把事项工作内容细分为若干项目，多元主体以应用场景推动跨部门数据的共享与协同治理
	R13 精准项目管理	按照具体的项目进行颗粒治理后，承担项目的主体明确时间节点等细节，进行精细化项目跟进和管理
S6 数字生态价值网的共建机制	R14 数字生态平台	发挥混合组织的作用，成立生态合作中心，协调多元主体的数字生态中的诉求和发展，形成"生态共建"的关系
	R15 第三方评估	委托社会第三方开展项目评估，明确地方政府和企业的合作权责

（3）选择性编码与模型构建

本书在上述得出的主轴编码的基础上，采取选择性编码步骤，继续提炼、探讨和验证主范畴的内在关系,采取"故事线"形式的描述方法和策略来梳理和发现核心范畴,最终得出三个核心范畴,进而构建出整个测度指标的理论框架。经过选择性编码,本书将"S1 地方政府的互动目标"与"S2 企业的互动目标"归为"互动目标"核心范畴,将"S3 '牵头组织'的统筹机制""S4 混合组织的多维制度关系内嵌机制""S5 '项目处置'为中心的治理机制""S6 数字生态价值网的共建机制"归为"互动机制"核心范畴。而本书的研究对象多元主体型—混合组织模式作为"互动模式"核心范畴。三个核心范畴的关系表现为:互动目标通过互动机制影响互动模式,核心范畴与主范畴的关系结构形成"多元主体型—混合组织模式的互动过程"模型,核心范畴与主范畴的联结机理如表 4-7 所示。

表 4-7　　　　　　选择性编码与典型联结机理描述①

联结机理	内涵解释
政府的互动目标 企业的互动目标 → 互动目标	政府和企业的不同互动目标共同影响行动者在地方数字政府建设中的互动过程
"牵头组织"的统筹机制 ↓ 互动目标 → 互动模式	政企不同的互动目标以"牵头组织"的统筹机制为载体,影响政企互动模式
混合组织的多维制度关系内嵌机制 ↓ 互动目标 → 互动模式	政企不同的互动目标以混合组织的多维制度关系内嵌机制为载体,影响政企互动模式
"项目处置"为中心的治理机制 ↓ 互动目标 → 互动模式	政企不同的互动目标以"项目处置"为中心的治理机制为载体,影响政企互动模式
数字生态价值网的共建机制 ↓ 互动目标 → 互动模式	政企不同的互动目标以数字生态价值网的共建机制为载体,影响政企互动模式

① 本表为作者自制。

(4) 理论饱和度检验

模型建立后，检验其理论饱和度：编码完成后，本书用剩下的 1/3（14 份）的访谈文本和二手资料进行理论饱和度检验。结果显示，模型中的范畴已相对丰富，暂无新的概念和范畴，因此可以认为，上述理论模型是饱和的。

(二) 多元主体型—混合组织模式的政企互动过程模型阐释

经过访谈文本的扎根理论编码分析、范畴提取与模型构建，本书实现了"多元主体型—混合组织模式的互动过程"构成要素的抽取和要素关系的分析，归纳出多元主体型—混合组织模式的政企互动过程模型（如图 4-4）。包含地方政府和企业两个关键行动者，形成"互动目标、互动机制、互动模式"三个政企互动过程的核心范畴。

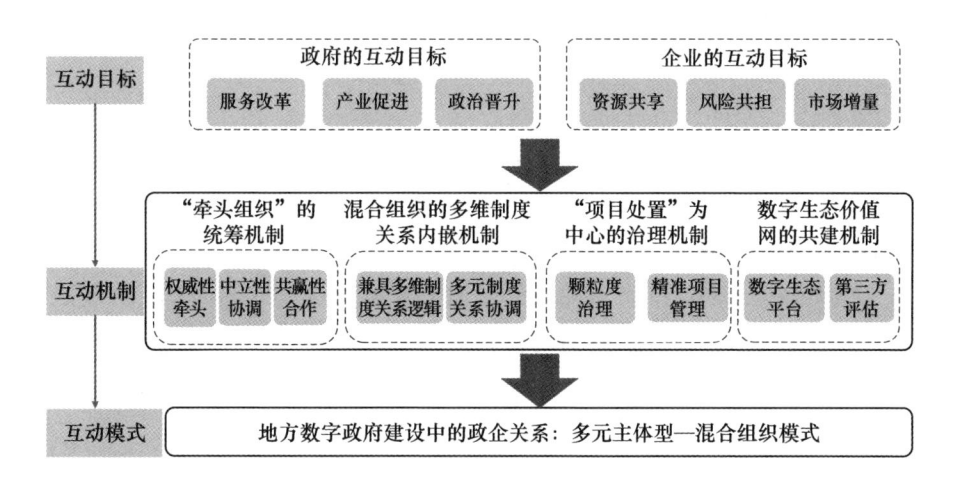

图 4-4　多元主体型—混合组织模式的政企互动过程模型①

1. 互动目标

(1) 政府的互动目标

第一，服务改革。广东省政府以数字政府建设为抓手驱动政务服务改革。广东省政府按照深化"放管服"改革的要求，以企业、群众的实际需求为中心，运用云计算、大数据等新技术手段开展一系列实践探索，

---

① 本图为作者自制。

促进大数据驱动的政务信息化服务新模式的建立。① 在调研中发现,广东省对于"数字政府"的定义为:"'数字政府'对传统政务信息化模式的改革,包括对政务信息化管理架构、业务架构、技术架构的重塑,通过构建大数据驱动的政务新机制、新平台、新渠道……进一步优化营商环境、便利企业和群众办事、激发市场活力和社会创造力、建设人民满意的服务型政府。"② 从内涵上看,广东省数字政府建设的目标是通过对传统信息化模式的改革,实现政府服务的提升,推动服务型政府建设。

第二,产业促进。地方政府在数字政府建设中对企业存在三种角色:业务合作、市场监管、产业促进。③ 与之对应,本书认为,地方政府在数字政府建设中与企业进行合作存在三个不同层次的目标:技术供给、市场有序、产业生态。从微观层面的目标看,技术供给是地方政府和互联网企业开展业务合作的首要短期目标,地方政府通过建立委托—代理关系,利用企业的技术力量来补给地方政府在数字治理领域的技术短缺。从中观层面的目标看,市场有序是地方政府对企业采取市场监管,通过制定政策规则来保障市场秩序的有序,比如,政府通过出台《招投标法》《反垄断法》等法律,进一步提高数字领域政企合作的透明度,防止互联网企业的垄断等不正当竞争行为。从宏观层面的目标看,通过"产业促进"推动生态发展。除产业政策外,地方政府通过技术撬动基层行政服务的数字化改革,通过积极的政企合作,吸纳产业链上的优秀企业共同参与,增大数字产业发展的市场,从而推动数字经济发展升级和数字产业生态的发展。

第三,政治晋升。地方政府干部期待在"产业比拼"中赢得佳绩来获得上级的关注。地方政府干部高度重视大数据等战略产业生态的发展,关注数字等技术的产业布局和产业结构调整,这与国家对战略新兴产业的重视密切相关。自中央政策颁布以来,各地政府随之出台当地的战略

---

① 参见调研资料政策文件 F4《广东省人民政府关于印发广东"数字政府"改革建设方案的通知》。
② 参见调研资料政策文本 F5《广东省人民政府关于印发广东省"数字政府"建设总体规划(2018—2020 年)的通知》。
③ 敬乂嘉:《"一网通办":新时代的城市治理创新》,上海人民出版社 2021 年版,第 160 页。

新兴产业政策,几乎所有地方政府的引导基金都涵盖了中央政府确立的战略新兴产业。因而,聚焦于大数据、云计算、人工智能等领域的新兴产业得到了各地方政府的普遍关注。战略新兴产业政策能有效推动产业的发展,地方政府如果能在战略新兴产业中取得佳绩,当地干部就更容易受到上级以及中央的关注和嘉奖,从而在"政治锦标赛"① 中获得升迁的机会。在此背景下,地方政府通过财政补贴、低价供地、金融机构扶持等政府社会资本②的投入,根据自身地域拥有的人才、金融、信息、技术的特点,出台促进数字技术发展的政策和制度安排,地方政府干部将具有资源优势互补的政府利益诉求与政府社会资本进行需求匹配和管理,促进当地技术头部企业的发展。同时,政府社会资本可以发挥信息传递的积极作用。政府社会资本的投入可以使得中小企业拥有政府的背书,能够利用政府的公信力和影响力来提高自身的社会信用,增加自己的社会声誉,获得无形的信用保证,从而推动企业与社会多元主体的融资筹资等多领域合作。从总体上讲,地方政府干部可以通过政府社会资本来实现产业推动的目的,克服集体行动的"囚徒困境",从而更好地促进地区经济发展,实现地方政府干部个人理性和政治理性的统一。

(2) 企业的互动目标

第一,资源共享。在多元主体型—混合组织模式中,多行动主体之间形成了生态合作的关系,具有"开放、协同、共享、共赢"等特征,生态伙伴之间是平等的参与主体。一方面,W 公司作为主要行动者,除了获得利润收益,还需要承担协同的角色。W 公司是数字政府建设的协同者角色,正如在访谈中,W 公司经理阐述了对生态的定位和希望:"W 公司是改革产物,W 公司在提高自身能力基础上与合作伙伴合作,双方是互补关系,W 公司在其中扮演中间人的角色,W 公司内部在对政府谈判的时候,应有上下衔接的思维。"(访谈资料 B18:20210206)另一方

---

① 周黎安:《中国地方官员的晋升锦标赛模式研究》,《经济研究》2007 年第 7 期。
② 科利尔(Coltier)区分了政府社会资本与民间社会资本,他将政府社会资本定义为,"影响人们互利合作能力的政府制度,即契约实施、法治和政府允许的公民自由范围"。与此相对应的是"民间社会资本"(civil social capital)概念,它包括共同价值、规范、非正式沟通网络以及社团型成员资格等方面。参见曹荣湘选编《走出囚徒困境——社会资本与制度分析》,上海三联书店 2003 年版,第 296 页。

面,省政数局、W 公司和生态合作企业具有资源优势互补的需求。W 公司作为数字政府产业平台的主要运营方,兼具科技与平台两大属性。"科技"属性体现在:强化自身技术能力,凝聚科技力量,积累核心技术优势,为其他生态合作企业提供通用能力。"平台"属性体现在:打造产业平台,与其他进行云平台应用开发的公司进行合作,汲取优秀建设成果,整合生态资源,全面提升数字政府建设运营服务能力,助力数字中国建设。"省政数局缺的是场景需求对应的技术平台;W 公司可以接触各政府厅局丰厚的数据和场景,缺的是技术与场景的结合;生态拥有业内先进的技术,但缺少应用场景。把 W 公司的场景与生态技术结合,带领生态走出广东,提升生态合作伙伴的能力,这是 W 公司能为生态带来的最大价值。"(访谈资料 B18:20210206)

第二,风险共担。地方政府由采购产品转化为采购服务是数字政府建设的趋势,政府采购方式的转变会导致单一企业无法承担风险,促进数字生态合作机制的形成。"采购服务的转变意味着什么?比方说云计算 Saas 的概念,你(企业)把软件定制好,政府去租这个软件。该模式又称为'定制软件租赁服务模式'。在这个过程中,政府与 W 公司变成租赁关系,W 公司跟合作商(现在的生态合作企业)之间还是采用传统开发模式、商业模式、采购模式,会面临很多问题。举个例子,政府侧提出来软件开发的一个项目,以前的话,政府侧 100 万从 W 公司采购,W 公司把里面一部分 30 万分包给合作商。验收后,政府再把 100 万给 W 公司。那么问题来了,政府不给 100 万,分 3 年每一年给 33 万多。多个合作商的成本一年肯定超过 33 万,这个时候 W 公司就要承担很多成本,先行垫付,实际上对 W 公司造成现金流的压力。"(访谈资料 B26:20210208)所以,基于政府采购方式的转变,数字生态企业需要采用"背靠背"风险共担机制,形成"生态合作伙伴管理系统"。也就是说,生态合作伙伴针对政府需求联合制定解决方案、共同研发、共同推进,形成"收益共享、风险共担"机制。

第三,市场增量。按照《W 公司发展战略规划(2021—2025)》,W 公司第三阶段目标是,"加速发展,布局全国。以实现平台引领为主题:支撑广东省数字政府改革建设持续全国领先,打造国内领先的数字政府产业平台，以产业平台赋能生态，引领生态走向全国"①。"生态走向全国"才能为生态合作伙伴提供更多市场增量。由于W公司成立才近三年时间，如何与政府、企业形成良好的数字生态，还处于摸索阶段。如在调研中，有生态合作企业提及W公司与生态合作伙伴的界限、产品的版权被侵犯、生态企业进入的门槛等问题，"W公司期望走出广东，与合作伙伴联袂，建立更为完善的生态产业地图，避免合作伙伴过于同质化问题，不然可能导致合作伙伴方离开W公司的底座在其他地区会产生区域性不足。同时，W公司要提升其核心业务能力，不能只是在与合作伙伴中做转手，这样，其他生态伙伴是不服气的。"（访谈资料B20：20210207）确实，在合作网络中，各主体的资源独特优势是其合作的基础和前提，W公司可以借助其本土互联网头部企业的核心技术优势，将核心业务继续聚焦于数字政府的综合建设运营；在此基础上，汇集产业生态，推动广东数字经济产业集群的发展。比如，W公司与腾讯云共同拓展市场增量，截至2019年，腾讯云已与22省共建数字政府新生态，拥有4000多个合作伙伴。②

2. 互动机制

在地方数字政府建设中，数字项目的创新性伴随着风险的提高，以混合组织为载体的建设运营模式可以把市场风险转化为组织内部风险。W公司由国有企业和私营企业组合而成混合组织，能够充分发挥国有企业和私营企业的各自所长。在政府、W公司等多元主体的互动中，呈现如下互动机制。

（1）"牵头组织"的统筹机制

第一，权威性"牵头"。广东省政府发布的《广东"数字政府"改革建设方案》明确指出，"整合原省经济和信息化委大数据管理局电子政务处、省信息中心等机构编制资源，组建政数局；腾讯公司与三家基础电信运营商研究组建W公司，启动"数字政府"一期云平台设计和建设工作"③。这意味着在广东省数字政府建设中，政数局是整体性政府的代

---

① 参见调研资料政策文本F10《W公司发展战略规划（2021—2025）》。

② 经济日报：《腾讯云与22省共建数字政府新生态》，http://www.ce.cn/xwzx/gnsz/gdxw/201903/01/t20190301_31594580.shtml，2021年10月11日。

③ 参见调研资源政策文本F4《广东省人民政府关于印发广东"数字政府"改革建设方案的通知》。

表，而 W 公司是专业化的建设运营中心。W 公司作为混合组织成为了数字生态中"牵头组织"的角色，一定程度上代表政数局进行日常的数字政府建设运营。需要说明的是，统筹机制与多元主体的协调治理并不冲突。从理论上讲，协同治理是对传统政府管理的延伸，是对跨边界行为实施管理的新模式，其本质是对管理行为的多重复合。[①] W 公司的运行如何与传统政府衔接也关系到数字政府的生态建设。在调研中，笔者也发现 W 公司的"权威性"至关重要。"我们需要省委书记在各种大会跟我们各职能部门干部反复强调：'W 公司打造的粤省事，不仅仅是一个公司打造的便民软件产品，更是省领导的指挥室，也是你们政绩展示窗口，做好了都是你们自己的（政绩）。'"（访谈资料 B13：20210326）

第二，中立性协调。在数字政府建设过程中，各职能部门的利益难以得到确权、利益难以协调，出现了各种"数据壁垒"等问题。混合组织作为"中性组织"，不会受到传统组织机构的路径依赖的影响，以第三方中立性组织的名义来承担运营角色，以此协调政府各职能部门的业务，可以以更为中立的视角来看待各职能部门涉及的利益分配。同时，W 公司、政数局等多主体形成了人员互派机制，可以促进多元主体在项目建设中的无偏性、科学性。人员互派机制具体体现在：一方面，政数局派员驻场 W 公司，提高指挥协同工作效率，加强对项目评估、立项、实施、运营、验收等方面的监督指导，规范项目立项预算、成本核算、效益评估，及时沟通协调日常工作，跟进项目建设进展情况，确保 W 公司按政府需求及有关规定推进项目建设，提高项目实施质量和政府投资有效性。另一方面，W 公司派员驻场省直单位服务。由 W 公司派员驻场省直单位，协助省直单位梳理提出政务信息化建设的系统功能需求，提供现场运维和技术保障服务，主要包括运行环境维护、系统优化改造维护、业务辅助运营服务等，并对系统故障类需求实现即时响应，从而及时有效开展省直单位系统运维。此外，从社会侧的参与行动者来看，广东省数字政府运营中心的研发团队汇聚了云计算、人工智能、大数据等多领域的高科技专家和人才，为数字政府建设提供"智库支持"。因而，作为中

---

① 敬义嘉：《合作治理——再造公共服务的逻辑》，天津人民出版社 2009 年版，第 183—185 页。

性组织的 W 公司，其混合组织的属性可以有效地降低政府和企业之间不确定性、机会主义和复杂性所产生的成本。[1]

第三，共赢性合作。以往协调机构在政府各职能部门中往往以临时性机构或委员会的形式存在，缺乏"工作抓手"，其协调的效果取决于领导者的能力、魄力。广东省政数局依托省政府办公厅，可以有效规避单个机构资源调动能力有限的问题，从而统筹协调各职能部门的工作。其营运中心具有极强的资源调度能力，立足于构建数字政府建设的合作生态圈。在广东省数字政府建设中，多元主体包含政府侧的政数局以及各职能部门，政府侧依托企业侧、社会侧主体共同建设数字政府；企业侧包含 W 公司、腾讯、联通、电信、移动、华为等企业，以及聚集应用开发商、信息安全公司、数据治理公司等各类生态合作企业，企业侧主体发挥各自专长，共建数字政府合作生态圈；社会侧方面，作为服务对象的民众和企业，服务对象用户是数字政府的参与者和受益者，反馈数字政府建设的意见建议。如上所述，广东省数字政府建设的多元主体，在合作生态圈与合作伙伴共同发挥各自优势和特色，形成了相互依存、共赢合作的关系。

（2）混合组织的多维制度关系内嵌机制

第一，兼具多维制度关系逻辑。W 公司作为混合组织，承载着政府、市场、社会三种制度关系逻辑，将多维制度关系逻辑内嵌于其中。一方面，W 公司股权构成决定了要实现多元股东主体的平衡。W 公司共有 13 个股东，包含 7 名董事、1 名经理、5 名监事。[2] 这种组织形式可以实现从"多元平衡"向"结合平衡"转化，也就是说，原来的"先要……然后要……"的逻辑向"既要……又要……"的逻辑转化。混合组织的形式既能保障 W 公司在日常能借用互联网思维进行运营，实现其市场制度关系逻辑，又能保障政府通过国企控股的方式，在突发事件或重大决策时对 W 公司进行干预，保障其政府政治制度关系逻辑的实现。同时，政

---

[1] Michacl P. Dooley, "Two Models of Corporate Governance", *Business Lawyer*, Vol. 47, No. 2, 1992, pp. 461 - 527.

[2] W 公司股东代表的资料来源：企查查，https：//www.tianyancha.com/sstaff/3103331280 - cab9。

府通过 W 公司为纽带来推动数字生态企业的发展，实现其社会制度关系逻辑。该股份的构成方式符合经济学的相机治理理论①，可以最大限度地规避风险。

另一方面，构成混合组织的多元主体间具有相对独立性，本质上是平等的契约关系，改变了传统政企关系的上下级关系，企业不再依附于政府主管部门，地方政府对企业具有有限的权力。同时，各主体角色具有明确性，在各自层次的职能实现了分化，改变了传统政企关系中政府与企业的角色模糊的问题。为了促进多主体之间的良性互动，广东省政府通过成立战略领导小组，省政府、本土互联网头部企业、W 公司等主体间互相制约的制度设计，形成"三权分置"的格局。这正如 W 公司产品负责人所言："数字政府改革过程中，W 公司的模式实际上是政府通过科技公司的力量搭建数字政府底层框架，在技术方面去做一个搭台。W 公司成立之初，本土互联网头部企业在 2017 年、2018 年以及 2019 年开始的时候，不惜成本地投了大量的人力、物力，帮助我们（W 公司）把'粤省事'等粤系列产品给打造出来。"（访谈资料 B13：20210326）

广东省数字政府改革建设专家委员会成员也认为，"省政府在政企合作方面，设计了互相牵制的微妙机制，省政府设立了数字政府的作战指挥部，其成员是'局班子组成员 + 互联网头部企业领导'。华为虽然不是 W 公司的股东，但是，省领导给该头部企业开了一把'尚方宝剑'，它有一票否决权，凌驾在腾讯、W 公司之上。该头部企业作为裁判员，与省办公室一起做决策，提交省领导。其话语权甚至高于局里的领导，因为局里的大处长没有决策权，不能向省领导汇报。所以，省政府有管理权，W 公司有运营权，华为有否决权，这种'三权分置'格局促进多元主体的共同发展"（访谈资料 A23：20210325）。

第二，多元制度关系的协调。混合组织在微观层面上实现了政府和

---

① "相机治理理论"由迈克尔·C. 詹森（Michael C. Jensen）最先提出，他认为，负债本金及利息的支付减少管理者可支配的资金，从而限制管理者的投资过度行为，称负债的这种作用为相机治理作用。也就是说，在企业正常运行的时候，由企业家负责日常经营；当企业出现运行危机时，则由资本所有人进行控制。参见 Michael C. Jensen, William H. Meckling, "Theory of the Firm: Managerial Behavior, Agency Costs and Ownership Structure", *Journal of Financial Economics*, Vol. 3, No. 4, 1976, pp. 305–360.

企业分合统一,是"既分又合、分合统一"的状态,这有助于形成政府和企业的良性互动。混合组织能够将公共部门所有权与私人部门利润导向的组织结构结合起来,不仅要保护商业,还要维护所认定的公共价值,实现双重目标甚至多重目标。① 通过实地调研发现,W公司在日常运营过程中采用市场制度关系的逻辑,也是以利润为导向的公司,但是相比于私营企业,受到政府的引导程度更高,需要高频率地向地方政府汇报,也更容易获得单一采购来源等政策倾斜的机会;同时,由于W公司因政治制度关系逻辑而成立,在后期的规划和发展过程中,需要兼顾多元制度关系的平衡,实现公共使命、利润导向、社会责任的三重目标融合。W公司副总经理的一段话生动地描述了这样的一种平衡的"艰难",但也正是这份"艰难",凸显了混合组织的优势。"W公司的成立是有使命的,而且使命是多元性的,所以其实我们活得很艰难,第一,省政府的政治性任务也是有阶段性的,一阶段任务很多,我们就以政治为主,一阶段任务少了,我们用市场的逻辑去拓展业务,考虑日后的盈利问题,考虑如何在其他省份进行业务的复制推广。第二,我们得照顾生态合作伙伴的诉求,你不能把人家(生态小伙伴)的业务都占了。而且,W公司(它)也是一家企业,是需要盈利的,你要商业又要政治又要生态,你怎么平衡?我在做公司的规划的时候,就一直在思考这个事情,W公司确实应该有自己的价值主张,要形成自己的核心竞争力。"(访谈资料B14:20200326)

(3)"项目处置"为中心的治理机制

第一,颗粒度治理。传统以职能/权力为中心的协同机制很大程度上不能适应快速变化的超大规模社会,需要通过不断新设协调机构来适应,但是效果并不明显。相对于政府的价值、体制、机制,企业以效率为核心的协调机制呈现出高效、灵活的组织机制,但是,其缺乏约束的自利行为也是带来损害性结果的重要原因。以"项目处置"为中心的颗粒度治理在一定程度上能够打破这种"两难处境",形成新型的政企合作协同机制。

---

① [瑞典]朱塞佩·格罗西、安娜·托马森:《弥合混合型组织中的问责鸿沟:以哥本哈根马尔默港为例》,张敏、李云晖、陈叶盛译,《国际行政科学评论》(中文版)2015年第3期。

在广东省数字政府建设中，省政府重点强调，"推进政务服务事项标准化、规范化建设，完善政务服务事项的目录管理系统，建立健全事项动态管理机制"①。从文件可知，以事项为核心构成了广东省数字政府建设的抓手，结合笔者在"粤省事"子模块开发过程的调研、观察，本书提出了"颗粒度治理"的概念。颗粒度治理的核心内容是：以"群众需求"为基础，提出具体的事项，多元主体以应用场景推动跨部门数据的共享与协同治理，打破科层制的常规运行方式。具体的操作流程是，把事项工作内容细分为若干项目，按照具体的项目进行颗粒式梳理，明确时间节点等细节，按照项目制管理方式进行精细化治理。如一些城区探索企业开办"一件事一天通办"，联动市监、公安、税务等相关审批部门，从流程再造、系统整合、数据共享等方面进行改革破题，实现表单信息一次采集等。②此外，以群众办事习惯为导向，以颗粒度治理方式管理项目，推出了自然人、法人全生命周期服务等改革创新，后续将陆续推出"出生一件事""就业一件事"等行政服务事项。颗粒度治理所呈现的"新型政企合作协同机制"有别于传统组织部门的协调机制，该机制具有最低限度的规则和结构，具有非正式的、开放式的、自组织的特征。政府只是网络合作中的一个合作伙伴，企业等社会组织以网络信任为机制被快速纳入其网络中。

第二，精准项目管理。针对公众的服务需求，政府、企业等行动者通过政企协作会商提出具体工作场景的项目，继而由企业的项目管理部门进行跟进落实。政数局等政府主体与企业通过常驻和临时派驻相结合的方式，具体业务经办同志、骨干技术人员定期召开会议，就"数字政府"改革建设工作中的重要事项进行会商。③"目前，W公司与政府的沟通比较密切，一般每两周跟省政府汇报一次，进行需求对接等沟通。"（访谈资料B13：20210326）"我们作为PMO（项目管理部），代表整个公

---

① 参见调研资料政策文本F11《广东省加快推进一体化在线政务服务平台建设工作实施方案》。

② 蔡聪裕：《数字化转型助推基层政府公共服务提效》，《中国社会科学报》2021年1月6日第8版。

③ 参见调研资料政策文本F4《广东省人民政府关于印发广东"数字政府"改革建设方案的通知》。

司对关键节点进行把控,对进度、质量、成本做管理,出现延迟和问题我们会进行预警。"(访谈资料 B28:20210208) 在政府侧主体方面,围绕数据共享开发的目标,广东省试行首席信息官制度。广东省于 2021 年 4 月发布《广东省首席数据官制度试点工作方案的通知》,正式推行首席数据官制度试点,通过创设首席信息官(CIO)制度,推动跨层级信息共享和业务协同,推进数字政府建设。① 首席信息官制度的试行,将为颗粒度治理提供更为良好的数据基础,从而塑造更加灵活和有弹性的整体政府形象。

(4)数字生态价值网的共建机制

首先,数字生态平台。数字政府的核心内容是构建一个数字平台和生态系统,使政府、企业和公民等行动者在其中能够"和谐共处并各取所需"。② 在地方数字政府建设中,地方政府往往以促进产业的数字化转型为宏观目标,通过优势技术公司作为纽带来促进整个数字生态企业的发展,从而发挥混合组织的社会制度关系的作用。调研发现,广东省政府拟通过 W 公司打造一个数字生态平台,W 公司围绕"生态共建者"这一角色,专门成立生态合作中心。该中心致力于建设、运营生态合作价值网。通过合作伙伴招募计划和生态学院,形成生态伙伴库,目前有 1700 多家企业作为生态合作伙伴共同参与,建立生态舆情监控体系,积极解决合作伙伴合理诉求,提升合作伙伴满意度。通过数字产业链的培育,W 公司一定程度上保障了社会制度关系逻辑的实现。调查显示,78.8%的受访合作伙伴认为,"数字政府"改革对其参与广东省政务信息化建设机会、公司核心竞争力提升、人力结构优化、团队执行力提升等方面带来积极影响;44.7%的企业在广东市场的营收增加,业务实现蓬勃发展。③ "W 公司与生态小伙伴有着较为明确的分工,W 公司更多的是发挥底层能力、整个总控、项目管理。就比如说,我们的云网速、云资

---

① 参见调研资源政策文本《广东省首席数据官制度试点工作方案的通知》,http://www.gd.gov.cn/zwgk/wjk/qbwj/ybh/content/post_3281723.html,2021 年 9 月 10 日。

② 北京大学课题组、黄璜:《平台驱动的数字政府:能力、转型与现代化》,《电子政务》2020 年第 7 期。

③ 参见调研资料项目资料 E1:笔者依托某知名政府规划咨询公司开展"W 公司生态合作分析"项目的阶段性成果。

源、网络数据甚至安全防护，在 PaaS 层，我们会提供统一身份认证、统一物流、统一支付。相对来说，我们是公共服务性质的能力输出。生态合作伙伴会更专注于某一项具体的业务，比如税务、人社。W 公司是不可能完全去掌握的，生态小伙伴输出的是规划应用能力，深入这种业务细节里面去，做出规划应用层的产品。本质上我们二者各有分工，并不矛盾，但是需要不断磨合。数字政府的建设是一个庞大的工程，我们希望成为生态共建者。"（访谈资料 B14：20210326）

其次，第三方评估。广东省构建第三方评估机制来明确多元主体的权责，以此保障数字生态价值网的构建。广东省政数局委托第三方进行数字政府建设的评估，具体包含统筹推进机制、数字化支撑能力、数字化服务能力和创新情况四个方面。统筹推进机制重点考量各地各部门如何推进数字政府改革建设方案，数字化支撑能力重点考量实施数据支撑的基础设施及能力，数字化服务能力重点考量通过数字化向企业和公众提供服务的能力（如政务服务好差评制度等），创新情况侧重考察部门在公共服务、数据驱动等方面的创新能力。[1] 通过第三方评估机制，可以进一步优化地方政府和企业的合作权责，在此过程中也充分发挥公众等社会主体的作用。

第三节　多元主体型—混合组织模式的风险扫描

多元主体型—混合组织模式具有多元制度关系的协调等优势，能够通过混合载体来保障多元行动者的利益，实现政府"可控"和企业"自主"的关系平衡。但是，该政企关系模式也伴随着系列风险，本节将主要扫描多元主体型—混合组织模式的潜在风险，主要表现在："利益联盟"与腐败风险、复杂博弈与主体问责难题、数字生态破坏的风险加剧等。

---

[1] 王益民：《数字政府》，中共中央党校出版社 2020 年版，第 186 页。

一 "利益联盟"与腐败风险

(一) 政企合作"利益联盟"

多元主体型—混合组织模式的重要优势在于"利益共享、风险共担"。"利益共享"体现在政府通过项目实现公共服务、产业推动等目标,企业等社会组织以"项目标的"获取收益,服务对象的公众和企业通过互动过程获得更优质的公共服务。"风险共担"体现在政府与企业等多元主体按各自优势来承担不同风险,且承担的风险与利益挂钩。而这种优势特质蕴含着其潜在的风险。

1. 权力分享的合法化风险

在地方数字政府建设中,企业等非公共主体往往需要分享政府的行政权力,这形成了对于传统行政权力高度集中的政府权能和问责体系的解构。相比于其他模式,在多元主体型—混合组织模式中,企业等多元主体被赋予更多的主动权,当企业合作者以"政府行为者"的角色开展数字项目建设,这意味着政府要为这些多元主体的行为负责。而地方政府往往以任务和权威、垂直等级控制体系为载体,从理论上讲,政府作为授权者缺乏协同和平等民事主体双重角色的理论基础。[①] 一旦项目失败,此时的政府就变成企业等市场行为主体的"人质",承担起相应的"背锅"风险,这导致市场纪律的软化。一旦地方政府无法承担这部分失败的风险,公众的权利将无法得到保障。因而,政企合作所形成的公私部门对权力的分享,是基于实用的需要,体现了新公共管理运动所提倡"有效性、效率、经济性"的价值,但是忽略甚至侵蚀了公共服务供给中的政治和公共价值。相对于"法无规定即合法"的企业组织行为逻辑,地方政府往往具有"法无规定即非法"[②]的行为逻辑,当企业行为的灵活性过度地融入行政系统进行权力分享,一定程度上会削弱地方政府的行政权力权威性,这也是企业介入数字政府建设后需要思考的合法化问题。

---

① 敬乂嘉:《合作治理——再造公共服务的逻辑》,天津人民出版社2009年版,第155页。
② "法无规定即非法"只是一种理想状态,法律在实际情境中总是不完善的。地方政府在政策执行的过程中,拥有大量的自由裁量行为,只能依据法律原则对其合法性进行判断。

2. 利益联盟的排斥风险

地方政府在执行上级政策的同时，往往会把自身利益与当地企业的利益捆绑在一起。W公司作为混合组织，其优势在于能有效地融入政治制度关系逻辑、市场制度关系及社会关系逻辑，也有利于关联多元主体间的关系，促进利益共同联盟的形成。需要说明的是，地方政府虽然未直接干预W公司的日常运营，而是以国有企业占股的方式进行宏观调控，但是如上所述，省政府通过发文的形式推荐市、区级政府与该企业建立合作，以此推动数字政府的集约化建设。因而，本书认为，省政府和W公司达成了一定程度的联盟，这种联盟意味着对其他互联网公司具有排斥性，甚至可能形成市场垄断的行为。此外，W公司与生态合作伙伴通过"生态学院"等平台与其他中小企业建立合作，确定具有技术优势的生态合作企业，打造"开放、合作、共赢"的数字生态合作圈，这也意味着，生态合作圈对其他部分中小企业存在一定的排斥风险。在调研中，政府规划咨询企业V公司经理表达了这样的观点："广东省政府不会放着腾讯、华为这样的优质企业不用，不可能去支持浙江的阿里巴巴。据我所知，阿里巴巴介入的业务范围是非常有限的，核心业务是交给现在的W公司。因为W公司是在广东的企业，就跟你自己的地头长了一棵果树，长得很好一样的道理。从这点看，广东数字生态圈的打造，也有可能排斥外地的企业。即使是本地的数字生态圈，也可能因为人情世故因素的影响，使得部分优质企业被排斥。"（访谈资料B09：20210219）

（二）政治腐败风险加大

在地方数字政府建设中，多元企业介入政府数字化建设的途径，大大增加了政府和行政机关及其人员自由裁量的空间。在管理边界模糊的场域，大量资金流由于缺乏健全法律的监管和非正式约束机制，增加了权力寻租的概率。目前，中国在数字政府领域立法的不完善性，进一步增加了腐败发生的风险。

1. 隐性腐败风险

在地方数字政府建设中，政府资源的加持能够壮大企业的实力，用来带动整个数字产业在全国拔得头筹，数字产业的发展助力地方政府在政治、经济等领域的发展优势。地方政府对企业的过度关注，其突出特点是过度地亲近企业、重视企业，甚至超越政府的本位权限。① 如地方政府为重点企业开通"挂牌保护""绿色通道"等特殊服务，帮助企业在用地、税收减免、子女入学等方面提供各种悉心关照。此时的地方政府具有企业家型政府（contracting-in）特征②，而地方政府源于以发展为导向的政绩评价体系，地方政府官员希望通过经济指标的提升获得提拔和晋升的空间。地方官员在这种干部晋升制度下，容易为了政绩采取轻率的投资决策，利用私营企业来过度实现地方的发展目标。地方政府为了组织或个体的局部利益，过度地关注经济增长而忽视公共责任的承担。从这个视角来看，地方政府对企业的"过度厚爱"也是一种隐性的"变异腐败"。

2. 多元"利益寻租"

在地方数字政府建设过程中，企业介入的途径往往是由地方政府来确定的。由于数字领域项目具有创新性和风险性，如果互联网企业缺乏以往成功的案例以及类似传统承包商所需的完备资源，就很难获得地方政府的项目。在此背景下，经济权力与政治权威联姻的发生风险加大。西方国家的电子政务公司往往会求助于游说公司、政界领导，以此获得政府公共服务的项目。比如，总部设在纽约的 govWorks 公司能够获得佐治亚、康涅狄格、加利福尼亚和纽约等地区电子政务的服务合同，得益于巴顿·博格斯法律游说事务公司的帮助，而巴顿·博格斯公司游说师迈克尔·A. 布朗（Michael A Brown）是上一任商务部长罗纳德·H. 布朗（Ronald H. Brown）的儿子，是迈克尔·A. 布朗促成了 govWorks 公司获得电子政务项目。③ 与西方国家不同，中国互联网企业更多地求助于领导"熟人"（包含退休领导、领导亲戚等）进行游说，以此获得与地方高层行政官员建立关联的机会。在地方数字政府中，互联网企业开展政治行为包括：官员在任期内或退休后，在合作企业或关联企业担任职务，获

---

① 陈家喜、杨道田：《有限政府、有为政府与政府改革》，《理论视野》2016 年第 1 期。
② "企业家型政府"是公共管理的一个新的发展阶段，是莱恩（Lane）在《新公共管理》基于"签约外包制"（contracting-out）利用市场理念和机制重塑政府管理模式提出的观点。参见 [英] 简·莱恩《新公共管理》，赵成根等译，中国青年出版社 2004 年版，第 220—240 页。
③ 参见格来恩·R. 辛普森《电子商务公司四处争抢政府蛋糕》，《华尔街杂志》2000 年 6 月 5 日；彼得·H. 斯通：《在数字国家中计算关系》，《国民杂志》2000 年第 32 期。

取股权或红利等形式的收入；操纵招投标过程，排斥竞争，不认真监督合同的履行，以获得中标者的利益反馈，比如收受礼品，安排旅游度假、子女出国等。而在广东省数字政府的建设中，混合组织内部存在着股东之间的利益分配问题，如果利益分配不均，将可能导致股东之间的"派别之争"。也就是说，在项目决策时，各股东可能基于自身利益的出发点进行意见"游说"和利益寻租，促成公司做出有利于自身的决策，将服务外包给存在利益关联的合作伙伴。这种"熟人"偏袒的风险，将造成项目未能被资源配置最优的生态合作伙伴获得，不利于数字生态合作圈的可持续发展。在访谈中，一位合作生态伙伴 M 科技公司企业经理表达了这样的观点："W 公司股东之间利益矛盾冲突是存在的，不同股东将会偏袒不同候选的应标企业，其结果往往是一家企业中标，中标后由这家企业进行项目细分，通过项目单子的转换拆分来保障应标企业的项目，以此平衡各股东的利益。这样的层层分包，每层分包大概十个点的利润，生态合作伙伴的利润就很低。此外，现在政府信息化建设涉及的资金盘很大，很多地产等挤占 IT 企业市场，原来可以直接找局长就搞定的事，现在不行，没有特殊的关系挤不进去，接包的单位出现多元化。退休老干部的资源也就成为企业介入的途径。"（访谈资料 B15：20210327）

二 复杂博弈与问责难题

（一）复杂博弈关系的困境

在多元主体的政企互动过程中，良好的数字生态构建要求尊重非同质化的多元主体的功能发挥，尊重多元目标共存甚至目标冲突，以实现主体间的多重复合。① 传统协调方式往往以某种权威或某种资源作为统筹者，来协调多元行动者达成统一的目标，这种协调方式在多元主体型——混合组织模式中显得不合时宜。在该模式中，有效的行动者要求本身具有较强的治理能力，在网络中能实现自我约束并具有实施外向约束的能力，促使其实现合作的使命，而这种有效性往往也是在合作过程中形成了多元行动者的复杂博弈关系。

---

① 这里的"复合"，指各种跨越领域或范式边界的现象。参见敬乂嘉《合作治理——再造公共服务的逻辑》，天津人民出版社 2009 年版，第 172 页。

当然，多重复合性增加了协调的难度。一个合作系统拥有的行动者数量越多，其竞争性博弈和非同步性出现的概率越大，多重复合性的缝合越慢，其协同成本也就越高，使得整个系统的适应能力相应减弱。比如，在地方数字政府建设中，地方政府干部和企业经理的知识和经验都具有高度专业化特质，实现两个行动者之间的知识与经验接轨，需要付出极高的协调成本。因而，行动者数量的增加也会带来制约过多、行动迟缓、秩序混乱以及有效性低等问题。正如 W 公司业务干部指出："如果政府有些需求给到我们，涉及工作量开发，他（生态合作伙伴）需要跟我们谈合同，就是走采购，但是，这个时候我们并不知道准确的工作量是多少。我们会跟政数局说完成这个需求大概工作量是多少，但是我们报的工作量，不一定是最后审批核算出来的价格，之前我们会（跟生态合作伙伴）说项目合同多少多少，后面按照分成比例，审批下来后发现跟之前完全不一样。这样就牵扯历史遗留问题，很多矛盾就产生了。"（访谈资料 B22：20210207）生态合作伙伴在调研中也发出这样的抱怨："W 公司介入后，对数字生态产生这样的影响：W 公司本身是个企业，不是国企，有利润要求。国企是收支两条线，高利润不在它手上。W 是利润导向，点数应该有 13%—14%，最低 5%。可以几个招标商坐下来，我们再细分利润。这种玩法最惨的是接包商，都是接包商自己垫钱先做。但是，中途有任何问题都是接包。上级的接包，没有承担任何风险。"（访谈资料 B33：20210209）因而，混合组织的协同治理可能导致失灵，体现在合作过程中各种行动者复合性方面存在的问题和失败，使得合作过程偏离了基本的公共价值。比如，合作的生态伙伴企业可以节约地方政府的公共服务经济成本，但是服务却忽略了地方政府保障公众公平、正义功能目标的实现。

（二）多元主体的问责难题

政府之外的组织遵循市场机制，由其提供公共服务具有优势。[①] 但

---

① Christopher Hood, "The 'New Public Management' in the 1980s: Variations on a Theme", *Accounting, Organizations and Society*, Vol. 20, No. 2, 1995, pp. 93–109.

是，其优势的背后也存在"谁对谁负责"的风险①，可能进一步演化为公共问责视角下的劣势。在广东省数字政府建设过程中，政府侧（政数局及省直职能部门）、企业侧（W公司、腾讯、华为等其他生态合作伙伴）、社会侧（服务用户、评估的公众及组织）三大主体多维行动者之间形成相互依赖与合作的关系，促进公共产品的共同生产，但是可能导致政府与市场、社会之间的边界与责任的模糊性。首先，地方政府将数字政府建设项目的生产、评估角色交予企业侧主体与社会侧主体"划桨"，即使政府"掌舵而非划桨"②的角色能获得新公共管理范式的大加赞赏，但是在具体转移内容上，哪些内容属于"掌舵"，哪些内容属于"划桨"，无法进行清晰的界定，这就可能导致责任不清问题的产生，更有甚者，过度赋予"划桨"特权，也就具有"掌舵"公共责任未被贯彻的风险。广东省政数局及各职能部门虽然能够通过W公司这一混合组织类型来实现政治制度关系的嵌入，但是如上所述，混合组织具有多维的制度关系，地方政府无法确保其把自身的政治制度逻辑放在首要位置进行运营，多元生态合作伙伴的介入更使得"划桨偏位"的概率发生。其次，在地方数字政府建设的过程中，企业侧作为具体项目的运营者，私营企业"理性经济人"的趋利避害使其具有组织灵活性，也使其具有责任回避的局限特征。而服务用户及评估的公众及组织等社会侧主体具有流动性和自愿性的特征，没有明确而强有力的制度规范，更是难以承担起保障数字政府建设高质量推进的责任。各行动者责任边界的相对模糊，导致了问责的困难。③

三 数字生态破坏的风险加剧

（一）结构"脱耦"的非协同治理

混合组织具有多重制度关系互嵌的特点，形成了多重治理逻辑。但

---

① Bovens Mark, "Public Accountability", in Ewan Ferlie, Laurence E. Lynn, Christopher Pollitt, *The Oxford Handbook of Public Management*, New York: Oxford University Press, 2005, pp. 182 – 208.
② ［澳］欧文·E. 休斯：《公共管理导论》（第四版），张成福、马子博等译，中国人民大学出版社 2015 年版，第 286 页。
③ Laster Salamon, *Beyond Privatization: the Tools of Government Action*, Washington DC: Urban institute press, 1989, pp. 7 – 8.

是，在多元主体合作过程中，如果某个主体处于绝对强势地位，并在多重治理逻辑占据主导性地位，就会影响其他治理逻辑作用的发挥，其他治理逻辑可能借助该逻辑形成不同的治理单元。比如，如果政府在合作过程中占据绝对主导优势，会导致其他主体对此依赖程度的加大，多重治理逻辑日益借助科层逻辑形成趋于单一的治理单元[①]，不利于协同治理机制运行。"当制度环境具有多元性，现代组织的不同组成部分在该制度环境中吸纳了不同制度逻辑，产生了结构性矛盾，那么该组织如何解决这种结构性矛盾？"约翰·W.迈耶（John W. Meyer）和布莱恩·罗恩（Brian Rowan）基于该问题作出回应，"现代组织最有可能采取的是'脱耦'战略，即组织不是积极地采取整合，而是使不同结构彼此脱耦"[②]。在广东省地方数字政府建设的过程中，混合组织在一定程度上能够为多元主体合作提供场域，但是，无法规避各主体借助不同的标准、信息渠道建设形成各自"日趋封闭"的治理单元的风险，这种"脱耦"结构的安排无法实现主体间的共存融合，使非协同治理风险发生概率增加。在调研中，W公司的战略业务部经理阐述了W公司存在的"脱耦"风险："2018年W公司虽然推出了粤省事，政务服务网打出了名气，但还是有很多问题，在生态合作没有做到特别到位，很多时候是跟着事跑，缺乏沉淀。W公司没有心思去思考生态增值点，光顾着干活，一大部分业务走'总集去分包'的形式，生态合作伙伴并没有办法从产品线、业务线、服务线真正融入。"（访谈资料B20：20210207）

（二）多元主体的价值包容性缺失

1. 地方政府和企业的价值包容问题

在多元主体型—混合组织模式中，地方政府通过与企业、公众等进行协商对话、相互合作等方式，来实现社会公共事务的共同治理。合作过程意味着不同基础价值的冲突和包容，比如合作与竞争、开放与封

[①] 黄晓春、嵇欣：《非协同治理与策略性应对——社会组织自主性研究的一个理论框架》，《社会学研究》2014年第6期。

[②] John W. Meyer, Brian Rowan, "Institutionalized Organizations: Formal Structures as Myth and Ceremony", *American Journal of Sociology*, Vol. 83, No. 2, 1977, pp. 340-363.

闭、可治理性与灵活性、问责性与效率等。如果地方政府沿用传统单向度"自上而下"的权威手段，由于受到路径依赖等因素影响，地方政府可能过度行使行政权力干预企业发展，就会对相异的甚至冲突性的价值包容造成破坏，一旦包容性的价值没法在合作生态中形成，政企合作过程就演变为政府主导的行为逻辑，这样的数字生态构建也就失去了存在的空间。因而，地方政府需要通过共同生产的新"思考"方式，刺激企业等形成共同生产的态度①，从而达成"共同生产"到"共同价值"创造②。

2. 混合组织和生态合作伙伴的价值包容问题

在多元主体型—混合组织模式中，虽然混合组织和生态合作伙伴都遵循相同的市场逻辑，但是其利益导向不同，如果没有形成包容的价值目标，可以说，混合组织和生态合作企业很难形成共生共赢的生态。在广东省数字政府建设中，W 公司通过"生态合作"的方式来招募合作伙伴，合作伙伴分为战略合作伙伴、行业合作伙伴、互信合作伙伴、入库合作伙伴四种类型。③ W 公司以"生态学院"为载体将生态合作企业融入数字生态圈，向生态合作企业传递与数字政府建设相关的政策声音、专家视角，共同推动生态与发展的共融共赢。当然，混合组织和生态合作企业的价值包容并非短时间能够形成，价值的不包容风险依然会影响合作的质量。W 公司战略业务部干部也曾在调研中坦言："在共生共赢生态合作模式建设上，W 公司与生态合作伙伴还没有形成理性的包容性价值目标。在产品开发方面，W 公司有时会侵犯其他生态伙伴的开发产权。在合作前期，大家会互帮互助，不说责任，后面会有责任意识，保全自己，尤其面对生态伙伴的利益问题，谁都担心被说自己有私心。"（访谈资料 B20：20210207）

---

① Stefano Landi, Salvatore Russo, "Co-Production 'Thinking' and Performance Implications in the Case of Separate Waste Collection", *Public Management Review*, Vol. 24, No. 2, 2020, pp. 301 – 325.

② Stephen P. Osborne, "From Public Service-Dominant Logic to Public Service Logic: Are Public Service Organizations Capable of Co-Production and Value Co-Creation?", *Public Management Review*, Vol. 20, No. 2, pp. 225 – 231.

③ 参见调研内容材料数字广东《合作伙伴招募计划与类型》，https://www.digitalgd.com.cn/cooperation/，2021 年 11 月 12 日。

第四节 本章小结

广东省率先提出数字政府改革，打造"粤省事"等政务服务品牌，在此基础上陆续推出"粤系列"（"粤省事""粤商通""粤政易"）三大应用，实现了中国省级政府网上政务服务能力总体排名从"2017年的第九名至近三年的连续第一名"的跨越式前进。本章以"粤系列"平台数字政府改革案例中的政企关系为研究对象，通过参与式观察和深度访谈对案例进行深描，分析数字政府建设初期的多重梗阻，提炼了"政企合作、管运分离"的多元主体型—混合组织模式。首先，基于中国体制内市场的场域，提出"制度关系差序格局"的概念，作为探讨混合组织优势的一个新的分析视角。在此基础上，对比该模式与混合所有制企业等概念的区别，总结该模式的内涵。其次，以"结构—行动者—过程"作为分析框架，分析多元主体型—混合组织模式的内在逻辑。本章认为，广东省的政府能力、企业优势、营商环境、互动经验等这些结构性因素，促使广东省数字政府建设中"地方政府与企业、社会等多元主体"主要行动者的形成，也是政府和企业互动过程的基础条件。在此基础上，采用扎根理论建构多元主体型—混合组织模式的政企互动过程模型，从互动目标、互动机制、互动模式三个核心范畴分析了多元主体型—混合组织模式互动过程，地方政府的"服务改革、产业促进、政治晋升"的互动目标、企业的"资源共享、风险共担、市场增量"的互动目标，是政企互动的驱动力，决定了政企互动过程的意愿。通过"牵头组织"的统筹机制、混合组织的多维制度关系内嵌机制、"项目处置"为中心的治理机制、数字生态价值网的共建机制作用于政企的互动过程，形成了多元主体型政企互动模式的独特特征及内在优势。最后，总结该模式运行的潜在风险，具体体现在政企合作"利益联盟"、政治腐败风险加大、博弈关系复杂、多元主体的问责困境、数字生态破坏风险加剧等方面。

相比于上两章的模式，上海市的政府主导型—项目外包模式，强调政府通过项目外包与多元企业建立互动关联，政府在合作过程中占主导地位；浙江省的企业驱动型—战略合作模式，强调政府和企业通过长期战略合作形成紧密的战略联盟，企业在合作过程中在某种程度上成为主导者。广东省的多元主体型—混合组织模式，强调多元主体协同治理，采用混合组织的载体来实现不同制度关系的互嵌，通过组织合作生态来规避市场产品合同的交易风险，多元主体在数字生态中是平等而独立的行动者。但是，如上所述，实现多元主体间协同的混合组织，其协同并非低成本和易成功的，与政府失灵和市场失灵一样，也同样存在组织的"协同失灵"，即合作过程中各种行动者复合性方面存在的问题和失败，使得合作过程偏离了基本的公共价值。

进一步拓宽研究的视野，如果将多元主体型—混合组织模式置于政府和市场关系的研究谱系进行考察，该模式属于强市场—强政府的关系模式，是以混合组织为载体建立政府与市场良性关系的有效途径。在中国制内市场场域中，政企关系多数时候还是倾向于政府主导，在浙江省的案例中，即使企业曾发挥主导作用，但还是具有短暂性特征，在后期也发展为多元主体型—混合组织模式。在多元主体型—混合组织模式中，多元主体间能保持相对的独立性，但是，也产生了政府和企业等多元主体在合作过程中的价值冲突，这需要在新的技术和制度层面上，更好地协调这些矛盾，以期达到"善治"的理想状态。[①] 多元主体间在决策的过程中要为彼此放弃一定的控制权和决策权，多方形成一个相对"折中"的方案。在该模式中，如果多元相对者关系得当，企业的"自利寻求"(self-interest seeking)[②]将被极大地激励，政府也将在既定的裁量权中发挥作用，多方在既定的权力结构中保持平衡，共同维护缔结的伙伴关系。[③] 如果这种权力平衡结构被打破，主体间的价值冲突将无法有效规避，将有可能使多元主体型—混合组织模式转化为政府主导型—项目外包的模式。因而，在下一个章节，笔者试图在对比三种模式的基础上，基于技术和制度层面做进一步探讨，并提出区块链视角下的生态伙伴型—分布式协同模式，通过区块链技术来实现政府和企业关系的协调，保障政企双方充分发挥其主体性作用。

---

① 敬乂嘉：《合作治理——再造公共服务的逻辑》，天津人民出版社 2009 年版，第 183—185 页。

② Óliver E Williamson, *The Economic Institutions of Capitalism*: *Firms, Markets and Relational Contracting*, New York: The Free Press, 1985, pp. 5–10.

③ Nuno Ferreira Da Cruz, Rui Cunha Marques, "Mixed Companies and Local Governance: No Man Can Serve Two Masters", *Public Administration*, Vol. 90, No. 3, 2012, pp. 737–758.

第五章

地方数字政府建设中政企关系的优化逻辑[①]

从前文的分析可知,在地方数字政府建设中,省级政府在锦标赛大潮中"奋勇当前",涌现出上海市、浙江省、广东省领跑第一方阵的代表性成员。[②] 从整体上看,三个省级政府与企业互动形成了各具特色的政企关系模式。本章首先横向比较三种政企关系模式的异同,探讨模式之间的动态特征和转化条件。其次,如前三个章节所述,三种模式都存在各自的潜在风险,均会对地方数字政府建设的整体效果产生影响。如何有效地规避或最小化潜在风险,本章从实践层面提出"技术赋能、制度重塑"两个优化逻辑。一是从"技术赋能"逻辑层面,基于区块链技术的应用,构建生态伙伴型—分布式协同模式的政企关系理论图景,通过联盟区块链平台实现多元行动者的利益平衡。二是从"制度重塑"逻辑层面,基于制度可能性边界理论提出政企合作的制度供给边界,结合数字政府建设领域的特点,尝试提出政企互动过程的敏捷治理制度框架,并从制度的"制定原则、主体关系、工具组合"三个维度来阐述该制度框架,以期为地方数字政府建设中的政企优化提供制度保障。

[①] 本章部分内容使用前期的研究成果。蔡聪裕、金华:《区块链驱动智信政府构建:现实困境、实践路径与理论图景——基于广东省 A 市 Z 区的个案研究》,《湖北社会科学》2020 年第 10 期。

[②] 国务院办公厅电子政务办公室:《省级政府网上政务服务能力调查评估报告(2021)》,http://zwpg.egovernment.gov.cn/art/2021/5/26/art_1331_6343.html,2021 年 11 月 12 日。

第一节 政企互嵌:三种政企关系模式

基于上海、浙江、广东三个省份数字政府建设的案例,本节从理论层面"结构—行动者—过程"分析三种政企关系模式的异同,并探讨模式之间的动态特征和转化条件。

一 三种政企关系模式的对比和分析

在上海市"一网通办"案例中,上海市政府主要与国有企业、本土企业互动,通过项目外包的企业介入路径,形成了"强政府—弱企业"的政企关系模式。在浙江省"最多跑一次"案例中,省级政府通过长期战略合作与互联网头部企业建立伙伴关系,由于数字政府建设领域的技术等因素特殊性,互联网头部企业往往在合作中起主导性特征,形成了"强企业—弱政府"的政企关系模式。在广东省"粤系列"平台数字政府建设中,省级政府通过国资控股的方式,与互联网头部企业组成混合组织,通过混合组织发挥政府、互联网头部企业、生态合作伙伴等多元主体的优势,多元主体在合作中起主导性作用,即政府、企业、公众等主体合作共建,形成了"强政府—强企业"的政企关系模式。基于上述事实性案例材料的分析,笔者将从理论层面比较和分析地方数字政府建设中三种政企关系模式(如表5-1所示),主要运用"结构—行动者—过程"的分析框架,来分析地方数字政府建设中政企关系模式的差异性及其内在逻辑。

(一)从总体视角

三种模式特征具有差异性,政府主导型—项目外包模式呈现"强政府—弱企业"的特征,即政府主导型政企关系,地方政府与国有企业、本土企业在数字政府建设中以项目外包作为政企关系的载体。与西方"外包"等概念不同,中国政府主导型的项目外包往往具有"行政性"色彩,其具体特征表现为项目契约的政府主导性、企业谈判空间的被动性、长期合作的不确定性、项目合同的不完全性。企业驱动型—战略合作模式呈现"弱政府—强企业"的特征,即企业驱动型政企关系,在数字政府建设中,地方政府与互联网头部企业等私营企业以长期战略协议作为政企关系的载体。其具体特征表现为：战略合作初期的政府主导性、战略合作过程的企业驱动性、企业驱动型—战略合作模式的过渡性。多元主体型—混合组织模式呈现"强政府—强企业"的特征，即多元主体型政企关系，在数字政府建设中，地方政府与多元企业成立混合组织，以混合组织作为政企关系的载体。其具体特征表现在：组织选择的多元性；混合组织的适配性；合作过程的多主体性。

（二）从结构视角

第一，政府能力维度。三种模式都具有资源禀赋优势，为地方数字政府建设提供了足够的财力等客观条件。财力支持虽然是地方数字政府建设政企关系模式的重要因素，但并非最主要的决定因素。地方政府在领导支持、规则制度等方面均有可为空间。在规章制度方面，三个省市都制定了较为完善的顶层设计，相比上海完善的规章制度，浙江省更注重制度环境宽容，增加了企业参与公共事务的概率；广东省注重数字政府标准规范体系的构建，这也为多元主体的介入提供了基础。

第二，企业优势维度。三种模式虽然都具有良好的技术基础优势，产业配套也相对均衡。但是，在不同企业尤其是互联网企业的发展程度上各不相同。上海具有发达的国有企业和大型跨国公司优势，挤占了民营企业尤其是新兴互联网企业的发展空间。浙江省具有总部在本地的 X 互联网头部企业，拥有数量众多的私营企业，私营企业的充分发展是浙江省企业驱动型—战略合作模式的重要影响因素。广东省的企业信息化水平同样较高，具有总部在本地的互联网头部企业，尤其是其产业集群的优势为多元主体型—混合组织模式提供了企业基础。

第三，营商环境维度。上海、浙江、广东的政企关系健康指数位于全国第一梯队，在 2020 年省级（含直辖市）政商关系健康总指数排名中，上海市位居第二名、广东省位居第五名、浙江省位居第七名。[①] 上海市注重以完善制度来促进营商环境的塑造，浙江省强调包容性营商环境，广东省注重营商环境的法治化。

第四，在互动经验维度。由于数字政府合作中的技术黏性和轨道效

---

① 聂辉华、韩冬临、马亮、张楠迪扬：《中国城市政商关系排行榜 2020》，中国人民大学国家发展与战略研究院报告，2020 年。

应,以及数字技术迭代升级的需要,地方政府往往倾向于选择信誉良好的、有合作基础的属地企业,或通过股权控制的方式规避风险。在上海市"一网通办"案例中,地方政府与三家国有企业、本地企业均有长期的合作关系。在浙江省"最多跑一次"案例中,地方政府早与 X 互联网头部企业在电子商务、金融等领域有合作基础。在广东省"粤系列"平台建设中,虽然 W 公司是专门组建以服务数字政府建设为使命的新企业,尚未形成核心技术,但是以本地互联网头部企业、数字生态合作伙伴为依托,这些企业都曾与广东省政府有良好合作的基础。

(三)从行动者视角

在企业驱动型—战略合作模式中,主要行动者是地方政府与单一互联网头部企业。政府主导型—项目外包模式、多元主体型—混合组织模式都涉及地方政府和多个企业主体,但是,政府主导型—项目外包模式中的政府在多元主体中起主导性作用,而多元主体型—混合组织模式则以混合组织为载体,来保障多元主体在数字生态中作用的发挥。不同行动者采用何种方式进行合作、行动者的参与程度如何,会形成不同的主体特征和结构。三种模式具有不同的主体特征和结构特征(如表 5-2 所示)。用"同质性""均衡性"两个维度来衡量主体特征,行动者主体越多,同质性越低;双方地位差距越大,均衡性越低。

在网络关系结构中,用"紧密性""依附性"来反映行动者之间的信任程度以及依赖水平。行动者之间信任程度越高,紧密性越强;行动者之间依赖水平越高,依附性越强。在政府主导型—项目外包模式中,外包过程中虽然存在单一政府主体、多个企业主体的特征,但是,由于政府和企业存在着信息不对称,政府在合作过程中具有关键信息的优势,往往造成其他企业主体在关系中的依附关系。因而,主体特征呈现"同质性低、均衡性低、紧密性低、依赖性高"。在企业驱动型—战略合作模式中,地方政府与单一互联网头部企业建立长期战略合作关系,主体特征呈现"同质性高、均衡性低"的特征,双方的合作紧密性很高,相互依赖程度也很高。在多元主体型—混合组织模式中,地方政府与多元企业以混合组织为载体形成数字合作生态,主体的同质性较低,多元主体在合作中保持独特优势,主体的均衡性高,从结构特征来看,多元主体的合作密度频繁、各具所长,主体间的紧密性和依赖性都较高。

第五章 地方数字政府建设中政企关系的优化逻辑 201

表 5-1 三种典型政企关系模式特征的横向比较①

模式特征	政府主导型—项目外包模式	企业驱动型—战略合作模式	多元主体型—混合组织模式
	"强政府—弱企业"	"弱政府—强企业"	"强政府—强企业"
案例	上海市"一网通办"	浙江省"最多跑一次"	广东省"粤系列"平台
结构	政府能力：资源禀赋优势；领导支持；完善规章制度 企业优势：技术基础优势（国有企业发展充分）；产业配套的前瞻布局 营商环境：完善的制度促进健康营商环境 互动经验：与国有企业和本土企业的合作基础	政府能力：资源禀赋优势（地理位置）；领导支持（历史沉淀）；顶层设计和规章完善的制度环境 企业优势：私营企业发达；私营企业的组织优势 营商环境：包容性的营商环境 互动经验：与X互联网头部企业具有长期合作历程	政府能力：资源禀赋优势，但是经济发达区域经济发展的不平衡；领导高位推动；顶层设计和完善规章（标准规范体系的建构） 企业优势：企业信息化水平高；具有互联网头部企业和优良的生态企业伙伴；产业集群优势和科研基础 营商环境：营商环境法治化 互动经验：与多家本土互联网企业有长期战略协议，在政府牵头下成立混合组织"W公司"
行动者	地方政府与多个企业的互动 主体特征：同质性低，均衡性低 结构特征：紧密性低，依赖性高	地方政府与单一互联网头部企业 主体特征：同质性高，均衡性低 结构特征：紧密性高，依赖性高	地方政府与企业等多元主体 主体特征：同质性低，均衡性高 结构特征：紧密性高，依赖性高

① 本表为作者自制。

续表

	政府主导型—项目外包模式	企业驱动型—战略合作模式	多元主体型—混合组织模式
互动目标	政府的互动目标：技术供给；经济激励；政治晋升 企业的互动目标：收益导向；技术开发；外溢性收益	政府的互动目标：数字化改革；经济利益；政治晋升 企业的互动目标：商业利益；政策眷顾	政府的互动目标：服务改革；产业促进；政治晋升 企业的互动目标：资源共享；风险共担；市场增量
过程机制	政企统合机制：多元目标的统合；资源的统合 "变通"容纳机制：外包法律的不完备性；项目模糊信息的使用；增加了地方政府变通的自由裁量空间 合同的不完备制度与非制度关系互嵌机制；非正式需要非制度关系的支撑；合同的不完善有助于克服服务商的双向道德风险	企业驱动的政企合作机制：以长期合作为载体的不同组织逻辑的融合；以互联网头部企业为载体的信息匹配机制 私营企业的"弹性"运行机制：私营企业拥有"硬弹"优势；私营企业具有"软弹性"优势 互动模式的动态变动机制：以"层化"方式促进数字项目创新，企业政治行为催生政企合作模式的动态调整	"牵头组织"的统筹机制：权威性"牵头"；中立性组织；共赢性合作 混合组织的多维制度内嵌机制：混合组织具有多维制度关系逻辑；多维制度关系的协调 "项目处置"为中心的治理机制：颗粒度治理；精准项目管理 数字生态价值网的共建机制：数字生态平合；第三方评估机制
潜在风险	政府公共责任挑战 企业自主性受限 隐性垄断与外包 合谋发生概率增加	技术渗透与监管挑战 "技术绑架"与市场失灵 法律不完善性加剧风险	"利益联盟"与腐败风险 复杂博弈与问责难题 数字生态破坏风险加剧

表5-2　　四种特征维度下的政企合作模式的行动者类型①

模式	主体特征		结构特征	
	同质性	均衡性	紧密性	依附性
政府主导型—项目外包模式	低	低	低	高
企业驱动型—战略合作模式	高	低	高	高
多元主体型—混合组织模式	低	高	高	高

（四）从过程视角

在地方数字政府建设中，针对不同结构的约束条件，在不同政企关系模式下的行动者会采取不同互动目标和互动机制，其内在逻辑各具不同，各有优势，也各具风险。本书采用扎根理论的方法，从微观视角来提炼不同模式下地方政府和企业互动过程模型。

1. 互动目标

一方面，政府的互动目标。在政府主导型—项目外包模式中，省级政府的公共理性体现在技术供给，通过技术供给来实现城市公共服务和城市的精细化管理。个体理性是通过对国有企业和本土企业经济绩效的关注和推动，以此期待获得经济激励的税收收入和政治晋升的期待。在企业驱动型—战略合作模式中，省级政府的公共理性体现在短期内获得技术供给的需求，长期目标在于通过技术力量来促进政府的自我改革和自我改造；其个体理性是基于政治结构的强弱衡量，通过对民营企业的保护来获得政治升迁的保障。多元主体型—混合组织模式中，省级政府的公共理性体现在通过技术撬动数字生态产业，共同打造数字生态；个体理性是政府干部能在"产业比拼"的政治锦标赛中获胜，并在数字技术发展的背景下，减少政策执行的问责风险。因而，就地方政府的互动目标而言，技术供给是其共同的需要，但是，各模式具有不同的侧重点：上海市侧重城市精细化建设，浙江省侧重政府改革，广东省重视数字生态。

另一方面，企业的互动目标。在政府主导型—项目外包模式中，企业往往基于三个目标与地方政府开展互动，一是基于收益导向的需求，

---

① 本表为作者自制。

以短期利润和预期利润为考量标准。二是具有技术场景开发的需求，在地方数字政府建设过程中，企业拥有技术上的优势，但缺乏实际的应用场景，企业与地方政府合作能够获得技术试验场景的机会。三是获取外溢性收益。企业获得地方政府建设的项目，获取与政府合作的"政治资源"，相当于隐性地获得政府的"信用背书"，可以获得外溢性的收益。相比于政府主导型—项目外包模式，在另外两种政企关系模式中，企业的互动目标往往除关注直接利润等收益之外，更关注间接或战略性的需要。企业驱动型—战略合作模式更关注独特市场占有的商业利益、最优政策弹性空间的获取，而在多元主体型—混合组织模式中，企业的互动目标是从更高层面寻求与生态合作伙伴在"资源共享、风险共担、市场增量"上共同目标的实现。因而，即使三种模式中企业的本质目标都是获取利益，但是，具体目标的关注点呈现不同侧重的内容。

2. 互动机制

在不同政企关系模式中，地方政府和企业行动者所处的结构不同、地位不同，他们会形成不同的互动目标，促使其采取不同的互动策略和方法，从而形成不同的互动机制。

在政府主导型—项目外包模式中，其内在互动机制主要体现在如下方面：一是具有科层主导的政企统合机制。地方政府在与企业的互动过程中起主导性作用，使其合作互动过程呈现"科层制"逻辑。科层制以其组织强有力的控制能力，从"多元目标的统合、多方资源的统合"两个方面，通过外部交易内部化的方式，来减少不确定性和机会主义。二是地方政府变通容纳机制。在地方数字政府建设中，外包法律的不完备性赋予地方政府变通执行的空间，项目信息的模糊性赋予地方政府自由裁量空间。地方政府"变通"机制使得地方政府能够以灵活的机制来实现资源的调用。三是制度与非制度关系互嵌机制。合同的不完善性需要非制度关系的支撑，非制度关系的信任有助于克服政商之间双向道德风险，政府主导型—项目外包模式具有政治和市场的双重激励机制。上述三个机制可以发挥合同外包的契约和非制度关系的优势，使地方政府在发挥刚性监管的同时，嵌入柔性的非制度关系，促使地方政府在不完全契约合同的条件下顺利与企业开展数字领域项目，赋予项目外包在中国情境下的特色内涵和特征。

在企业驱动型—战略合作模式中,其内在互动机制主要体现在如下方面:一是企业驱动的政企合作机制。企业在与地方政府的互动过程中起主导性地位,使其合作互动过程呈现企业的"市场"逻辑,通过以互联网头部企业为载体的信息匹配实现资源的对接展现其优势,通过以长期合作为载体的政企两类不同组织逻辑的融合来实现两种目标的博弈平衡。二是私营企业的弹性运行机制。其"弹性"运行机制包含"硬弹性"和"软弹性"。私营企业的"硬弹性"优势表现在互联网企业能够熟悉互联网市场的具体知识和信息等物质资源,能够准确、快速地确定利益相关者并选择合作伙伴,并通过专业知识保障资源的质量。私营企业的"软弹性"优势表现在可以发挥私营企业的组织灵活性,可以通过组织灵活性来增加协调和协作能力,增加应对失败风险的能力。三是互动模式的动态变动机制。虽然私营企业能够以层化方式促进数字政府建设项目的创新,以企业政治行为催生政企合作的开展,但是无法规避该模式在特定情境下发生的动态性和短暂性,这一特定情境包含专业化合作任务类型、宽松的制度环境、紧急性创新项目。该模式会随着特定情境的变化而发生变化,往往具有短暂和动态的特征。企业尤其是私营企业在跨部门合作中起主导性作用,该模式的独特性赋予了传统跨部门合作新的理论视角。

在多元主体型—混合组织模式中,其内在互动机制主要体现在如下方面:一是"牵头组织"的多元统筹机制。W公司由国有企业和私营企业组合而成混合组织,混合组织为载体的建设运营模式可以把市场风险转化为组织内部风险,地方政府和企业在互动过程中发挥优势并保持独立性,互动过程呈现"组织"逻辑,通过该组织的权威性"牵头"、中立性协调来实现共赢性合作,这有利于充分发挥地方政府和私营企业的各自所长。二是混合组织的多维制度关系内嵌机制。混合组织承载着政府、市场、社会三种制度关系逻辑,将多维制度关系逻辑内嵌于其中。它既保障政治使命,又能体现企业利润,同时兼顾社会生态,实现从主体间利益的"多元平衡"到"结合平衡"的转化。三是"项目处置"为中心的治理机制。具体的操作流程是以"群众需求"为基础,提出具体的事项,把事项工作内容细分为若干项目,按照具体的项目进行颗粒式梳理,明确时间节点等细节,按照项目制管理方式进行精细化治理。多元主体以应用场景推动跨部门数据的共享与协同治理,打破科层制的常规运行方式。四是数字生态价值网的共建机制。通过 W 公司打造一个数字生态平台,围绕"生态共建者"这一角色专门成立生态合作中心,并且构建第三方评估机制来明确多元主体的权责,保障数字生态价值网的构建。

二 政企关系模式的动态特征和转化条件

如上所述,数字政府领域地方政府创新实践形成不同的地方特色,本书基于三个案例的事实性材料提炼了三种政企关系模式,即政府主导型—项目外包模式、企业驱动型—战略合作模式、多元主体型—混合组织模式,每种模式各具优势,也各具风险。其潜在风险的表现如前三章所述(要点如表 5-1 所示),此处不再赘述。笔者难以从理论上直接判断孰优孰劣,三种政企关系模式都有效地促进了上海、浙江、广东省级数字政府建设,但是,三种模式的内在逻辑具有显著差异(如图 5-1 所示)。

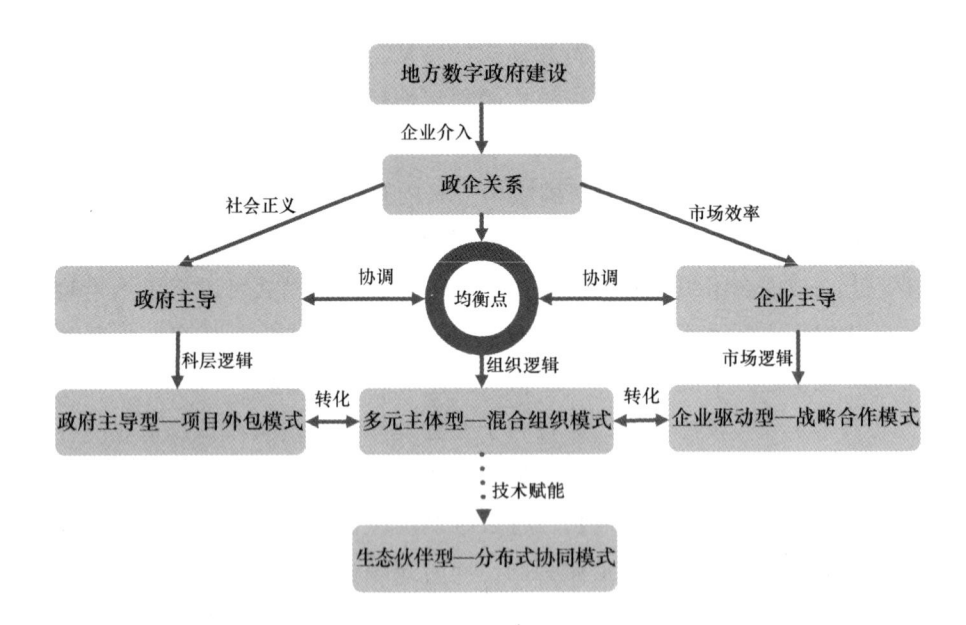

图 5-1 政企关系模式内在逻辑对比①

---

① 本图为作者自制。

从理论上看，政企关系按照地方政府和企业在互动过程中主导性的不同区分为不同模式。当地方政府处于互动关系的主导地位，即合作均衡的天平向地方政府一侧倾斜，此时，地方政府基于社会正义的价值目标等互动目标，采用项目外包的方式让企业介入其中，形成了主要遵循科层逻辑的政府主导型—项目外包模式。当企业处于互动关系的主导地位，即合作均衡的天平向企业一侧倾斜，此时，企业尤其是互联网头部企业在合作过程中虽然依然处于乙方，但是实质性地占有主导性位置，以长期战略合作的方式在合作过程中占据主动权，形成了主要遵循市场逻辑的企业驱动型—战略合作模式。当地方政府和企业在合作过程中保持相对独立优势，没有绝对的主导者，即合作均衡的天平处于相对平衡点，此时，政府和企业等多方行动者主体在混合组织所塑造的数字生态平台进行互动，形成了遵循组织逻辑的多元主体型—混合组织模式，政府、市场、社会等多元制度关系内嵌于该模式中。

当然，三种模式并非一成不变，具有动态转化的特点。模式的动态转化主要取决于"结构"因素，不同的政府能力、企业优势、营商环境、互动经验的调整，会驱动模式进行转化。在企业驱动型—战略合作模式中，地方政府一旦完成项目或意识到该模式可能潜在的风险，便可能通过强有力的政府能力及时调整政策战略、制度运行环境，使得企业驱动型—战略合作模式转换为政府主导型—项目外包模式或者多元主体型—混合组织模式。而在政府主导型—项目外包模式中，当企业足够成熟，政府有意识逐步"淡出"，其模式就会逐步转化为多元主体型—混合组织模式。在多元主体型—混合组织模式中，在区块链技术加持赋能下，其多重博弈的风险将进一步得到规避，逐步向政企关系的理论图景"生态伙伴型—分布式协同模式"（将在下节给予详细介绍）转化，但是，也可能随着"结构"的调整而在此转化为其他两种模式。

综上所述，从理论上难以直接断言：哪种模式最有利于某地方政府的发展，需要各地区政府结合当地的"结构""行动者"等因素做出综合的衡量和选择。但是，从长期可持续发展的原则看，政企双方在合作中的相对平衡更有利于地方数字政府建设。笔者在调研中发现，从地方数字政府建设的实践发展情况来看，组建国资控股的混合组织作为专业化建设运营中心成为当前地方政府建设的主流模式。该模式既要保证地方政府通过混合组织来实现宏观"可控",又要保障企业研发产品的"自主",同时发挥专家学者等社会方的积极性,从而保障政企合作相对平衡,促进地方数字政府建设。

第二节　技术赋能:区块链框架下的政企关系理论图景

政府主导型—项目外包模式、企业驱动型—战略合作模式、多元主体型—混合组织模式都具有潜在风险,即使是多元主体型—混合组织模式可能成为当前地方政府建设中采购服务的主流合作模式,也存在多元主体的问责边界模糊、组织内部的问责过程复杂、多元主体的"协同失灵"等问题。格雷戈里·桑普森(Gregory Sampson)认为,"企业越大、越复杂,管理成本就会越高,当管理新的内部化运营的成本大于在市场上交易的成本时,企业规模的增长就会停止"[1]。

三种模式潜在风险的产生与政企在互动过程中的关系密切相关。通过技术赋能维度来保障政府和企业在数字政府建设过程中的地位相对平衡,具有重要意义。区块链技术具有去中心、防篡改等特征,能够使信息共享、透明,能够有效规避政府和企业在合作过程中的潜在风险。基于此,本书提出"生态伙伴型—分布式协同模式"理想政企关系的基本样式,展望政府和企业互动的理论图景。

一　风险规避的可行性:区块链技术的嵌入

从技术层面上看,在区块链技术嵌入前,数字政府是以信息互联网技术的发展为基础,信息互联网能解决人与人之间信息的传输问题,而非价值问题。这是由互联网传输信息的可复制性、可分享性特质决定的,其设计的初衷也决定了复制和分享的合法性。这导致的结果是:与个人身份相关的信息交换以及陌生个体间的商业和经济活动,在互联网上都需要借助强大的中介机构来完成。此时,一方面,地方政府往往不自觉

---

[1] Geofficy Sampson, "The Myth of Diminishing Firms", *Communications of the ACM*, Vol. 46, No. 11, 2003, pp. 25 – 28.

地承担起该项责任，一定程度上导致其他社会行动者的能力培育不足；另一方面，信息的可复制性等互联网特征进一步加剧多元主体在互动过程中的问责难度。信息互联网背景下的地方政府建设呈现的风险再次提醒我们需要有所改变，而区块链的技术优势高度契合破解数字政府建设中政企关系平衡问题。

区块链（blockchain）最初作为加密货币的底层技术，由名叫"中本聪"的学者在《比特币：一种点对点电子现金系统》一文中提出。[1] 它又被称为"价值互联网"，是一种作为首次实现原生的数字化价值交换的媒介，能以点对点、安全、隐私的方式来实现管理、存储及转移任何资产（货币、音乐、投票，甚至是弦乐器）。从内涵上讲，区块链（blockchain）是一个开放式的账簿系统（ledger），是由不同节点共同参与及维护的分布式数据库。它由一串按照密码学方法产生的数据块或数据包即区块（block）组成，对每一个区块数据信息都自动加盖时间戳并计算一个数据加密数值即哈希值（hash）。每一个区块都包含上一个区块的哈希值，从创始区块（genesis block）开始链接（chain）到当前区域，从而形成区块链。[2] 区块链本质是一种多中心化的分布式账本数据库，通过使用密码学原理的数据块来记录有效的网络交易信息，并通过公开密钥和私密密钥将整个网络的交易信息记录下来[3]，是在信息不对称的情况下，无需传统第三方"中心"核发信任证书，采用加密算法创设节点，所创设的节点只要得到普遍认可，并在区块全网公示，所有参与人均可见任何节点。这样，信任关系可以通过密码学、协作及精巧的软件代码来实现，无需第三方即"中心"授权就可以实现"互相信任、达成合约、确定交易、自动公示、共同监督"目标。因而，区块链技术的出现为政企关系平衡的解决提供了技术基础，区块链从技术上满足地方数字政府建设中政企关系所强调的"透明、公开、信任、多中心"等内涵条件。

---

[1] Satoshi Nakamoto，"Bit-coin：A Peer-to-Peer Electronic Cash System"，https：//bit-coin.org/bit-coin.pdf，Nov. 21，2021.

[2] ［加］唐塔普斯科特、亚历克斯·塔普斯科特：《区块链革命：比特币底层技术如何改变货币、商业和世界》，凯尔、孙铭、周沁园译，中信出版集团2016年版，第56页。

[3] Jesse Yli-Huumo，Ko Deokyoon，Sujin Choi，et al.，"Where Is Current Research on Blockchain Technology? -A Systematic Review"，*PLoS One*，Vol. 11，No. 10，2016，pp. 1-27.

(一) 区块链具有多中心的特征,有利于降低信息获取的"地位失衡"

区块链具有多中心的特征,改变了中心化的记账方式。区块链使用的是分布式核算和存储,没有中心化的硬件或管理机构。在区块链中,允许每一个主体参与记账活动并有一本独立的账本,每一个节点都是均等的,整个系统的数据区块由各个具有维护功能的节点来维护。需要指出的是,尽管在区块链传播的过程中,很多学者认为,区块链具有去中心特征,但它实际上不是去中心,区块链依旧存在中心,只不过这样的中心不再是单一中心,而是多中心。① 在可公开访问的区块链上,任何人均可以创建由公钥、密钥和密码组成的区块链账户并进行交易,而且几乎不受任何第三方的干涉。② 区块链不受单一个体控制,不由任何中心化的机构维护或运作,任何人都可以通过下载开源的客户端软件,检索到存储在区块链上的信息。③ 区块链技术的嵌入,将改变政府作为单一记账者的角色,企业和公众等社会行动者可以参与到记账中,共同创建共享的公开账本。账本的公开透明性意味着多元主体都可以访问相同的数据基础层,这样就能有效地改变原来地方政府在合作过程中拥有信息的绝对优势地位,建设企业对政府主体的信息依赖,从而降低信息不对称导致的"地位失衡"问题。同时,公开账本意味着行动者不需要把所做的行为再向其他行动者重复说明,这将大大降低多元行动者工作内容的重复性、信息沟通的高成本、各层级机构的管理成本,从而在技术上有效地规避政府、企业等多元主体的"协同失灵"。

(二) 区块链具有分布式的特征,有利于规避"单一治理"风险

互联网能够解决数据的传输共享问题,但是,大部分有价值的数据却被少数主体收集和利用。如脸书、亚马逊等"数字巨无霸"企业并没有把私有的数据池里收集民众和机构产生的数据共享到网络,而是把数据作为一种新型资产进行价值持有,用户只能用"个人数据"换取互联

---

① 高奇琦、张纪腾:《区块链与全球经济治理转型——基于全球正义经济秩序构建的视角》,《学术界》2019 年第 9 期。
② Whitfield Diffie, Martin E. Hellman, "New Directions in Cryptography", *IEEE Transactions on Information Theory*, Vol. 22, No. 6, 1976, pp. 644–654.
③ Arvind Narayanan, Joseph Bonneau, Edward Felten, et al., *Bitcoin and Cryptocurrency Technologies: A Comprehensive Introduction*, Princeton: Princeton University Press, 2016, pp. 51–75.

网的便利，传统的个人隐私受到潜在威胁。部分政府机构在使用互联网改善运作和服务效率的同时，也存在使用信息与通信技术去监视民众、改变公众意见以实现其保留权利的风险。区块链具有分布式特征，在网络上有许多独立的节点，每一个节点都有一份备份信息。[①] 每一个有授权的人都可以从任意一个节点下载全部信息。区块链技术的嵌入，可以使主体在合作过程中所做的行为被记录下来，并在全网进行信息备份，使得信息公开、透明，可以有效地解决政企在合作过程中的"信息壁垒"和"责任鸿沟"。由于信息的分布式记录，可以规制地方政府和企业的"过度行为"，降低政府的单一科层逻辑治理或者企业的单一市场逻辑治理的发生概率，从而减少地方政府的过度干预和技术独角兽的过度扩张。

（三）区块链具有信息不可篡改性的特征，有利于保障交互信息的真实性

在区块链系统中，上一区块的索引和下一区块的索引相互连接在一起，想要修改区块链上的一个字节，需要把字节之后的每一个节点的打包密钥都破解，而破解密钥难以实现。要想篡改或改造区块链，需要超过51%的节点通过才能获得修改。从理论上讲，当大众广泛参与创设节点数量足够多，如果要篡改某一个区块中的某笔交易，哈希值就会发生相应的变化，后面所有的哈希值都需要重新计算，这决定了区块链信息无法篡改的特性，充分保障数据记录的真实性。借助于区块链的不可篡改特征，可以保证主体间提供信息的真实性，一定程度上能减少合作中"隐性的进入壁垒""事后敲竹杠"等现象的发生，为政府和企业多元主体的合作提供基础。

（四）区块链具有可溯源的特征，有利于降低政企关系的腐败风险

区块链上的数据与互联网的数据有很大不同。在互联网中，大部分信息具有延展性并快速流动，对信息确切发布日期和时间或者将来信息而言并不重要。而区块链中，每条数据都被增添了时间维度，其在网络中的动向就被盖上戳记。比如要验证比特币，不仅要引用其自身的记录，而且要参考整个区块链的历史。因此，区块链必须以完整的方式进行保

[①] Mengelkamp Esther, Johannes Garttner, et al., "Designing Microgrid Energy Markets-A Case Study: The Brooklyn Microgrid", *Applied Energy*, Vol. 210, 2018, pp. 870-880.

持，可以较为准确地回溯定位数据在区块中所处的位置。此外，区块链的授权技术可以保证在未经用户授权的情况下，任何人都无法获知用户的身份信息，因为区块链身份识别及验证层、交易层是分离的。以比特币交易为例，对于比特币从甲方地址转移到乙方地址的这个过程中，甲方会进行广播，而交易过程中不会提及任何人的身份。之后网络会证实甲方的确控制这批比特币，而且甲方已经批准这笔交易，之后再把甲方的信息标为"未使用交易输出项"，并与乙方地址关联起来。只有在乙方使用这一笔比特币时，网络才会确认这些比特币由乙方控制。① 基于区块链技术可溯源的特征，每一笔交易都是可溯源的，可以降低地方数字政府建设过程的外包合谋、政治腐败等现象发生的概率，有利于良好营商环境的形成。

（五）区块链具有"点对点"数据交换的特征，有利于促进数字生态发展

区块链技术实现真正"点对点"数据交换，用户个人可以掌控各自的身份、数据，在无需强大中介机构的情况下创造和交换价值，这样用户可以保护个人隐私，使用信息去获取相应的利益。唐·塔普斯科特（Don Tapscott）等提出"自我主权的身份机制"概念，主张个人数据存储在虚拟的黑盒子里进行保管，通过区块链技术实现虚拟人格，恢复对自己的身份、数据及其他权利的控制权。② 在这种背景下，数据恢复了以用户个体为中心的属性，数据使用的话语权重新回到用户个体手中，而不再由第三方中介机构所持有，用户不能再以"被剥削"的方式使用互联网。此外，区块链"点对点"数据交换还可以通过智能合约提高效率、节约成本。它可通过共识算法就所发生的事实达成共识并用密码学在区块链上进行记录，用智能合约来实现个人与机构间可信协议的自动执行，使得契约方对协议不可反悔、不能篡改。因而，区块链技术应用于数字政府建设中的政企关系，交互网络中的人与人

---

① ［加］唐塔普斯科特、亚历克斯·塔普斯科特：《区块链革命：比特币底层技术如何改变货币、商业和世界》，凯尔、孙铭、周沁园译，中信出版集团2016年版，第40页。

② ［加］唐塔普斯科特、亚历克斯·塔普斯科特：《区块链革命：比特币底层技术如何改变货币、商业和世界》，凯尔、孙铭、周沁园译，中信出版集团2016年版，第8页。

无需彼此信任，只要各自信任区块链技术就可以实现交易，其自我主权的身份机制和智能合约能够让之前没有发生过交易的企业介入其中，促成多元主体的陌生交易，促进地方政府数字生态的发展。同时，公信力将从传统治理模式的政府中抽象出来，不再由政府掌控，而是作为一个独立存在，这样将形成区块链、政府、企业、民众与公信力互相监督的"新格局"。

二 理论图景的可达性：生态伙伴型—分布式协同模式

如上所述，区块链技术嵌入地方数字政府建设中的政企关系模式，从技术层面有效地规避其潜在风险，赋予地方政府建设中的政企关系新的图景。本部分提出"生态伙伴型—分布式协同模式"的政企关系模式，展望地方政府和企业在区块链技术嵌入后的理论图景。

本书所界定的生态伙伴型—分布式协同模式不同于西方学者所指的"政府阴影下的治理""没有政府的治理"[1]，是指地方政府和企业等多元主体在数字政府建设过程中，形成分布协同治理的伙伴关系，并呈现"多中心分布"的特点，多主体在互动过程中保持相互依赖又相互独立的平衡关系，实现政府"可控"和企业"自主"的平衡，从而走向"共享共治共建"的格局，其关系的发展趋于从利益共同体向命运共同体发展。相互依赖表现在合作关系的功能性分工，相互独立表现在主体间地位的独立性，具有独特而吸引彼此的优势。在该模式中，政府和企业属于"强政府—强企业"的关系，多元主体既保持独立又相互依存，其目标是形成"和谐共生、相互均衡"的政企关系。其内在机制表现在两个方面：一方面，通过联盟区块链快速达成多元行动者的共识，通过分布式方式来实现政企的价值包容。区块链技术的主要价值主张是避免依赖地方政府行为主体，强调合作行动者的地位均衡，并且在相互猜忌的个体之间建立诚信。[2] 在地方数字政府建设生态中，生态伙伴型—分布式协同模式

---

[1] Tony Bovaird, "Public Governance: Balancing Stakeholder Power in a Network Society", *International Review of Administrative Sciences*, Vol. 71, No. 2, 2005, pp. 217–228.

[2] [美] 凯文·沃巴赫：《链之以法——区块链值得信任吗?》，林少伟译，上海人民出版社2019年版，第33页。

涉及地方政府行动者、企业行动者、行业行动者、用户等多元行动者，政府和多元行动者可以基于区块链技术，构建分布式协同伙伴关系。① 另一方面，通过智能合约实现自治，实现合作过程的分布式协同，构建多主体的数字生态伙伴关系。其协同关系可以通过联邦主义理论更好地进行理解，联邦主义是基于复合共和制的政治理论②，表现为一种政治共同体的嵌套体系，即共同体的共同体，或自治和共治的结合③，呈现出复合治理的模式④特征。具体而言表现如下：

(一) 通过联盟区块链快速达成共识

区块链技术能帮助人们就某一特定目标达成一致，协同各类社会活动。区块链的网络基础是共识机制（如工作量证明），人们可以决定信息添加到共享存储库的方式。目前，区块链共识机制的主流模式包含"选主（leader election）—造块（block generation）—验证（data validation）—上链又称记账（chain updation）"四个阶段。第一阶段是"选主"，是指全体矿工节点 M 集中选出其中一个记账节点 A 的过程，赋予记账节点 A 记账的权力，是共识机制的核心；第二阶段是"造块"，由记账节点 A 把当前时间段内由全体节点生产的交易和数据，打包到一个区块并生产一个新区块，并将新区块在所有的矿工节点 M 或代表性节点 N 中进行广播；第三阶段是"验证"，是指所有矿工节点 M 或代表节点 N 收到广播的新区块信息后，各自验证区块内封装的数据或交易的正确性及合理性，如果大多数节点认可该新区块，该区块将作为下一区块更新到区块链；第四个阶段是"上链"，记账节点将新区块添加到主链，若存在多个分叉主链，则根据共识算法选择其中一条分支作为主链。⑤ 因而，区块链的更新，是以数据节点生成和验证后的交易或数据作为输入，以

---

① 伙伴关系也可以指两个以上组织的相互关系，又称为网络关系。参见张昕《走向公共管理新范式》，北京大学出版社 2021 年版，第 71 页。
② [美] 文森特·奥斯特罗姆：《复合共和制的政治理论》，毛寿龙译，上海三联书店 1999 年版，第 8—14 页。
③ [美] 丹尼尔·J. 伊拉扎：《联邦主义探索》，彭利平译，上海三联书店 2004 年版，第 7 页。
④ 张昕：《走向公共管理新范式》，北京大学出版社 2021 年版，第 71 页。
⑤ 袁勇、倪晓春、曾帅、王飞跃：《区块链共识算法的发展现状与展望》，《自动化学报》2018 年第 11 期。

"选主—造块—验证—上链"四个阶段的共识机制为执行过程,以封装好的数据区块作为输出,并更新至区块链中,每执行一轮将会生成一个新区块。

区块链共识算法按照"选主"的不同策略可以分为:选举类、证明类、随机类、联盟类和混合类。① 在地方数字政府建设的政企关系中,将联盟类算法共识嵌入其中,将会形成联盟类算法共识机制(如图5-2所示)。政府和企业等多元主体形成了各自的区块链,在各自区块链(全部矿工节点)选举出一组代表行动者(代表节点),然后制定区块链网络的选举特定方式,而后由代表行动者(代表节点)以轮流或者选举的方式定出"选主",最后遵循"选主—造块—验证—上链"四个阶段的共识机制更新区块链。在该区块链网络中,多个主体类型构成联盟,只有联盟内的成员能够维护区块链数据,其他非授权节点不能接触区块链数据。从本质上来讲,该共识机制是以"代议制"为特点的共识算法,构建联盟区块链②平台。联盟区块链由多个私有链构成集群平台,由多个组织或机构共同参与管理,每个组织或机构管理一个或多个节点,是一种可控的区块链网络。联盟区块链在架构上具备访问控制层,联盟链成员只允许经身份认证,才能执行"链上交易及数据读写和发送"等任务。③

因而,在地方数字政府建设的政企关系中,联盟区块链技术以其独特的技术规则,为解决地方数字政府建设中的多元主体共识、实现政企间价值包容的问题提供了新的思路。其逻辑是把联盟内各地方政府行动

---

① 选举类共识,是指矿工节点在每一轮共识过程中通过"投票选举"的方式,选出当前轮次的记账节点,首先获得半数以上选票的矿工节点将会获得记账权;证明类共识(称为 Proof of X 类共识),即矿工节点在每一轮共识过程中必须证明自己具有某种特定的能力,证明方式通常是竞争性地完成某项难以解决但易于验证的任务,在竞争中胜出的矿工节点将获得记账权;随机类共识,是指矿工节点根据某种随机方式直接确定每一轮的记账节点;联盟类共识,是指矿工节点基于某种特定方式首先选举出一组代表节点,而后由代表节点以轮流或者选举的方式依次取得记账权;混合类共识,是指矿工节点采取多种共识算法的混合体来选择记账节点。参见袁勇、倪晓春、曾帅、王飞跃《区块链共识算法的发展现状与展望》,《自动化学报》2018年第11期。

② 联盟区块链(简称"联盟链")介于公有链与私有链之间,是多个组织或机构参与的区块链。公有链是指任何人都可读取,任何人都能发送交易,任何人都能参与其中共识过程的区块链,可以将其看作一种"公开链"。"私有链"将区块链网络限制在一定范围内,是由某个组织和机构控制的区块链,参与节点的资格会被严格限制。一定程度上,联盟链也属于私有链的范畴,只是私有化程度不同而已。参见谢辉、王健《区块链技术及其应用研究》,《信息网络安全》2016年第9期。

③ 谢辉、王健:《区块链技术及其应用研究》,《信息网络安全》2016年第9期。

者、企业行动者、行业行动者、用户看作整个合作互动网络中的不同节点，采用联盟区块链的方式实现不同主体之间信息交换、过程跟踪等关系，从而促进地方数字政府建设多元主体共识的快速达成，为多中心多主体共同参与地方数字政府建设奠定基础。进一步拓展视角，区块链技术通过推动人们达成共识，可以解决一些传统与公共资源共享有关的问题（"搭便车"或"公地悲剧"）。即使是在政府主导型—项目外包模式中，区块链的介入也能在一定程度上重构政府的流程，科层区块链将成为未来政府治理的主要技术架构。①

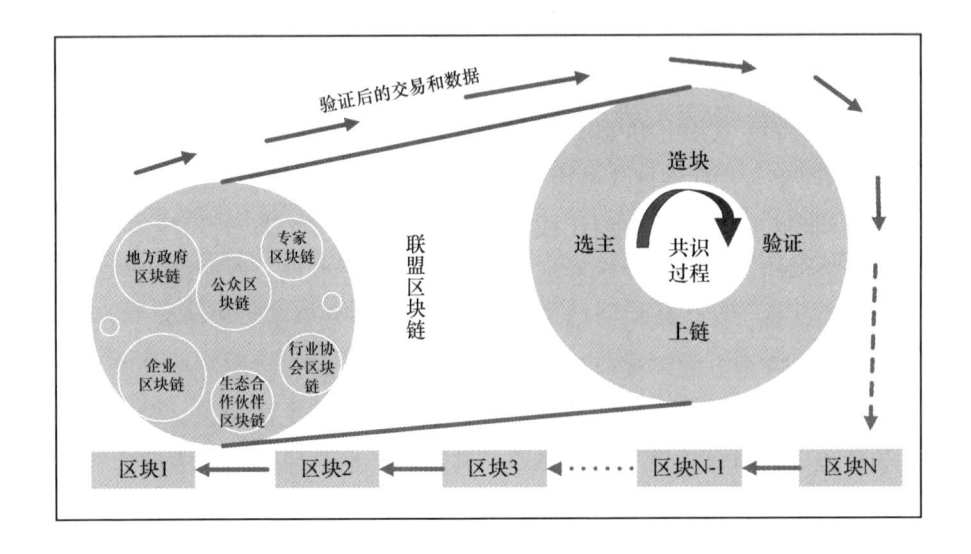

图 5-2 地方数字政府建设中联盟类算法共识机制②

（二）通过智能合约实现自治图景

区块链技术对多元主体的影响，不限于共识的达成，还能改变合作过程。传统意义上的合作往往通过合约（合同）来完成，双方或者多方共同签署协议，通过作为或者不作为来实现各自的签约目的，合约中的

---

① 高奇琦：《将区块链融入科层制：科层区块链的融合形态初探》，《中国行政管理》2021年第7期。

② 对已有文献进行完善，参见袁勇、倪晓春、曾帅、王飞跃《区块链共识算法的发展现状与展望》，《自动化学报》2018年第11期。

各方必须信任彼此,并会履行合约中规定的意义。传统合约由于信息不对称往往容易产生合同不完善性、"事后敲竹杠"等风险,造成合作过程中的诸多问题,导致合作过程的不可持续性。区块链介入合作过程后,传统意义上的合约转化为智能合约,即可以部署但是不受任何人控制的自治软件。[1] 智能合约是构成区块链核心要素的计算机程序,能够实现主动或被动地处理数据,控制和管理各类链上智能资产等功能。[2] 换言之,智能合约虽然仍需要双方或多方达成共识,但是不需要信任的基础,一旦多元行动者达成共识,就会依靠点对点网络和共识机制,自动运行计算机代码,由代码强制执行,其过程自动并且无法干预。

智能合约借助于智能的、自我执行的协议构建,可以让数字政府建设中的技术公司与之前没有业务往来的新类型供应商和合作伙伴快速建立合作。这大大降低了罗纳德·科斯(Ronald H. Coase)所言的搜索成本和协调成本[3],可以快速将其他技术企业纳入数字生态建设中,有利于数字生态伙伴的快速形成。若智能合约运用更为广泛,传统的公司跨越其边界,形成类似网络一样渗透性和流动性的组织框架。这种组织框架是"去中心化、协作以及非专有的","主要依赖广泛分布且松散联系的个体之间彼此合作,并共享资源及产出,而不是依赖市场信号或管理命令"。[4]

在区块链环境下的组织框架中,由智能合约组合起来创建一个互联系统,以分布式方式执行,其运行规则由组织共同定义,并通过技术强制执行。其组成人员或单位可以在点对点的基础上开展合作协调,或者按需交换价值,从而降低对中心化管理框架的需求。这样,原来中心化的组织机构就转化为唐·塔普斯科特等所认为的"分布式自治企业"[5] 形态。在"分布式自治企业"中(其运行过程如图5-3所示),区块链的

---

[1] [法]普里马韦拉·德·菲利皮、[美]亚伦·赖特:《监管区块链:代码之治》,卫东亮译,中信出版集团2019年版,第39页。

[2] 袁勇、王飞跃:《区块链技术发展现状与展望》,《自动化学报》2016年第4期。

[3] Ronald H. Coase, "The Nature of the Firm", *Economica*, Vol. 4, No. 16, 1937, pp. 386–405.

[4] Yochai Benkler, *The Wealth of Networks: How Social Production Transforms Markets and Freedom*, New Haven: Yale University Press, 2006, p. 24.

[5] [加]唐塔普斯科特、亚历克斯·塔普斯科特:《区块链革命:比特币底层技术如何改变货币、商业和世界》,凯尔、孙铭等译,中信出版集团2016年版,第8页。

赋能可以使多主体间实现信息数据的分布式存储、点对点传输，有利于信息的共享共用及智能化、自动化，促进多元主体参与的积极性和主动性，并实现自我监督和彼此监督，保障合作的顺利开展。同时，该企业只需要少量甚至无需传统的管理层级和管理体制，通过智能合约执行来保障合作过程，就能实现为客户创造价值的目标。在这个过程中，任何行动者可以以协作方式创造事业，并分享和创造财富，有利于充分对社会个体进行赋权和鼓励社会单元的创新行为，实现高度共享共治。

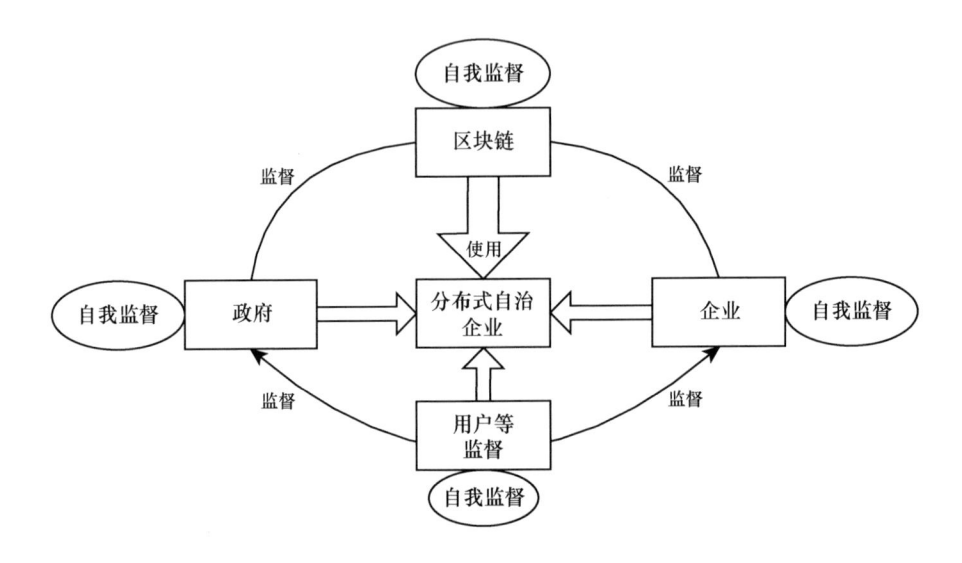

图 5-3　分布式自治企业的运行过程①

综上所述，区块链技术的技术赋能，赋予地方政府建设中的政企关系新的图景，形成了理想的"生态伙伴型—分布式协同模式"政企关系样式。在该样式中，政府和企业等行动者在相对自主的条件下形成良性互动的平衡关系，各行动者限定自身的行动权利边界，在互动过程中彼此监督和自我监督，既保证他们在各自的空间中充分发挥其独特优势和社会运行功能，又能有机地整合在社会系统中，形成资源支持的互动关系。但是，我们也不能陷入技术的"乌托邦"，技术具有其工具理性，却

---

① 本图为作者自制。

并不能保证实现"善治"价值理性的目标。因而，我们还需要从制度层面进一步探讨规避政企关系的潜在风险，进一步实现区块链"向善"的价值。

第三节 制度重塑：政企关系模式的实践优化路径

地方政府建设中的政企关系理论图景在实践中何以实现，除了依靠区块链的技术赋能外，还需要制度重塑来保障政企关系的健康发展。无论是哪种政企关系模式，都必然会涉及政企双方的法律关系定位、权利义务边界等法律问题。尤其是地方数字政府建设中的政企关系的实践和探索，在一定程度上重构了传统意义上的政企关系。在此背景下，现行制度未必能提供有效的制度供给，需要通过制度重塑来推动政府和企业采用新型合作模式的动力和积极性，为强化政企互动提供坚实的法律保障，促进合作行动者的"同频共振"。

一 政企关系的制度供给边界

地方数字政府建设中，制度供给并非越多越好，制度供给在何种程度能实现最优原则？制度可能性边界理论认为，制度主要体现两种功能，一是限制"无序"，无序即私人掠夺（private expropriation），是指私人行动者（企业等）损害他人利益所造成的严重的社会损失；二是限制"专制"，专制即政府掠夺（state expropriation），是指政府和官员损害其他私人行动者（企业等）利益所造成的社会损失。"专制"能够集中力量办大事，但是可能导致政策扭曲，不利于社会主导性的发挥。最优制度选择的目标是平衡"无序"和"专制"所造成的社会损失，使得损失最小化。[①] 基于制度可能性边界理论，本书认为，分析地方数字政府建设中的政企关系制度可能性边界（如图5-4所示），有助于在地方数字政府建设中找到政府和企业合作过程中制度供给的平衡点。

---

① Djankov Simeon, Edward Glaeser, et al., "The New Comparative Economics", *Journal of Comparative Economic*, Vol. 31, No. 4, 2003, pp. 595–619.

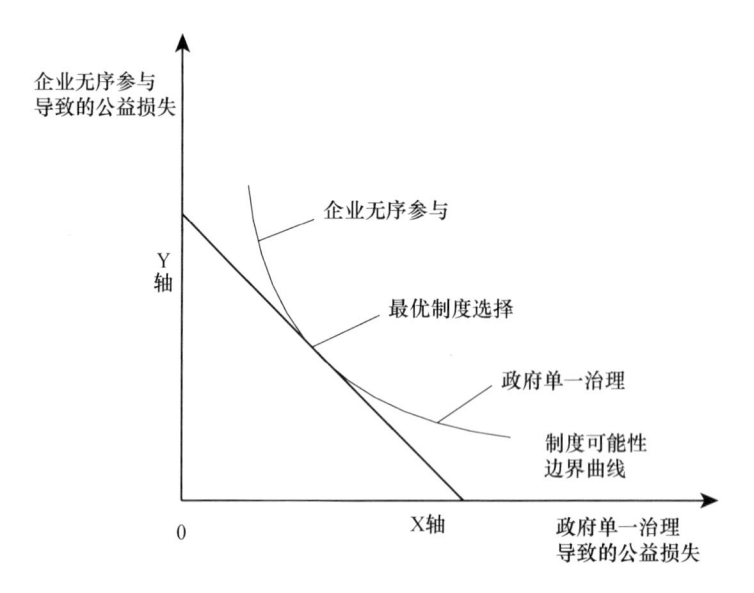

图 5-4　地方数字政府建设中的政企关系制度可能性边界①

制度可能性边界的取向点越接近原点，专制和无序造成的社会损失越小，政府和私人就越可能合作。② 在地方数字政府建设中的政企关系，其最优制度选择应能有效地控制"企业无序参与"与"政府单一治理"分别导致的潜在风险，既要防止互联网企业缺乏监督、无序参与而导致社会资源散耗，又要避免政府沿袭传统的单一科层治理方式，规制过度而削弱合作效果。在地方数字政府建设的场域中，其项目需要不断创新，这需要政企关系的相关制度对应地进行动态调整，让制度本身处于不断变化的过程之中，从而保障最优制度选择的实现。③ 制度政策要与市场经济、行业特色、行业发展阶段相适应，满足技术与快速迭代的需求，在

---

①　本图为作者参照制度可能性边界原理绘制。图中 X 轴表示在政企关系中由政府"单一治理"程度导致的公益损失，纵轴 Y 表示在政企关系中由企业"无序参与"程度导致的公益损失。制度可能性曲线是由原点向两边延伸的一条曲线，它表示无序和专制导致的公益损失可能趋于"无限大"。

②　黄少安主编：《制度经济学》，高等教育出版社 2008 年版，第 120—123 页。

③　制度变迁理论最初是从静态和比较静态的供求分析开始的，基本上沿用了新古典比较静态分析的思路。在发展后期，越来越多的经济学家认识到制度变迁本质上是个动态过程，制度本身也处于不断变化的过程之中。参见黄少安主编《制度经济学》，高等教育出版社 2008 年版，第 126 页。

遵循技术引导的新业态、市场需求驱动的逻辑基础上，通过敏捷治理实现新旧业态的"同步调整"和"同等规制"。① 因而，我们需要推动政企关系的制度重塑，实现敏捷治理走向，从而促进地方数字政府建设的可持续发展。

二 制度重塑的敏捷治理走向

"敏捷治理"（agile governance）的概念在2018年世界经济论坛被提出，是基于第四次工业革命中的政策制定问题的再思考。② 敏捷治理的概念旨在改变在第四次工业革命中政策的产生、审议、制定和实施的方式，其核心是匹配新兴产业发展所需要的制度资源。③ 薛澜、赵静认为，"敏捷治理是一套具有柔韧性、流动性、灵活性或适应性的行动或方法。敏捷治理意味着治理应对加速的同时，需要重新思考和设计政策流程，保持严谨性、有效性和代表性。敏捷治理具有参与度广泛、时间灵敏度高的特征"④。借鉴薛澜提出的敏捷治理观点，本书尝试性地提出地方数字政府建设中政企互动过程的敏捷治理的制度框架，从制度的制定原则、主体关系、工具组合三个维度来阐述该制度框架。

（一）制度的制定原则：以抽象法律为指导，"适当留白"实现多目标的平衡

在传统产业领域的政企关系，由于项目发展过程中具有确定性，拥有较为稳定的技术发展路径和方向，政企互动过程中只要基于之前的合作经验和项目风险分布，就可以制定出清晰、明确的法律准则。地方数字政府建设领域的项目，往往具有不确定的成本收益与风险。这种高度不确定性导致政府难以制定明确的监管判断标准。如果政府继续采用传统政策的方式，往往会在了解事实性经验中耽误时间，而错过最佳的干

---

① 张定安：《深化"放管服"改革，优化营商环境》，《中国行政管理》2020年第2期。
② World Economic Forum, *Agile Governance Reimagining Policy-Making in the Fourth Industrial Revolution*, White Paper, 2018.
③ 薛澜、赵静：《走向敏捷治理：新兴产业发展与监管模式探究》，《中国行政管理》2019年第8期。
④ 薛澜、赵静：《走向敏捷治理：新兴产业发展与监管模式探究》，《中国行政管理》2019年第8期。

预风险的阶段，等到政府的政策真正介入，往往已无法最大限度地控制风险的蔓延。因此，在敏捷治理的制度框架下，制度的制定原则由传统的清晰明确性转化为理念和抽象性，无需制定具体的法律标准，用于直接判断行为主体的行为。换言之，上级政府坚持"创新导向、风险规则"原则，通过较为抽象的法律指导，上级政策制定要采取"集思广益型"决策模式，通过一定的程序安排，反复集中不同意见，不断优化政策过程。① 赋予地方政府根据本地实际制定具体制度的空间，以"适度留白"的柔性调适手段应对不确定性，"适当留白"包含职责留白、进度留白、分区留白、数据留白等内容，具体而言，"职责留白"是指小部分任务明确了责任主体，大部分任务尚未明确"由谁完成任务"；"对象留白"是指涉及的政策对象及完成标准时往往会特意采取模糊的表述，容许任务完成手段的灵活性；"进度留白"是指进度上通过留有余地的表达，如任务完成时间使用"季度"或"半年"，而不是"月"少量指标；"分区留白"是指按照城市或农村类型、服务供给类型或者所在的区域进行划分，但大部分指标都是省层级的目标，并没有细分区域；"数值留白"是指为了应对未来五年的不确定性，在设置数值的过程中会采取一个较稳健的测算水平。② 通过以上的"适度留白"使得地方政府应对政策的硬任务，以实现多目标的平衡，在确保数字技术等安全和平等的底线基础上，鼓励互联网企业创新，利用数字技术赋能经济，以及服务社会可持续发展的目标。

（二）制度的主体关系：明确定位、敏捷沟通，实现动态过程优化

首先，主体关系的法律定位。地方数字政府建设领域的政企关系涉及政企双方法律关系的定位问题，厘清双方法律关系是开展合作互动的基础，也是明确双方权利义务边界的前提。对地方数字政府建设中的政企关系是民事法律关系还是行政法律关系，目前学界未形成统一的观点。有观点认为，地方数字政府建设中的政企关系是行政法律关系，应受到

---

① 王绍光、鄢一龙、胡鞍钢：《中国中央政府"集思广益型"决策模式——国家"十二五"规划的出台》，《中国软科学》2014年第6期。

② 观点借鉴中山大学政治与公共事务管理学院教授陈那波于2021年12月4日在"城市治理与公共政策"学术周专题系列讲座主题发表的观点："规划与善治——关系契约视角下的五年规划"。

行政法调整，其理由是政企双方的地位不平等，政府在合作中依然具有管理者身份，同时合作是以公共利益为目标、以公共服务为标的，所以其签订的合作合同应该视为行政合同。① 最高人民法院对政府与社会资本合作协议（PPP协议）的性质也持相同的观点："行政机关为了实现行政管理或者公共服务目标，与公民、法人或其他组织协商签订的具有行政法上权利义务内容的政府与社会资本合作协议，属于《行政诉讼法》第12条第1款第11项规定的行政协议，适用行政法的调整。"② 至于PPP协议之外的政企合作协议的法律关系规定，最高人民法院并无明确的界定，仍无法有效回应地方数字政府建设中政企互动的实践诉求。也有观点认为，地方数字政府建设中的政企关系是民事法律关系，该观点认为，政府和企业双方以合同方式，遵循意思自治、平等互利、协商一致的原则进行合作，不能以政务信息化的公益而认为政企合作法律关系是行政法律关系，进而赋予地方政府行政优先权。在实践中，地方数字政府建设的政企合作，根据政府采购的相关法律规定，应适用于合同法。目前由于中国法律的不完善性，政企关系的合作协议通常被视为民事法律关系。③

本书认为，地方数字政府建设中的政企关系不能简单地归结为民事法律关系还是行政法律关系，而应该是两者的有机结合。在政府和企业的合作过程中，尤其是政府和企业共同成立混合组织作为营运中心，既存在指导与被指导的行政关系④，即行政法律关系，又存在民事合作法律关系，即民事法律关系。⑤ 具体表现在：一方面，政府和企业双方都需要遵守采购的民事合同法律相关规定，即使是政府也应受到民事合同的约束；另一方面，政府作为数字政府建设的行政主管部门，为了实现集约化建设，对企业进行业务层面的指导，并不具有国家强制力，如无合同

---

① 刘波、彭谨、李娜：《公共服务外包——政府购买服务的理论与实践》，清华大学出版社2016年版，第126页。
② 调研资料政策文本F12：《最高人民法院关于审理行政协议案件若干问题的规定》。
③ Gwo-Ji, Sheen, Cheng-Ting, et al., "A Study on Decision Factors and Third Party Selection Criterion of Logistics Outsourcing-An Exploratory Study of Direct Selling Industry", Journal of American Academy of Business, Vol. 9, No. 2, 2006, pp. 331 – 337.
④ 莫于川：《论行政指导的立法约束》，《中国法学》2004年第2期。
⑤ 马颜昕等：《数字政府：变革与法治》，中国人民大学出版社2021年版，第202页。

约定，企业可以选择拒绝合作。因此，从法律定位来看，地方数字政府建设中的政企关系应该是这样一种新型合作关系：对政府侧而言，除通过行政指导来加强数字政府建设的宏观指导外，更应该强化民事合同约束，作为平等的市场主体与企业建立互动。对企业侧而言，除遵循民事合同的权利义务外，更应该认识到行政指导对于整体性数字政府建设的重要性，在行政指导的统筹下发挥企业的技术特长优势，政企双方在多频率的互动中实现各自的目标，构建"清""亲""平"的新型政企关系。

其次，制度主体的互动关系。政府和企业在制定制度的过程中，其主体间的互动关系体现为"敏捷沟通、协同互动"。在传统项目的政企合作过程中，政企之间的互动关系往往呈现为纯粹"监管者和被监管者"之间的博弈关系，其制度的目标是要制定完善的监管制度来填补"漏洞"，通过监督的全方位来保障利益。在此过程中，政府和企业都有明确职责范围和干预边界，两者之间的边界清晰。但是，在地方数字政府建设中，双方不再是纯粹的监督和被监督的关系，而是需要不断互动沟通的共建过程。互联网企业日益介入政策制定的过程，政府也需要指导互联网企业的发展，两者的关系日趋复杂化和多元化，政府和企业之间的边界也相对模糊。随着互联网企业尤其是独角兽企业凭借其技术高效地提供公共产品的优势凸显，大量的公共事务管理权的外包和多元企业等社会主体的介入越来越多，不断重塑着政府的形态，其政策执行的核心功能逐渐弱化。政府抑或更主动地介入数字政府项目相关的产业发展中，塑造和引导数字产业的发展。

因而，在敏捷治理的框架中，需要加强政府部门与企业之间的灵活互动与敏捷沟通。在数字技术的政策制定过程中，部分政府官员并不清楚其技术的原理，如何规制其风险。比如，政务云的发展方向和路径，其互联网头部企业凭借其自身的业内经验，比政府更容易感知到市场的变化及行业的风险。再如，关于数字产业战略的制定层面，互联网头部企业往往比政府更敏锐地观察行业变化。在此背景下，地方政府要认识到企业具有业内技术经验和领域外溢性优势，在敏捷沟通中加强与企业的协同互动。地方政府可以在互信的基础上，通过合同及法规的方式适当对企业授权，一方面，可以在合同或长期战略协议中引入适当的动态调整机制，如项目和价格调整机制，根据需求、风险等环境变化较为灵活地做出适当的调整；另一方面，可以考虑适当的特许经营增加互联网企业的稳定合作预期，使其采用"小步快跑""快速迭代"的方式促进数字政府技术平台建设，完善政府采购法律法规的相关规定。同时，介入项目的互联网企业也需要加强公共政策研究，适应政府的思维逻辑，了解政府对公众的责任，以此实现价值目标的契合。此外，要吸纳学界、公众代表等主体参与相关制度政策的制定过程，扩大政策制定中咨询利益相关者范围。只有这样，才能有效规避传统监管的恶性循环，通过多元主体来保障政策制定的敏捷决策过程，实现过程动态优化，从而促进柔性共识的解决方案的达成。

（三）制度的工具组合：分层治理规则、多元工具重组

首先，自下而上的分层治理规则。在传统项目的政企合作过程中，地方政府往往在发现问题、确定问题后，无法迅速采取干预措施，还需要经过制度规章的咨询、制定等流程才能实施管理。同时，制度的监督往往以处罚为原则，管理的力度较大，呈现"过程慢、力度大"的特征。在现实实践中，其制度规章的执行往往以选择性治理和运动式治理得以呈现，制度的疏漏和监管的套利往往会给企业带来高额的沉没成本，企业往往以规避监管为主要目标。这极大地挤压了企业的行业自治和企业自治的空间，显然不适于数字政府建设领域的项目建设需要。

在敏捷治理的框架中，地方政府需要依据不同治理对象制定自下而上的分层治理规则。在宏观层面，国家相关部门制定原则性、普适性较强的法律法规。针对数字政府建设中的共性问题，形成普遍的底线约束。近年来，国家相关部门虽然先后制定《电子商务法》《数据安全法》《个人信息保护法》《关键信息基础设施安全保护条例》等法律规则，但是，其完善性有待于进一步提高。比如，关于数据产权的法律法规接近于空白。在调研中，部分地方政府人员呼吁在数字政府建设中加强对政府公职人员的产权保护，他们认为："在地方数字政府项目建设的过程中，我们（政府人员）往往带着企业人员一起开发项目，里面凝结了很多我们的想法和思路，当项目开发完成后，企业可以把成功的案例复制到其他省份进行运用，挣得锅满瓢满。但是，我们政府人员的产权谁来保障？我们真是为企业贡献很多想法的，希望相关立法给我们提供保障，这方

面,政府人员也是弱势群体。"(访谈资料 A39、A40：20211224)政界人员代表提出这样的观点："数据涉及以下五项基本权利：管辖权、交易权、所有权、使用权、财产分配权,各类主体基于自身在数据交易环节中的位置来行使相应权利。具体权利分配如下：数据的管辖权、交易权应当归属于国家,遵循国家数据安全法规；数据的所有权由双边交易的主体所共有；数据转让后的主体仅拥有使用权；数据的所有者享有数据的财产分配权。"① 又如,目前政务数据还停留在政府内部的共享交换,缺乏政务数据开放和增值利用的法律遵循,政企互动过程中如何加强数据资源的整合,在确保数据安全的同时,发挥其价值,依然需要国家层面的立法。

在中观层面,形成数字技术等行业行为准则。对于应用场景的个性化问题,形成专门治理规则。目前,不同所有制企业参与地方数字政府建设的限度如何,有何不同的行为准则,其合作内容的尺度如何,是否更大程度地让互联网企业介入地方政府的公共服务的提供？在缺乏治理规则的背景下,地方政府和企业都会有所顾虑,需要制定不同场景的行为准则,构建专门的治理结构、专门的治理规则,为推进政企合作和发展提供规则保障。在访谈中,上海市卫生健康委及某医院系统领导表达了这样的观点："上海制定了《上海市数据条例》,在宏观上起到重要指导作用。但是,《条例》落实到各行业,是比较粗糙的,需要各行业制定各自的数据标准。现在很多时候各行业或各委办针对数据监管而言,有时候既是裁判员,又是运动员,其数据质量还是自己说了算。因为数据有其行业属性,换个行业,就'两眼一抹黑',又看不懂了。所以,我觉得大数据中心只是统筹作用,也无法做到真正监管,有时候是其他部门的数据'帮扶对象'。所以,依靠行业的力量,形成行业的准则和各行业的数据监管标准。"(访谈资料 A40、A39：20211224)

在微观层面,形成技术标准、监管技术等共识约束。基于企业和平台层面的治理规则,要在分析的基础上形成规范。比如区块链技术的规制模式,西方学者罗伯特·赫里安（Robert Herian）提出,区块链技术的发展应主要依赖"自主规制、利益相关者共同规制以及代码规则"三种

---

① 调研资料专家观点 H4 黄奇帆：《完善数据产权与交易规则,促进数据产业发展》。

内部规则，自主规制主要表现为企业家的自我规制，通过市场规制来促进区块链技术的发展；利益相关者共同规制表现为社会规制，通过吸纳政府、企业以及公众的多元观点以及不同领域的专业知识和经验，让规制更具灵活性和可信任性。技术规制表现为基于代码的规则，认为系统和技术可以自我规制，以技术管理技术，以技术设计的方式来规避技术的负面风险（如区块链的智能合约）。[1] 以上区块链技术的规制模式主要是通过企业家"内部规制"来完成，政府的"外部规制"没有介入。这种内部规制容易造成规则的碎片化、责任追溯困难、技术被少数人掌控等风险，因而，本书认为，地方政府需要在与企业的互动过程中，形成国家法律法规、行业的行为准则、企业内部规制三维一体的治理规则体系。

其次，制度工具的多元组合。在传统项目的政企合作过程中，地方政府使用的制度工具相对单一，主要以监管为主，其举措过于"僵硬"，在一定程度上不利于调动企业的能动性。敏捷治理的政策工具使用要秉承"政策方向明、政策措施轻"的逻辑，使企业主体能够灵活敏捷地应对高技术产业来自技术与市场的不确定性。在具体实施过程中，地方政府要识别行动者背后的关键渠道因素，利用科学证据设计公共政策，通过"助推"企业的技术发展，从而对人们的行为善加引导[2]，避免单一的、硬约束工具的使用。构建多元化的治理主体，需要多元组合的制度工具，利用干预性适中的政策工具达到最佳政策效果。

政府、企业、社会的相互监督制约机制的形成，需要根据实际情况及时进行动态调整，必要时转化政策工具，最大限度地规避制度不当造成的损失。比如，在政务数据的治理和运营领域，广东省在此方面进行了有益探索，《广东省政府数据资源共享管理办法（试行）》明确指出，"政务数据主管部门统筹建立政务共享数据资源安全运营、安全管理、安全监管的三方工作机制。安全运营由运营中心负责，安全管理由政务数

---

[1] ［英］罗伯特·赫里安：《批判区块链》，王延川、郭明龙译，上海人民出版社2019年版，第3页。

[2] David Halpern, *Inside the Nudge Unit: How Small Changes can Make a Big Difference*, London: WH Allen, 2015, pp. 6–12.

据主管部门委托第三方机构负责,安全监管由政务数据主管部门会同网信、公安、保密等部门按职能共同负责"①。通过该制度设计,可以明确地方政府、企业在数字资源共享管理中的权利义务,降低政企合作中的腐败风险,在保持各种独立性的同时开展有效合作,并通过互相监督来实现对政务数据的治理和运营的目标。

如上所述,制度重塑的敏捷治理走向,是政企关系模式的优化路径,也是实现技术善治的保障条件。但是,制度重塑并非易事,可以把"技术向善"作为一个治理模式的更新和变革的思路,即在技术运用中创造方法,通过方法优化流程,通过流程改变生态,通过生态改变观念,并最后推动体制变革。②奥里科夫斯基(Orlikowski)认为:"行动者创造出技术,技术会通过解释框架、设备和规则的方式,反过来约束行动者,同时,虽然行动者与技术的互动受到制度特征的影响,反过来,行动者与技术的互动通过强化和转换结构来影响制度特征。"③换言之,通过技术的运用,可以用更简便、更灵活、更轻巧的方式撬动制度最坚硬的部分发生变化。抑或,可以通过"技术嵌入—组织调试—制度重塑"的制度调试路径来实现制度的重塑。④

第四节 本章小结

在上述前三章的基础上,本章从理论层面对比和分析地方数字政府建设中三种政企关系模式,主要从"结构—行动者—过程"分析框架的三个维度分析地方数字政府建设中政企关系模式的差异性及其内在逻辑。研究发现,组建国资控股的混合组织作为地方数字政府的专业化建设运营中心,成为当前地方数字政府建设的主流模式。从理论上讲,相比其

---

① 调研资料政策文本 F13:《广东省人民政府办公厅关于印发广东省政务数据资源共享管理办法(试行)的通知》,http://www.gd.gov.cn/zwgk/wjk/qbwj/yfb/content/post_165211.html。
② 观点来自何艳玲于 2021 年 5 月 23 日首届市域社会治理现代化峰会的报告"技术向善重塑市域社会治理方法论"。
③ Wanda J. Orlikowski, "The Duality of Technology: Rethinking the Concept of Technology in Organizations", *Organization Science*, Vol. 3, No. 3, 1992, pp. 398–427.
④ 张廷君、李鹏:《技术赋能还是制度重塑:机关事务治理模式的创新路径分析——以福州"数字乌山?"为例》,《中国行政管理》2021 年第 8 期。

他两种模式，多元主体型—混合组织模式更有利于政府和企业合作中的相对平衡发展，该模式既要保障地方政府的宏观"可控"，又要保障互联网企业研发产品的"自主"。但是，该模式也存在多元主体的问责边界模糊、地方政府容易"越界"干预等风险。

针对如何有效地规避或最小化潜在政企关系模式的潜在风险，本章提出了"技术赋能、制度重塑"两个优化逻辑。一方面通过"技术赋能"层面，区块链技术具有去中心、防篡改等特征，能够实现信息共享、透明，有效规避政府和企业在合作过程中的潜在风险，形成"生态伙伴型—分布式协同模式"政企关系的理论图景。另一方面从"制度重塑"逻辑层面，基于制度可能性边界理论提出政企合作的制度供给边界，结合数字项目的特点，尝试性地提出地方数字政府建设中政企互动过程的敏捷治理的制度框架，并从制度的制定原则、主体关系、工具组合三个维度来阐述该制度框架，认为制定原则要以抽象法律为指导，以"适当留白"实现多目标的平衡；主体关系要明确定位、敏捷沟通，实现动态过程优化；工具组合要实现分层治理规则、多元工具重组，以期为地方数字政府建设中的政企互动合作提供制度保障。

当然，在中国特色社会主义制度背景下，地方数字政府建设中政企关系的效果如何，其判断标准不在于数字技术建设是否先进，而在于是否惠及相关人民的利益，是否做到"以人民为中心"。[1] 人工智能等新技术可以有效提高公共服务效率，降低运营成本。但是，公共服务绩效不能仅依靠技术的单一维度的赋能，技术赋能也可能变成技术负能[2]，应结合制度、组织等多个维度的协调，把握好治理的效度、温度和尺度，用"以人民为中心"为最终考量标准，提高民众在公共服务等数字时代的获得感。[3] 地方政府在享受企业合作赋能后技术高效率的同时，需要考虑有机融入人工服务的温情，比如，如何帮扶老年人和弱势群体跨越"数字

---

[1] 张茂元、邱泽奇：《技术应用为什么失败——以近代长三角和珠三角地区机器缫丝业为例（1860—1936）》，《中国社会科学》2009年第1期。

[2] 胡卫卫、陈建平、赵晓峰：《技术赋能何以变成技术负能？——"智能官僚主义"的生成及消解》，《电子政务》2021年第4期。

[3] 郑磊：《数字治理的效度、温度和尺度》，《治理研究》2021年第2期。

鸿沟"等问题，从而提升民众的获得感和满意度。①② 因而，中国地方数字政府建设在技术赋能的同时，离不开制度重塑，需要通过制度重塑来实现技术赋能的实际效果，从而有效地规避三种政企关系模式存在的潜在风险，实现政府和企业在地方数字政府建设中的良序互动和平衡发展，建设人民满意的服务型政府。

---

① 蔡聪裕：《数字化转型助推基层政府公共服务提效》，《中国社会科学报》2021年1月6日第8版。
② Florian Pethig, Julia Kroenung, Markus Noeltner, "A Stigma Power Perspective on Digital Government Service Avoidance", Government Information Quarterly, No. 38, 2021, pp. 1–15.

结论与讨论

本书通过采用参与式观察法、深度访谈法、案例分析法、扎根理论法对上海市"一网通办"、浙江省"最多跑一次"及广东省"粤系列"平台三个案例深描并横向比较。结合案例概况，按照政企互动过程的主导性"强—弱"程度不同提炼了三种政企关系模式，并建构了"结构—行动者—过程"的分析框架，分析三种模式的内在逻辑，并扫描了模式各自的潜在风险。在此基础上，提出优化逻辑的可能路径。通过上述努力，本书试图进一步对其主要结论、理论贡献及研究方向进行凝练，推动中国地方数字政府建设中政企关系的本土化理论的发展，在此基础上回应"政府—市场"关系理论。

一 主要结论

结论一：不同的企业介入途径塑造不同的政企关系模式。上海市政府主要与国有企业、本土企业等多个企业互动，通过项目外包的企业介入路径，塑造了"政府主导、管运一体"的政府主导型—项目外包模式，其特征是"强政府—弱企业"。浙江省政府主要与单一互联网头部企业互动，通过战略合作的企业介入路径，塑造了"企业主导、管运分离"的企业驱动型—战略合作模式，其特征是"强企业—弱政府"。广东省政府主要通过国资控股，与互联网头部企业及中小企业等多元企业组成混合组织的企业介入路径，塑造了"政企合作、管运分离"的多元主体型—混合组织模式，其特征是"强政府—强企业"。

结论二：不同地方政府选择不同所有制的企业，会形成不同的互动关系及潜在风险。在企业所有制类型的选择上，在政府主导型—项目外包模式中，国有企业和本土企业往往成为地方政府优先选择的对象。但是，国有企业、本土企业与地方政府合作存在潜在问题，主要体现在政府公共责任挑战与企业自主性缺失；政府权力越界及单一治理风险；隐性壁垒、路径依赖、外包合谋、采购异象等。尤其要特别注意"亲清"政企关系的构建，在技术相对成熟的领域，地方政府的"适当淡出"抑或是一个理性选择。

在企业驱动型—战略合作模式中，地方政府在与拥有先进技术的私营企业尤其是互联网头部企业发展过程中，需要基于数字技术迭代升级等特殊性要求，重点关注企业在合作过程中的主导性作用的限度，警惕互联网企业的强渗透、企业"技术绑架"、事后敲竹杠、技术独角兽扩张与国家利维坦的权力分化、市场垄断与市场的失灵、法律不完善性的加剧等潜在风险。

本书认为，多元主体型—混合组织模式的政企合作是数字政府领域政企关系的发展走向。该模式以混合组织为载体，地方政府通过国有资本控股宏观上把握数字政府的发展趋势，同时保持私营企业平台公司的技术优势的发挥，以此产业带动促进数字生态建设，保障国家的数据安全。在调研中发现，广东省多元主体—混合组织模式被其他省份所复制，地方政府通常选择国资背景的企业共同成立合资公司。此外，2021年，中国电子、中国电子云等央企注资W公司加大了国有资产的控股[①]，增加了W公司的多元技术优势，有利于平台和应用快速迭代升级的能力互补。[②] 这在一定程度上印证了该模式在实践中的可行性以及理论研究的价值。

结论三：不同政企关系模式具有不同结构约束和行动者主体，不同政企关系模式具有独具优势的互动过程。在"结构"要素中，资源禀赋、营商环境、互动经验等客观因素都起着重要作用，但是，领导支持、制度完善赋予了地方政府可作为的空间。在"行动者"要素中，对比三个

[①] 参见调研资料专家观点H5 吴俊宇《中国电子成"数字广东"最大股东，腾讯降为第三》。

[②] 人民网：《广东数广公司获得增资，开启数字城市建设新阶段》，https：//wap.peopleapp.com/article/6393043/6279575，2021年12月9日。

模式的"地方政府对多个企业、地方政府对单一互联网头部企业、地方政府和多元行动者"的主体特征和结构,发现多元行动者参与更有利于地方数字政府建设。这并不意味着排斥地方政府重要作用的发挥,而是更加强调政府在其中可以发挥统筹的作用,从而促进多元主体的"共生共赢"关系的构建。

不同政企关系模式具有不同互动过程。首先,互动目标影响互动过程。地方政府和企业虽然存在着各种长期、短期等不同的目标,地方政府往往具有公共理性和经济理性、组织理性和个体理性等错综复杂的因素相互影响。从组织维度看,地方政府对数字政府建设的不同定义,如技术供给、数字化改革、服务改革,这是影响地方数字政府建设的至关重要的因素,但是,地方官员政治晋升互动目标需要同时兼顾。与此同时,虽然企业具有趋利性,在获取合理报酬的情况下,如何规避企业的过度逐利性造成公共利益的损害是地方数字政府建设中需要警惕的问题。其次,不同政企关系模式下的互动机制不同。政府主导型—项目外包模式主要是科层逻辑,包含政企统合机制、地方政府变通容纳机制、制度化和关系化互嵌机制。企业驱动型—战略合作模式主要是市场逻辑,包含企业驱动的政企合作机制、私营企业的弹性运行机制、互动模式的动态变动机制。多元主体型—混合组织模式主要是组织逻辑,包含强有力"牵头组织"的统筹机制、混合组织的多维制度关系内嵌机制、"项目处置"为中心的治理机制、数字生态价值网的共建机制。哪种模式最有利于某地地方政府的数字政府建设,需要结合当地的"结构""行动者"等因素,因地制宜做出综合的衡量和选择。但是,从长期可持续发展的原则看,政企双方在合作中的相对平衡更有利于地方数字政府建设。

结论四:政企关系的理论图景是地方政府和企业多主体在互动过程中保持相互依赖又相互独立的平衡,实现政府"可控"和企业"自主"的平衡。本书基于区块链技术提出"生态伙伴型—分布式协同模式"政企关系的理论图景。目前,多元主体型—混合组织模式是理想样态的雏形,该模式既要保证地方政府通过混合组织来实现宏观"可控",又要保障企业研发产品的"自主",同时发挥专家学者等社会方的积极性,从而保障政企合作相对平衡。但是,在政企互动过程中,如果某一方的力量过于强势、干预过当,均会破坏互动过程的这种相对平衡,促使模式之间的动态转化。因此，在实践层面，本书认为，可以从技术赋能和制度重塑两个方面进行逻辑优化。一方面，通过区块链技术可以实现理想政企关系模式的构建；另一方面，通过制度的敏捷走向来保障两者之间的均衡发展，以期推动中国地方数字政府建设中更为良好政企关系的构建。

结论五：数字政府建设中的政企互嵌关系，体现了数字治理领域政企关系对传统政企关系的重塑。一方面是地方政府在数字治理领域的角色变化，体现在地方政府需要与企业建立更为透明、平等的频繁互动关系，这呼吁地方政府需要更加注重市场力量的发挥，更加强调服务型政府的转型；另一方面是企业在数字治理领域中的角色变化，体现在企业不仅起到传统意义上的推动经济发展的作用，而且需要在促进公共服务提升和经济发展等方面起到枢纽的中介性作用。数字治理领域政企角色的变化，不断重塑传统意义的政企合谋等政企关系，促进政企关系走向政企合作等亲清关系。同时，地方政府和企业在数字治理领域的互嵌关系也是对传统政府与市场二分关系的重构，呈现政府和市场不断互嵌、融合的趋势。

二 理论创新与适用范围

（一）理论创新与贡献

已有对政企关系的研究交叉学科视野较为缺乏，本书充分汲取理性选择理论、公私合作理论、政府与企业关系等政治学、经济学多学科理论的丰富营养，借鉴西方的资源依赖、交易成本等理论，尝试从多学科理论、微观视角考察在中国本土场域中的政企关系。本书的核心贡献在于提炼和归纳当前中国地方数字政府建设中的政企关系模式，构建"结构—行动者—过程"分析框架来解释政企互动过程，进行中国场域的理论提炼。两点理论创新体现在：

首先，形成中国地方数字政府建设中的政企关系类型学分析。本书基于上海市"一网通办"、浙江省"最多跑一次"及广东省"粤系列"平台数字政府建设的实践经验和典型案例进行分析，从理论上提炼地方政府数字政府建设中不同政企关系模式。按照政府和企业互动过程的主导性"强—弱"程度，建构了政企关系模式：政府主导型—项目外包模式、企业驱动型—战略合作模式、多元主体型—混合组织模式、生态伙伴型—分布式协同模式。其理论创新在于：从现实的中国真实世界出发，将企业作为重要主体纳入数字政府建设的研究视野，深入探寻不同政企互动关系模式，以期丰富公共管理学领域政企关系的实证研究，利于中国政企关系的理论提炼和话语创新。政企关系与"政府—市场"关系是相辅相成的辩证关系，"政府—市场"关系影响着政企的主体间关系，政企关系的具体应用又会对"政府—市场"关系产生形塑作用。通过对政企关系的研究，可以回应宏观"政府—市场"关系理论。

其次，缕析不同地方数字政府建设中政企关系模式的内在逻辑。本书在提炼政企关系模式的基础上，进一步分析地方政府和企业行动者的行为逻辑，打破政企互动过程的黑箱。有别于宏观层面的"结构—功能"、微观层面的"结构—行动者"两种分析框架，从系统、动态的视角整合既有的核心变量，构建"结构—行动者—过程"三个维度分析不同政企关系模式的内在逻辑，为理解地方数字政府建设中不同政企关系模式提供一些解释视角。本书注重从中国具体情境出发，凸显政企关系的中国实践，考察政企关系对中国数字政府建设的影响，通过案例的挖掘解释政企互动的本土化经验，从而推动具有中国本土关怀和比较意涵的数字政府及政企关系的理论发展。

研究的实证贡献在于积累了大量中国地方政府建设政企互动的经验资料，提供了地方数字政府建设的理论方案。本书考察了三个省级数字政府建设中政企互动的过程，积累了地方数字政府建设中政企关系的一手访谈资料。同时，本书立足中国政府数字化转型的背景，通过对三个案例为代表的政企关系模式进行优势提炼和风险分析，从技术赋能、制度重塑两个方面提出对应理论方案和优化逻辑，其潜在风险的凝练和优化逻辑可以为其他省份的地方政府部门数字政府建设提供政策性参考，提供地方数字政府建设理论方案。

（二）研究适用范围

"政府主导型—项目外包模式、企业驱动型—战略合作模式、多元主体型—混合组织模式、生态伙伴型—分布式协同模式"四种政企关系模式是基于中国地方数字政府建设过程中政府与企业的互动进行总结、提炼，按照政企互动过程中"强—弱"程度的维度划分，这同样对其他领域具有适用性。如把政府主导型—项目外包模式置于中国治理转型的现实场域中，该政企关系模式抑或适用于政企关系的发起方为地方政府，如产业扶贫、公共服务外包等相关领域。企业驱动型—战略合作模式抑或同样适用于政企关系的发起方为企业，如新冠疫情防控期间私营企业领导的跨部门合作、智慧社区的企业介入等相关领域。多元主体型—混合组织模式抑或同样适用于政企关系的发起方为项目的需求行动者，可以是居民自组织、协会等作为发起方，地方政府和企业等行动者共同参与，上海部分社区微治理的案例已初见端倪。①

进一步拓宽研究视野，将政府与企业关系模式置于政府和市场关系的研究谱系进行考察，所提炼的四种政企关系模式对应"政府—市场"关系的"强政府—弱市场""弱政府—强市场""强政府—强市场"模式，对政企关系模式的研究为"政府—市场"关系的理论探讨提供了实证研究的素材。

三 研究局限与进一步研究方向

第一，与其他案例研究类似，本书所提炼的政企关系模式在其他领域的可推广性有待于验证。相比于其他领域的政企关系，地方数字政府建设领域具有特殊性。这种特殊性体现在：投资的资产专用性、投资可替代性弱、关系的排他性强、兼容性差、关系存续的时间往往具有长期性、关系的安全系数要求高、合规的要求与违规的风险等。由于数字政府建设的创新性强，政企签订的合同往往不完备性更高。本书所提炼的政企关系模式是基于中国地方数字政府建设领域，地方数字政府的特殊性影响政企关系模式。同时，本书通过上海、浙江、广东三个经济水平较高的省份概括政企关系互动模式，认为除经济这一同质性影响外，还存在其他更为重要的影响因素，侧重从政企互动过程的主导性"强—弱"程度不同进行分析。但是在实践中，经济发展的差异性依然是影响地方数字政府建设的重要维度，这可能会削弱本书所做推论的可推广性。在同样的数字政府领域中，由于不同省份的政府和企业的关系、不同层级政府与企业的关系所呈现的特征均有所不同，模式的可推广性有待于在

---

① 观点受刘淑妍于2021年11月28日在"新科技革命与政治学基础理论"学术研讨会的报告"人民城市理念下超大城市社区微基建与智慧共治探讨"启发。

经济相对落后省份（如贵州等）以及不同层级的政企互动关系接受实践的进一步检验，需要在收集更多案例和样本基础上，运用 Qualitative Comparative Analysis（QCA）混合研究方法等进行后期的研究。

第二，地方数字政府建设中政企关系模式受到多种因素的影响，需要结合具体情境进一步分析。目前中国各地数字政府建设还处于探索阶段，政企关系处在动态调整中，本书只是对特定阶段的政企关系进行总结和概括。首先，从案例选取的情况来看，在每个地方数字政府建设的案例实践中，政企关系可能既包含政府和民营企业，也包含政府与国有企业等互动。本书只是选取每个地方政府主要与某一性质的企业进行分析。因为不同所有制企业性质的选取，会导致不同的政企关系。但是，实践中的政企关系可以由此得到借鉴和启发。其次，本书从众多因素中抽取主要的影响因素，在经济学、管理学理论指导下，从"结构—行动者—过程"三个维度分析政企关系模式的内在逻辑。因而，本书只是抽取政企关系模式的主要影响因素，可能会忽视部分影响因素，可以结合量化方法对主要影响因素做进一步研究。

第三，政企关系模式的优化逻辑需要进一步实践检验。本书结合实际调研和理论提出了地方数字政府建设中政企关系的优化逻辑。这是基于风险分析、理论分析、实践总结提出的方案，并从"技术赋能—制度重塑"两个维度提出指导性原则。但是，各地方数字政府建设的具体方案还需结合实际、因地制宜地进行建设方案的制定。因而，后续研究可以结合该指导性原则，对其他地区的数字政府建设的问题、内在机理等展开进一步研究。

参考文献

一 中文著作及译著类

曹远征、付晓建：《PPP：政府和社会资本合作的制度经济学分析》，对外经济贸易大学出版社2016年版。

陈新宇、罗家鹰、邓通、江威等：《中台战略：中台建设与数字商业》，机械工业出版社2019年版。

樊纲：《渐进改革的政治经济学分析》，上海远东出版社1996年版。

樊鹏等：《新技术革命与国家治理现代化》，中国社会科学出版社2020年版。

冯耿：《质性研究数据分析工具：Nvivo 12实用教程》，人民邮电出版社2020年版。

黄少安主编：《制度经济学》，高等教育出版社2008年版。

敬乂嘉：《"一网通办"：新时代的城市治理创新》，上海人民出版社2021年版。

刘波、彭谨、李娜：《公共服务外包——政府购买服务的理论与实践》，清华大学出版社2016年版。

吕纳：《公共服务购买中的政府与社会组织互动关系研究》，上海交通大学出版社2017年版。

马颜昕等：《数字政府：变革与法治》，中国人民大学出版社2021年版。

聂辉华：《一切皆契约：真实世界中的博弈与决策》，上海三联书店2021年版。

孙关宏、胡雨春、陈周旺主编：《政府与企业——政治学视野中的中国政企关系改革》，江西人民出版社2002年版。

谭安奎：《公共理性与民主理想》，生活·读书·新知三联书店 2016 年版。

王益民：《数字政府》，中共中央党校出版社 2020 年版。

习近平：《干在实处 走在前列：推进浙江新发展的思考与实践》，中共中央党校出版社 2006 年版。

徐晓林、杨兰蓉编：《电子政务》（第二版），科学出版社 2016 年版。

杨春学：《经济人与社会秩序分析》，上海三联书店、上海人民出版社 1998 年版。

余晖、秦虹主编：《公私合作制的中国试验》，世纪出版集团、上海人民出版社 2005 年版。

俞可平主编：《治理与善治》，社会科学文献出版社 2000 年版。

郁建兴等：《"最多跑一次"改革：浙江经验、中国方案》，中国人民大学出版社 2019 年版。

张剑锋编：《数字政府 2.0——数据智能助力治理现代化》，中信出版集团 2019 年版。

张昕：《走向公共管理新范式》，北京大学出版社 2021 年版。

章奇、刘明兴：《权力结构、政治激励和经济增长：基于浙江民营经济发展经验的政治经济学分析》，格致出版社、上海三联书店、上海人民出版社 2016 年版。

赵东荣、乔均：《政府与企业关系研究》，西南财经大学出版社 2000 年版。

郑永年、黄彦杰：《制内市场：中国国家主导型政治经济学》，邱道隆译，浙江人民出版社 2021 年版。

中共中央马克思恩格斯列宁斯大林著作编译局编译：《马克思恩格斯文集》（第一卷），人民出版社 2009 年版。

周黎安：《转型中的地方政府：官员激励与治理》（第二版），格致出版社、上海三联书店、上海人民出版社 2017 年版。

朱富强：《国家性质与政府功能——有为政府的理论基础》，人民出版社 2019 年版。

朱光华、陈国富等：《政府与企业—中国转型期政企关系格局演化》，中国财政经济出版社 2005 年版。

［英］安东尼·吉登斯：《社会的构成：结构化理论大纲》，李康、李猛译，王铭铭校，生活·读书·新知三联书店1998年版。

［美］D. B. 杜鲁门：《政治过程——政治利益与公共舆论》，陈尧译，胡伟校，天津人民出版社2005年版。

［美］达雷尔·韦斯特：《数字政府：技术与公共领域绩效》，郑钟扬译，王克迪校，科学出版社2011年版。

［英］达霖·格里姆赛、［澳］莫文·K. 刘易斯：《公私合作伙伴关系：基础设施供给和项目融资的全球革命》，济邦咨询公司译，中国人民大学出版社2008年版。

［美］戴维·罗特科普夫：《权力组织：大公司与政府间历史悠久的博弈及前景思考》，梁卿译，商务印书馆2014年版。

［美］戴维·伊斯顿：《政治生活的系统分析》，王浦劬译，华夏出版社1999年版。

［美］E. S. 萨瓦斯：《民营化与公私部门的伙伴关系》，周志忍等译，中国人民大学出版社2002年版。

［美］菲利普·库珀：《合同制治理——公共管理者面临的挑战与机遇》，竺乾威、卢毅、陈卓霞译，竺乾威校，复旦大学出版社2007年版。

［美］赫伯特·马尔库塞：《单向度的人——发达工业社会意识形态研究》，刘继译，上海译文出版社1989年版。

［英］霍布斯：《利维坦》，黎思复、黎廷弼译，商务印书馆1985年版。

［美］加布里埃尔·A. 阿尔蒙德、小G. 宾厄姆·鲍威尔：《比较政治学——体系、过程和政策》，曹沛霖、郑世平、公婷、陈峰译，东方出版社2007年版。

［美］简·E. 芳汀：《构建虚拟政府：信息技术与制度创新》，邵国松译，中国人民大学出版社2010年版。

［美］理查德·雷恩：《政府与企业——比较视角下的美国政治经济体制》，何俊志译，复旦大学出版社2007年版。

［美］罗伯特·K. 默顿：《社会理论和社会结构》，唐少杰、齐心等译，译林出版社2015年版。

［法］米歇尔·克罗齐耶、埃哈尔·费埃德伯格：《行动者与系统——集体行动的政治学》，张月等译，世纪出版集团、上海人民出版社2007

年版。

［美］尼葛洛庞帝：《数字化生存》，胡泳、范海燕译，海南出版社1997年版。

［美］斯蒂芬·戈德史密斯、威廉·D. 埃格斯：《网络化治理：公共部门的新形态》，孙迎春译，北京大学出版社2008年版。

［美］T. 帕森斯：《社会行动的结构》，张明德、夏迪南、彭刚译，译林出版社2003年版。

［美］唐纳德·凯特尔：《权力共享：公共治理与私人市场》，孙迎春译，周志忍校，北京大学出版社2009年版。

［加］唐塔普斯科特、亚历克斯·塔普斯科特：《区块链革命：比特币底层技术如何改变货币、商业和世界》，凯尔、孙铭、周沁园译，中信出版集团2016年版。

［美］威廉姆·A. 尼斯坎南：《官僚制与公共经济学》，王浦劬等译，王浦劬校，中国青年出版社2004年版。

［英］亚当·斯密：《国富论》上，郭大力、王亚南译，译林出版社2011年版。

［美］珍妮特·V. 登哈特、罗伯特·B. 登哈特：《新公共服务：服务，而不是掌舵》，丁煌译，方兴、丁煌校，中国人民大学出版社2014年版。

［美］朱丽叶·M. 科宾、安塞尔姆·L. 施特劳斯：《质性研究的基础：形成扎根理论的程序与方法》（第3版），朱光明译，重庆大学出版社2015年版。

二 中文期刊论文类

鲍静、范梓腾、贾开：《数字政府治理形态研究：概念辨析与层次框架》，《电子政务》2020年第11期。

北京大学课题组、黄璜：《平台驱动的数字政府：能力、转型与现代化》，《电子政务》2020年第7期。

陈德球、陈运森、董志勇：《政策不确定性、市场竞争与资本配置》，《金融研究》2017年第11期。

陈国权、陈洁琼：《名实分离：双重约束下的地方政府行为策略》，《政治学研究》2017年第4期。

陈家喜、郭少青：《西方国家政商关系的建构路径与约束机制》，《新视野》2020年第4期。

陈水生：《国家治理现代化视角下的"放管服"改革：动力机制、运作逻辑与未来展望》，《政治学研究》2020年第4期。

陈永杰：《强行政弱外包：政企统合治理的机制及其影响》，《公共管理学报》2021年第1期。

陈振明：《走向一种"新公共管理"的实践模式——当代西方政府改革趋势透视》，《厦门大学学报》（哲学社会科学版）2000年第2期。

戴长征、鲍静：《数字政府治理——基于社会形态演变进程的考察》，《中国行政管理》2017年第9期。

丁煌、定明捷：《"上有政策、下有对策"——案例分析与博弈启示》，《武汉大学学报》（哲学社会科学版）2004年第6期。

樊鹏：《利维坦遭遇独角兽：新技术的政治影响》，《文化纵横》2018年第4期。

范梓腾：《数字政府建设的议题界定：时空演进与影响因素——基于省级党委机关报的大数据分析》，《中国行政管理》2021年第1期。

高帆：《从政府—市场到城乡关系：结构联动视域下的中国经济转型》，《探索与争鸣》2019年第12期。

高奇琦：《新结构政治学的传统文化之源——一种基于〈周易〉的分析框架》，《山东大学学报》（哲学社会科学版）2019年第1期。

高奇琦：《智能革命与国家治理现代化初探》，《中国社会科学》2020年第7期。

管兵：《竞争性与反向嵌入性：政府购买服务与社会组织发展》，《公共管理学报》2015年第3期。

郭本海、方志耕、刘卿：《基于演化博弈的区域高耗能产业退出机制研究》，《中国管理科学》2012年第4期。

郭庆旺、贾俊雪：《地方政府行为、投资冲动与宏观经济稳定》，《管理世界》2006年第5期。

韩影、丁春福：《建立新型政商关系亟需治理"权""利"合谋行为》，《毛泽东邓小平理论研究》2016年第4期。

韩兆柱、马文娟：《数字治理理论及其应用的探索》，《公共管理评论》2016年第1期。

何圣东、杨大鹏：《数字政府建设的内涵及路径——基于浙江"最多跑一次"改革的经验分析》，《浙江学刊》2018年第5期。

黄冬娅：《企业家如何影响地方政策过程——基于国家中心的案例分析和类型建构》，《社会学研究》2013年第5期。

黄璜：《中国"数字政府"的政策演变——兼论"数字政府"与"电子政务"的关系》，《行政论坛》2020年第3期。

黄晓春、嵇欣：《非协同治理与策略性应对——社会组织自主性研究的一个理论框架》，《社会学研究》2014年第6期。

姜晓萍：《在特殊性中寻找普遍性——评〈"最多跑一次"改革：浙江经验，中国方案〉》，《公共管理评论》2019年第2期。

蒋敏娟：《地方数字政府建设模式比较——以广东、浙江、贵州三省为例》，《行政管理改革》2021年第6期。

敬义嘉：《中国公共服务外部购买的实证分析——一个治理转型的角度》，《管理世界》2007年第2期。

李晨行、史普原：《科层与市场之间：政府购买服务项目中的复合治理——基于信息模糊视角的组织分析》，《公共管理学报》2019年第1期。

李汉林、魏钦恭：《嵌入过程中的主体与结构：对政企关系变迁的社会分析》，《社会科学管理与评论》2013年第4期。

林光彬、徐振江：《中国政企合作的政治经济学分析》，《教学与研究》2020年第9期。

林毅夫、李志赟：《政策性负担、道德风险与预算软约束》，《经济研究》2004年第2期。

刘德鹏、贾良定、刘畅唱等：《从自利到德行：商业组织的制度逻辑变革研究》，《管理世界》2017年第11期。

刘世定：《嵌入性与关系合同》，《社会学研究》1999年第4期。

刘淑春：《数字政府战略意蕴、技术构架与路径设计——基于浙江改革的实践与探索》，《中国行政管理》2018年第9期。

刘伟：《"人性秩序"还是"机器秩序"：数字治理中的正义修复——基于技术政治性视角的剖析》，《理论月刊》2021年第9期。

逯峰：《广东"数字政府"的实践与探索》，《行政管理改革》2018年第11期。

吕芳：《"异构同治"与基层政府购买服务的困境——以S街道的政府购买服务项目为例》，《管理世界》2021年第9期。

马亮：《需求驱动、政府能力与移动政务合作提供：中国地级市的实证研究》，《公共管理评论》2018年第1期。

马全中：《政府向社会组织购买服务的"内卷化"及其矫正——基于B市G区购买服务的经验分析》，《求实》2017年第4期。

孟庆国、董玄、孔祥智：《嵌入性组织为何存在？供销合作社农业生产托管的案例研究》，《管理世界》2021年第2期。

孟天广：《政府数字化转型的要素、机制与路径——兼论"技术赋能"与"技术赋权"的双向驱动》，《治理研究》2021年第1期。

米加宁、章昌平、李大宇、徐磊：《"数字空间"政府及其研究纲领——第四次工业革命引致的政府形态变革》，《公共管理学报》2020年第1期。

聂辉华：《从政企合谋到政企合作——一个初步的动态政企关系分析框架》，《学术月刊》2020年第6期。

彭勃：《兜底办理：集中力量办小事的治理逻辑》，《中国行政管理》2022年第4期。

丘海雄、张应祥：《理性选择理论述评》，《中山大学学报》（社会科学版）1998年第1期。

任剑涛：《市场巨无霸挑战政治巨无霸："社会主义市场经济"中的政企关系》，《社会科学论坛》2011年第7期。

沈费伟、诸靖文：《数据赋能：数字政府治理的运作机理与创新路径》，《政治学研究》2021年第1期。

石小兵、袁强：《"数字政府"建设期盼政府采购制度改革》，《中国招标》2019年第47期。

谭必勇、刘芮：《数字政府建设的理论逻辑与结构要素——基于上海市"一网通办"的实践与探索》，《电子政务》2020年第8期。

谭海波、范梓腾、杜运周：《技术管理能力、注意力分配与地方政府网站建设——一项基于TOE框架的组态分析》，《管理世界》2019年第

9 期。

唐世平:《观念、行动和结果:社会科学的客体和任务》,《世界经济与政治》2018 年第 5 期。

佟德志:《当代中国政商关系博弈复合结构及其演变》,《人民论坛》2015 年第 5 期。

汪玉凯:《中国政府信息化与电子政务》,《新视野》2002 年第 2 期。

王春福:《民营企业政治行为有效性的理性分析:以浙江省民营企业为例》,《学习与探索》2012 年第 2 期。

王伟玲、王晶、尹静:《我国电子政务产业发展对策研究》,《行政管理改革》2019 年第 5 期。

翁士洪:《官办非营利组织的内卷化研究——以中国青少年发展基金会为例》,《甘肃行政学院学报》2015 年第 4 期。

徐家良、赵挺:《政府购买公共服务的现实困境与路径创新:上海的实践》,《中国行政管理》2013 年第 8 期。

徐顽强:《"数字政府"与政府管理体制的变革》,《科技进步与对策》2001 年第 11 期。

徐文付、唐宝富:《地方政府行为企业化的角色分析》,《江海学刊》2000 年第 2 期。

徐晓林、周立新:《信息技术对政府服务质量的影响研究》,《中国行政管理》2004 年第 4 期。

薛澜、赵静:《走向敏捷治理:新兴产业发展与监管模式探究》,《中国行政管理》2019 年第 8 期。

杨学敏、刘特、郑跃平:《数字治理领域公私合作研究述评:实践、议题与展望》,《公共管理与政策评论》2020 年第 5 期。

姚尚建:《打造基于区域责任的合作治理格局》,《国家治理》2018 年第 47 期。

叶战备、王璐、田昊:《政府职责体系建设视角中的数字政府和数据治理》,《中国行政管理》2018 年第 7 期。

于君博:《后真相时代与数字政府治理的祛魅》,《行政论坛》2018 年第 3 期。

郁建兴、高翔:《浙江省"最多跑一次"改革的基本经验与未来》,《浙江社会科学》2018 年第 4 期。

张建君、张志学：《中国民营企业家的政治战略》，《管理世界》2005 年第 7 期。

张楠迪扬：《区块链政务服务：技术赋能与行政权力重构》，《中国行政管理》2020 年第 1 期。

张维迎、马捷：《恶性竞争的产权基础》，《经济研究》1999 年第 6 期。

赵静、陈玲、薛澜：《地方政府的角色原型、利益选择和行为差异——一项基于政策过程研究的地方政府理论》，《管理世界》2013 年第 2 期。

赵娟、孟天广：《数字政府的纵向治理逻辑：分层体系与协同治理》，《学海》2021 年第 2 期。

赵勇、曹宇薇：《"智慧政府"建设的路径选择——以上海"一网通办"改革为例》，《上海行政学院学报》2020 年第 5 期。

郑磊：《数字治理的效度、温度和尺度》，《治理研究》2021 年第 2 期。

郑跃平、杨学敏、甘泉、刘佳怡：《我国数字政府建设的主要模式：基于公私合作视角的对比研究》，《治理研究》2021 年第 4 期。

周飞舟：《行动伦理与"关系社会"——社会学中国化的路径》，《社会学研究》2018 年第 1 期。

周黎安：《"官场 + 市场"与中国增长故事》，《社会》2018 年第 2 期。

周雪光：《"关系产权"：产权制度的一个社会学解释》，《社会学研究》2005 年第 2 期。

［瑞典］朱塞佩·格罗西、安娜·托马森：《弥合混合型组织中的问责鸿沟：以哥本哈根马尔默港为例》，张敏、李云晖、陈叶盛译，《国际行政科学评论》（中文版）2015 年第 3 期。

三 中文报纸类

蔡聪裕：《数字化转型助推基层政府公共服务提效》，《中国社会科学报》2021 年 1 月 6 日第 8 版。

查志强、江于夫、吕苏娟：《发挥区位优势，全面推进开放强省建设》，《浙江日报》2018 年 5 月 21 日第 5 版。

浙江省社会科学院课题组：《加快推进政府数字化转型》，《浙江日报》2018 年 9 月 3 日第 5 版。

刘少华：《浙江"最多跑一次"法国人点赞》，《人民日报·海外版》2018年11月21日第5版。

四　中文网站类

耿曙：《政商关系的中国道路》，https://www.thepaper.cn/newsDetail_forward_2158047，2021年4月20日。

广东省统计局：《广东省统计年鉴2020年》，http://stats.gd.gov.cn/gdtjnj/content/post_3098041.html，2021年10月8日。

国家统计局：《2020年中国统计年鉴》，http://www.stats.gov.cn/tjsj/ndsj/，2020年12月23日。

国务院办公厅电子政务办公室：《省级政府网上政务服务能力调查评估报告（2021）》，http://zwpg.egovernment.gov.cn/art/2021/5/26/art_1331_6343.html，2021年9月12日。

《腾讯云与22省共建数字政府新生态》，《经济日报》2021年10月11日。

《广东与华为签署战略合作协议》，《南方日报》2021年11月13日。

《"粤省事"注册用户突破一亿努力打造广东政务服务金字招牌》，南方新闻网，http://www.gd.gov.cn/gdywdt/bmdt/content/post_3220347.html，2021年9月5日。

《2021（第十六届）中国电子政务论坛暨首届数字政府建设峰会在广州召开》，人民网，http://gd.people.com.cn/n2/2021/1127/c123932-35024943.html，2021年11月27日。

《广东数广公司获得增资，开启数字城市建设新阶段》，人民网，https://wap.peopleapp.com/article/6393043/6279575，2021年12月10日。

五　外文论著类

Åke Grönlund, *Electronic Government: Design, Applications &Management*, London: Idea Group Publishing, 2002.

Anselm Strauss, Corbin Juliet, *Basics of Qualitative Research: Grounded Theory Procedures and Techniques*, California: Sage Publication, 1990.

Arvind Narayanan, Joseph Bonneau, Edward Felten, et al., *Bitcoin and Cryptocurrency Technologies: A Comprehensive Introduction*, Princeton: Princeton

University Press, 2016.

Darrin Grimsey, Mervyn K. Lewis, *Public Private Partnerships: The Worldwide Revolution in Infrastructure Provision and Project Finance*, Northampton: Edward Elgar Publishing Limited, 2007.

David L. Wank, *Commodifying Communism: Business, Trust, and Politics in a Chinese City*, New York: Cambridge University Press, 1999.

G. David Garson, *Public Information Technology and E-Governance: Managing the Virtual State*, Sudbury: Jones and Bartlett Publishers, 2006.

James Mahoney, Kathleen Thelen, *Explaining Institutional Change: Ambiguity, Agency, and Power*, Cambridge: Cambridge University Press, 2010.

Jane E. Fountain, *Building the Virtual State: Information Technology and Institutional Change*, Washington: Brookings Institution Press, 2001.

Jeffrey P. feffer, Gerald R. Salanckik, *The External Control of Organizations*, New York: Harper & Row, Publishers, 1978.

John O'Looney, *Wiring Governments: Challenges and Possibilities for Public Managers*, London: Quorum Books, 2002.

Jonathan G. S. Koppell, *The Politics of Quasi-government: Hybrid Organizations and the Dynamics of Bureaucratic Control*, Cambridge: Cambridge University Press, 2016.

Louis G. Tornatzky, Mitchell Fleischer, *The Processes of Technological Innovation*, Lexington: Lexington Books, 1990.

Nan Lin, *Social Capital: A Theory of Social Structure and Action*, Cambridge: Cambridge University Press, 2002.

Nee Victor and Sonja Opper, *Capitalism from Below: Markets and Institutional Change in China*, Cambridge: Harvard University Press, 2012.

Noveck, *Wiki Government: How Technology Can Make Government Better, Democracy Stronger, and Citizens More Powerful*, Washington: Brookings Institution Press, 2009.

Oliver E. Williamson, *The Economic Institutions of Capitalism: Firms, Markets, Relational Contracting*, New York: Free Press, 1985.

Patrick Dunleavy, Helen Margetts, Simon Bastow et al., *Digital Era Govern-*

ance: *IT Corporations, the State and E-Government*, Oxford: Oxford University Press, 2006.

Stephen P. Osborne, *Public-Private Partner-Ships: Theory and Practice in International Perspective*, New York: Routledge, 2000.

Yasheng Huang, *Capitalism with Chinese Characteristics: Entrepreneurship and the State*, New York: Cambridge University Press, 2008.

Yochai Benkler, *The Wealth of Networks: How Social Production Transforms Markets and Freedom*, New Haven: Yale University Press, 2006.

六 外文论文类

Africa Ariño, José de la Torre, "Learning from Failure: Towards an Evolutionary Model of Collaborative Ventures", *Organization Science*, Vol. 9, No. 3, 1998, pp. 306 – 325.

Aghion Philippe, Jean Tirole, "Formal and Real Authority in Organizations", *Journal of Political Economy*, Vol. 105, No. 1, 1997, pp. 1 – 29.

Andrei Shleifer, "State Versus Private Ownership", *Journal of Economic Perspectives*, Vol. 12, No. 4, 1998, pp. 133 – 150.

Anne-Marie Reynaers, "Public Values in Public-Private Partnerships", *Public Administration Review*, Vol. 74, No. 1, 2014, pp. 41 – 50.

Bing Ran, Huiting Qi, "The Entangled Twins: Power and Trust in Collaborative Governance", *Administration & Society*, Vol. 51, No. 4, 2019, pp. 607 – 636.

Brian Shaffer, "Firm-Level Responses to Government Regulation Theoretical and Research", *Journal of Management*, Vol. 21, No. 3, 1995, pp. 495 – 514.

Chris Ansell, Alison Gash, "Collaborative Governance in Theory and Practice", *Journal of Public Administration Research and Theory*, Vol. 18, No. 4, 2007, pp. 543 – 571.

Colin B. Gabler, Robert Glenn Richey Jr., Geoffrey T. Stewart, "Disaster Resilience through Public-Private Short-Term Collaboration", *Journal of Business Logistics*, Vol. 38, No. 2, 2017, pp. 130 – 144.

Dennis Linders, "From E-Government to We-Government: Defining a Typology for Citizen Co-Production in the Age of Social Media", *Government Information Quarterly*, Vol. 29, No. 4, 2012, pp. 446 – 454.

Elke Loeffler, Tony Bovaird, "User and Community Co-production of Public Services: What Does the Evidence Tell Us", *International Journal of Public Administration*, Vol. 39, No. 13, 2016, pp. 1006 – 1019.

Erik-Hans Klijn, Geert R. Teisman, "Institutional and Strategic Barriers to Public-Private Partnership: An Analysis of Dutch Cases", *Public Money & Management*, Vol. 23, No. 3, 2003, pp. 137 – 146.

Francesco Restuccia, "BlockChain for the Internet of Things: Present and Future", *IEEE Internet of Things Journal*, Vol. 1, No. 1, 2018, pp. 1 – 8.

Gil-Garcia J. Ramon, Sharon S. Dawes, Theresa A. Pardo, "Digital Government and Public Management Research: Finding the Crossroads", *Public Management Review*, Vol. 20, No. 5, 2018, pp. 633 – 646.

Hans van Ham, Joop Koppenjan, "Building Public-Private Partnerships: Assessing and Managing Risks in Port Development", *Public Management Review*, Vol. 4, No. 3, 2001, pp. 593 – 616.

Hart Oliver, "Incomplete Contracts and Public Ownership: Remarks, and an Application to Public-Private Partnerships", *The Economic Journal*, Vol. 113, No. 486, 2003, pp. 69 – 76.

Hodge Graeme, Carsten Greve, "On Public-Private Partnership Performance", *Public Works Management & Policy*, Vol. 22, No. 1, 2017, pp. 55 – 78.

Ileana Palaco, Min Jae Park, Suk Kyoung Kim, et al., "Public Private Partnerships for E-Government in Developing Countries: An Early Stage Assessment Framework", *Evaluation and Program Planning*, No. 72, 2019, pp. 205 – 218.

Jane Broadbent, Michael Dietrich, Richard Laughlin, "The Development of Principal-Agent, Contracting and Accountability Relationships in the Public Sector: Conceptual and Cultural Problems", *Critical Perspectives on Accounting*, Vol. 7, No. 3, 1996, pp. 259 – 284.

Jean Shaoul, Anne Stafford, Pamela Stapleton, "Accountability and Corporate Governance of Public-Private Partnerships", *Critical Perspectives on Account-*

ing, Vol. 23, No. 3, 2012, pp. 213 – 229.

Jennifer M. Brinkerhoff, Devick W. Brinkerhoff, "Public-Private Partnerships: Perspectives on Purposes, Publicness, and Good Governance", *Public Administration and Development*, Vol. 31, No. 1, 2011, p. 214.

Joel S. Hellman, Geraint Jones, Daniel Kaufmann, "Seize the State, Seize the Day: State Capture, Corruption and Influence in Transition Economies", *Journal of Comparative Economics*, No. 31, 2003, pp. 751 – 773.

J. Ramon Gil-Garcia, InduShobha Chengalur-Smith, Peter Duchessi, "Collaborative E-Government: Impediments and Benefits of Information-Sharing Projects in the Public Sector", *European Journal of Information Systems*, Vol. 16, No. 2, 2007, pp. 121 – 133.

Karen Layne, Lungwoo Lee, "Developing Fully Functional E-Government: A Four Stage Model", *Government Information Quarterly*, Vol. 18, No. 2, 2002, pp. 122 – 136.

Marijn Janssen, Haiko van der Voor, "Adaptive Governance: Towards a Stable, Accountable and Responsive Government", *Government Information Quarterly*, Vol. 33, No. 1, 2016, pp. 1 – 5.

Mark Deakin, Husam Al Waer, "From Intelligent to Smart Cities", *Intelligent Buildings International*, No. 3, 2011, pp. 140 – 152.

Naim Kapucu, "Public-Nonprofit Partnerships for Collection Action in Dynamic Contexts of Emergencies", *Public Administration*, Vol. 84, No. 1, 2006, pp. 205 – 220.

Norichika Kanie, Michele M. Betsill, Ruben Zondervan, et al., "Meta-Governance of Partnerships for Sustainable Development: Actors' Perspectives from Kenya", *Public Administration and development*, Vol. 38, No. 3, 2018, pp. 105 – 119.

Nuno Ferreira Da Cruz, Rui Cunha Marques, "Mixed Companies and Local Governance: No Man can Serve Two Masters", *Public Administration*, Vol. 90, No. 3, 2012, pp. 737 – 758.

Patrick Dunleavy, "New Public Management Is Dead-Long Live Digital-Era Governance", *Journal of Public Administration Research and Theory*, No. 3,

2006, pp. 467-494.

Ronald H. Coase, "The Nature of the Firm", *Economica*, Vol. 4, No. 16, 1937, pp. 386-405.

Rui Cunha Marques, Sanford V. Berg, "Public-Private Partnership Contracts: A Tale of Two Cities with Different Contractual Arrangements", *Public Administration*, Vol. 89, No. 4, 2011, pp. 1585-1603.

Stefano Landi, Salvatore Russo, "Co-Production 'Thinking' and Performance Implications in the Case of Separate Waste Collection", *Public Management Review*, Vol. 24, No. 2, 2020, pp. 301-325.

Stephen P. Osborne, "From Public Service-Dominant Logic to Public Service Logic: Are Public Service Organizations Capable of Co-Production and Value Co-Creation?" *Public Management Review*, Vol. 20, No. 2, pp. 225-231.

Tomasz Janowski, "Digital Government Evolution: From Transformation to Contextualization", *Government Information Quarterly*, Vol. 32, No. 3, 2015, pp. 221-236.

Wang Huanming, Xiong Wei, et al., "Public-Private Partnership in Public Administration Discipline: A Literature Review", *Public Management Review*, Vol. 20, No. 2, 2018, pp. 293-316.

Yu-Che Chen, Jun-Yi Hsieh, "Advancing E-Governance: Comparing Taiwan and the United States", *Public Administration Review*, No. 69, 2009, pp. 151-158.

七 外文网站类

Jane C. Linder, Thomas J. Healy, "Outsourcing in Government: Pathways to Value, Accenture Government Executive Series Report", https://www.yumpu.com/en/document/read/47749996/outsourcing-in-government-pathways-to-value-nasa-wiki, Dec. 26, 2021.

Mopas, "Smart Government Implementation Plan", http://www.mopas.go.kr/gpms/ns/mogaha/user/userlayout/english/bulletin/userBtView.action?userBtBean.bbsSeq=1020088&userBtBean.ctxCd=1030&userBtBean.ctxType=21010009&currentPage=&s earchKey=&searchVal, Dec. 10, 2020.

Satoshi Nakamoto, "Bit-coin: A Peer-to-Peer Electronic Cash System", https://bit-coin.org/bit-coin.pdf, Nov. 21, 2021.

World Economic Forum, "Agile Governance Reimagining Policy-Making in the Fourth Industrial Revolution", https://www.weforum.org/whitepapers/agile-governance-reimagining-policy-making-in-the-fourth-industrial-revolution, Nov. 21, 2021.

附录1

访谈资料编码：A＊＊

调研访谈提纲（样本）

（访谈对象：政府人员）

> 您好！这是关于中国数字政府建设政企关系研究的访谈问卷，旨在了解企业介入数字政府建设后呈现的政企互动关系，分析政企合作中存在的问题和边界，总结政企合作模式，为地方政府部门提供决策参考和建议，促进政企关系的发展。本次访谈仅用于学术研究，我们将对访谈资料保密，不会出现个人资料，请您放心。衷心感谢您的支持与合作！祝您工作顺利！
>
> 访谈人：（略）　单位：××大学　联系电话：（略）

访谈时间：＿＿＿＿年＿＿＿＿月＿＿＿＿日　访谈地点：＿＿＿＿＿＿省＿＿＿＿市＿＿＿＿县（区）＿＿＿＿街（镇）

访谈对象：＿＿＿＿＿　性别：＿＿＿＿　年龄：＿＿＿＿　工作单位：＿＿＿＿＿　工作岗位：＿＿＿＿＿＿

（一）介绍您所在地的互联网技术企业的概况、目前与企业的合作项目情况

1. 您所在地区是否有互联网头部企业？在数字政府建设中倾向于接受本土企业吗？您觉得本土企业在数字政府建设中有什么优势？

2. 您认为政府单位选择企业标准是什么？什么样的企业更容易得到项目？需要企业提供什么样供给？与哪些部门具体对接？（可能需要专家详细介绍，把具体服务分模块总结）

3. 项目和哪些部门对接？涉及的企业主体有哪些？对接政府部门的主体有哪些？在这个过程中，与分包企业、与地方政府的关系是什么样，如何互动？（希望专家具体介绍对接流程）

4. 您觉得各方主体在这个过程中有什么不同的需求，角色职责是什么？

（二）介绍您所在政府部门与企业合作的具体流程、沟通互动

5. 介绍政府与公司合作方式。比如，公司是通过什么途径获得政府数字政府建设的相关项目？若是外包，是通过什么方式完成？电子投标通过什么平台完成？（公开招投标还是熟人介绍），招标过程官员清廉情况怎么样？

6. 政府人员提出需求过程是什么样，然后由企业来设计？能否介绍下接到项目后的具体操作流程？

7. 您觉得政府跟企业合作的过程中，是通过什么方式来确定政府和企业间的权利义务？合同内容是否很精确？如果出现与合同不一致，怎么处理？如何对项目组实施日常监督？后期合作的过程中，项目细节变更，通过什么方式去解决？验收完以后，比如说项目后期又出现了问题，怎么去解决这些问题？

8. 在项目建设过程中，贵公司与政府出现意见分歧的时候，大部分以什么方式解决？在这个过程中谁更具优势？能否举个例子说明？

9. 您能介绍一下咱们的项目评估机制吗？都有哪些主体对咱们的项目进行评估，有政府，社会民众，第三方监理？政府是通过什么样的方式进行验收？是否有第三方验收？如果没有完成相关的需求，政府是否有完善的容错机制？

（三）目前您跟进的项目，所采取的政企合作方式的优势和风险

10. 您觉得目前进展的项目与政府合作方式有什么优点及优化途径？

11. 目前合作存在什么样的风险？（比如说通过合同外包方式，是否会出现长期关系不持久、外包风险的难控制等问题，请专家详细说说）

12. 根据我们调研发现，主要存在三种合作模式：第一种方式是地方

政府牵头成立一个公司。比如：广东省携手腾讯及中国移动、联通、电信三大运营商成立合资公司。第二种方式是只交给一个互联网公司。比如：浙江"最多跑一次"的项目大部分交由阿里巴巴公司。第三种方式是外包，把项目分解给多个公司。麻烦专家分别点评下每一种合作方式的优缺点。

13. 与上述三种合作方式相比，您觉得目前您和政府的合作方式，可能会是最优模式吗？从长期合作的角度看，您觉得公司与政府合作的最优模式是什么样？

（四）您对政企合作的预测和数字政府建设的建议

14. 您觉得目前跟企业合作关系中有什么问题？在您看来，您认为政企合作存在的最突出的问题是什么？（请列举2—3个）针对这个问题，您觉得最好的解决方法是什么？

15. 数字政府建设过程中，您觉得目前最大的困难主要有哪些？以上这些政府数字治理存在的问题，理论上来说，技术手段都能解决吗？

16. 您对于数字政府建设中建设的项目，还有什么想要跟我们分享的问题，对未来政企关系有什么建议？

附录2

访谈资料编码：B＊＊

调研访谈提纲（样本）

（访谈对象：企业人员）

> 您好！这是关于中国数字政府建设政企关系研究的访谈问卷，旨在了解企业介入数字政府建设后呈现的政企互动关系，分析政企合作中存在的问题和边界，总结政企合作模式，为地方政府部门提供决策参考和建议，促进政企关系的发展。本次访谈仅用于学术研究，我们将对访谈资料保密，不会出现个人资料，请您放心。衷心感谢您的支持与合作！祝您工作顺利！
>
> 访谈人：（略）　单位：××大学　联系电话：（略）

访谈时间：_____年_____月_____日　访谈地点：_____省_____市_____县（区）_____街（镇）_____

访谈对象：_____　性别：_____　年龄：_____　工作单位：_____　工作岗位：_____

（一）介绍您所在公司的概况、目前与政府的合作项目情况

1. 介绍您所在公司的概况，在数字政府建设中有什么优势？（与本地同类公司比较）

2. 您的公司跟政府是第几次合作？目前政府提供了哪些服务项目？

(分具体服务分模块总结)

3. 项目和哪些部门对接？涉及的企业主体有哪些？对接政府部门的主体有哪些？在这个过程中，与分包企业、与地方政府的关系是什么样，如何互动？（介绍具体对接流程）

4. 您觉得各方主体在这个过程中有什么不同的需求？

（二）介绍您所在企业与政府部门合作的具体流程、沟通互动

5. 请您介绍公司与政府合作方式。比如，您的公司是通过什么途径获得数字政府建设的相关项目？若是外包，是通过什么方式完成？电子投标通过什么平台完成？（公开招投标还是熟人介绍），招标过程官员清廉情况怎么样？

6. 政府人员是如何提出需求，然后由你们来设计？能否介绍下接到项目后的具体操作流程？

7. 您所在公司在跟政府合作的过程中，是通过什么方式来确定政府和企业间的权利？政府部门如何实施日常监督？在项目开发过程中，政府工作人员遇到困难，你们如何进行协助？后期合作的过程中，项目细节变更，通过什么方式去解决？验收完以后，比如说项目后期又出现了问题，怎么去解决这些问题？

8. 在项目建设过程中，贵公司与政府出现意见分歧的时候，大部分以什么方式解决？在这个过程中谁更具优势？能否举个例子说明？

9. 您能介绍一下咱们的项目评估机制吗？都有哪些主体对咱们的项目进行评估，有政府、社会民众、第三方监理？政府是通过什么样的方式进行验收？是否有第三方验收？如果没有完成相关的需求，政府是否有完善的容错机制？

（三）目前您跟进的项目，所采取的政企合作方式的优势和风险

10. 您觉得目前进展的项目与政府合作方式有什么优点以及待改进之处？

11. 目前合作存在什么样的风险？（比如说通过合同外包方式，是否会出现长期关系不持久、外包风险的难控制等问题，请专家详细说说）

12. 根据我们调研发现，主要存在三种合作模式：第一种方式是地方政府牵头成立一个公司。比如：广东省携手腾讯及中国移动、联通、电信三大运营商成立合资公司。第二种方式是只交给一个互联网公司。比

如：浙江"最多跑一次"的项目大部分交由阿里巴巴公司。第三种方式是外包，把项目分解给多个公司。麻烦专家分别点评下每一种合作方式的优缺点。

13. 与上述三种合作方式相比，您觉得目前您和政府的合作方式，可能会是最优模式吗？从长期合作的角度看，您觉得公司与政府合作的最优模式是什么样？

（四）您对政企合作的预测和数字政府建设的建议

14. 您觉得目前跟政府合作关系中有什么问题？您认为政企合作存在的最突出的问题是什么？（请列举2—3个）针对这个问题，您觉得最好的解决方法是什么？

15. 数字政府建设过程中，您觉得目前最大的困难主要有哪些？以上这些政府数字治理存在的问题，理论上来说，技术手段都能解决吗？

16. 您对于数字政府建设中建设的项目，还有什么想要跟我们分享的问题，对未来政企关系有什么建议？

附录3

调研访谈对象信息汇总表

序号	访谈编码	访谈时间	访谈方式	访谈对象	时长（分钟）	对象类型
1	A01	2021-6-19	单独访谈	上海市大数据中心领导	30	省级政府
2	A02	2021-6-18	单独访谈	上海市大数据中心部门领导	50	省级政府
3	A03	2021-6-18	单独访谈	上海市大数据中心部门人员	50	省级政府
4	A04	2021-1-18	单独访谈	上海市大数据中心部门人员	35	省级政府
5	A05	2021-7-4	单独访谈	上海市政府部门工作人员	30	省级政府
6	A06	2021-6-7	单独访谈	上海市C区城市网格化综合管理中心人员	80	地方政府
7	A07	2021-5-29	单独访谈	上海市B区政府办公室政务服务科长	90	地方政府
8	A08	2021-5-28	单独访谈	上海市D区民政局科长	40	地方政府
9	A09	2021-5-28	单独访谈	上海市A区某街道办人员	90	地方政府
10	A10	2021-5-24	单独访谈	上海市D区行政服务中心人员	60	地方政府
11	A11	2021-6-18	单独访谈	浙江省大数据发展管理局领导	20	省级政府
12	A12	2021-6-1	单独访谈	浙江省改革研究和促进中心干部	90	省级政府
13	A13	2021-5-31	单独访谈	浙江省委改革办人员	35	省级政府
14	A14	2021-6-2	单独访谈	浙江省委改革办领导	25	省级政府
15	A15	2021-6-1	单独访谈	浙江省B市政务服务中心领导	40	地方政府
16	A16	2021-6-1	单独访谈	浙江省B市行政中心主任	50	地方政府

续表

序号	访谈编码	访谈时间	访谈方式	访谈对象	时长（分钟）	对象类型
17	A17	2021-6-2	单独访谈	浙江省B市审管办党组书记	90	地方政府
18	A18	2021-6-8	单独访谈	浙江省B市行政中心科长	60	地方政府
19	A19	2021-6-2	单独访谈	浙江省D市政务办党组成员、副主任	60	地方政府
20	A20	2021-6-2	群组访谈	浙江省C市某区政务数据局局长	60	地方政府
21	A21	2021-6-2	群组访谈	浙江省C市某区政务数据局人员	60	地方政府
22	A22	2021-6-1	单独访谈	浙江省A市某区改革办领导	50	地方政府
23	A23	2021-3-25	单独访谈	广东省数字政府改革建设专家委员会成员	90	省级政府
24	A24	2021-3-24	单独访谈	广东省政数局领导	30	省级政府
25	A25	2021-3-24	单独访谈	广东省政数局人员	40	省级政府
26	A26	2020-6-24	单独访谈	广东省A市政务服务中心大数据管理局人员	50	地方政府
27	A27	2021-3-26	单独访谈	广东省B市某区行政服务中心主任	90	地方政府
28	A28	2020-6-27	单独访谈	广东省B市某区行政服务中心主任	90	地方政府
29	A29	2021-3-26	单独访谈	广东省B市某区行政服务中心主任	45	地方政府
30	A30	2020-6-28	单独访谈	广东省A市某街道公共决策和事务咨询办公室主任	90	地方政府
31	A31	2021-1-17	单独访谈	福建省A市某区经济和信息化局干部	90	地方政府
32	A32	2021-1-17	单独访谈	福建省B市某行政中心干部	60	地方政府

续表

序号	访谈编码	访谈时间	访谈方式	访谈对象	时长（分钟）	对象类型
33	A33	2021-12-24	群组访谈	上海市政府办公厅数据发展管理办领导	180	省级政府
34	A34	2021-12-24	群组访谈	上海市委网信办领导		省级政府
35	A35	2021-12-24	群组访谈	上海市城运中心领导		省级政府
36	A36	2021-12-24	群组访谈	上海市市场监督局干部		省级政府
37	A37	2021-12-24	群组访谈	上海市大数据中心领导		省级政府
38	A38	2021-12-24	群组访谈	上海市经济信息化委领导		省级政府
39	A39	2021-12-24	群组访谈	上海市某医院系统领导		省级政府
40	A40	2021-12-24	群组访谈	上海市卫生健康委领导		省级政府
41	A41	2021-12-24	群组访谈	上海市市医保中心领导		省级政府
42	B01	2021-1-18	单独访谈	Z公司销售部经理	40	企业
43	B02	2021-1-18	单独访谈	Z公司销售部经理	60	企业
44	B03	2021-5-29	单独访谈	Y公司销售部经理	50	企业
45	B04	2021-6-2	单独访谈	X互联网头部企业产品负责人	65	企业
46	B05	2021-6-5	单独访谈	X互联网头部企业某部门经理	90	企业
47	B06	2020-6-24	单独访谈	政府规划咨询企业V公司驻点某区行政服务中心人员	90	企业
48	B07	2020-6-25	单独访谈	政府规划咨询企业V公司副总经理	90	企业
49	B08	2020-6-27	单独访谈	政府规划咨询企业V公司人员	90	企业
50	B09	2021-2-19	单独访谈	政府规划咨询企业V公司经理	100	企业
51	B10	2021-3-23	单独访谈	政府规划咨询企业V公司经理	90	企业
52	B11	2021-3-25	单独访谈	K国有企业项目经理	90	企业
53	B12	2021-3-25	单独访谈	W公司某分公司负责人	30	企业
54	B13	2021-3-26	单独访谈	W公司"粤省事"负责人	90	企业
55	B14	2021-3-26	单独访谈	W公司副总经理	90	企业
56	B15	2021-3-27	单独访谈	M科技公司企业经理	100	企业
57	B16	2021-3-27	单独访谈	S生态合作伙伴企业经理	90	企业
58	B17	2021-2-6	单独访谈	W公司总经理	90	企业
59	B18	2021-2-6	单独访谈	W公司总经理	90	企业

续表

序号	访谈编码	访谈时间	访谈方式	访谈对象	时长（分钟）	对象类型
60	B19	2021-2-7	单独访谈	W公司IT中心	60	企业
61	B20	2021-2-7	单独访谈	W公司战略业务部	60	企业
62	B21	2021-2-7	单独访谈	W公司财务部	60	企业
63	B22	2021-2-7	单独访谈	W公司政务服务网产品中心	60	企业
64	B23	2021-2-7	单独访谈	W公司公共事务部	60	企业
65	B24	2021-2-7	单独访谈	W公司厅局服务部	60	企业
66	B25	2021-2-7	单独访谈	W公司战略业务部	60	企业
67	B26	2021-2-8	单独访谈	W公司公共服务部	60	企业
68	B27	2021-2-8	单独访谈	W公司厅局服务部	60	企业
69	B28	2021-2-8	单独访谈	W公司项目管理办公室	60	企业
70	B29	2021-2-8	单独访谈	W公司经管办	60	企业
71	B30	2021-2-8	单独访谈	W公司生态合作中心	60	企业
72	B31	2021-2-9	单独访谈	R生态合作伙伴企业	60	企业
73	B32	2021-2-9	单独访谈	Q生态合作伙伴企业	60	企业
74	B33	2021-2-9	单独访谈	P生态合作伙伴企业	60	企业
75	B34	2021-2-9	单独访谈	O软件有限公司	60	企业
76	B35	2021-2-9	单独访谈	N生态合作伙伴企业	60	企业
77	B36	2021-6-2	单独访谈	温州某企业家	30	企业
78	B37	2021-1-16	单独访谈	M技术公司技术人员	90	企业
79	B38	2021-1-30	单独访谈	L互联网头部企业小程序政务合作负责人	90	企业
80	B39	2021-1-30	单独访谈	L互联网头部企业科学和社会研究中心	90	企业
81	B40	2021-1-30	单独访谈	L互联网头部企业科技与社会研究中心主任	30	企业
82	C01	2021-6-20	单独访谈	中国人民大学教授	40	专家
83	C02	2021-6-9	单独访谈	复旦大学教授	20	专家

续表

序号	访谈编码	访谈时间	访谈方式	访谈对象	时长（分钟）	对象类型
84	C03	2021-6-18	单独访谈	北京大学教授	30	专家
85	C04	2021-6-2	单独访谈	浙江省委党校教授	25	专家
86	C05	2021-6-2	单独访谈	浙江大学教授	25	专家
87	C06	2021-6-2	单独访谈	浙江省委党校副研究员	60	专家
88	C07	2021-3-28	单独访谈	广东财经大学公共采购研究中心主任教授	90	专家
89	C08	2021-3-24	单独访谈	粤港澳国家应用数学中心专家	90	专家

后　　记

　　而立之年，再度求学。拜谢家人，割舍幼儿，一路风雨泥泞。所幸，博士阶段的坚持，毕业后单位的支持，感恩所遇良人，我终将这份学术成果呈于读者面前。本书是在博士论文研究基础上形成的理论成果，在此向求学路上的师友亲朋致以最深切的谢意。

　　感谢恩师，帮扶提携。衷心感谢我的导师高奇琦教授的悉心栽培及师母东华大学张宪丽老师的温暖关怀。作为跨专业博士生，初入学术殿堂时曾深陷"失语"的困境——面对公共管理、政治学的理论体系，既难寻对话路径，更惧学科壁垒。幸蒙恩师不弃，通过读书会的系统性训练，逐渐消弭了对陌生领域的畏惧，领悟学术融通之妙。师母张老师则以贤惠智慧润泽生活：从亲手烹制的臊子面暖胃暖心，到育儿经验的倾囊相授，无不彰显其对学术后辈的深切理解。回首求学之路，硕士阶段福州大学的陈宝国教授亦是我学术启蒙的关键引路人，其严谨的治学态度与深邃的学术洞察，为我筑牢了学术根基。诸位恩师培育，学生永志不忘，惟愿康宁长乐。

　　师道传承，惠泽深远。衷心感谢华东政法大学政府管理学院与政治学研究院的诸位师者。求学三载，承蒙姚尚建教授、吴新叶教授、张明军教授、陈毅教授、汪伟全教授、汪仕凯教授、任勇教授、杨嵘均教授、余素青教授等授业恩师，以渊博学识拓宽我的学术视野；政研院王金良教授、游腾飞副教授、杜欢副教授、严行健副教授、曾森老师等通过国家治理指数、全球治理指数等重大课题，使我得以深度参与学术品牌建设实践。特别感恩同济大学刘淑妍教授、上海交通大学彭勃教授，以及华东政法大学姚尚建教授、汪伟全教授、任勇教授、郭秀云教授在论文开题、答辩及修改阶段提出的真知灼见，令拙作得以不断完善。此外，辅导员刘亮老师、教学秘书傅启浩老师与夏海斌老师的行政支持，为学业推进提供了坚实保障。寸草之心，难报三春之晖，愿老师们万事顺心如意。

同窗相伴，并肩同行。感谢师门、同窗等学友给予的极大帮助。感谢师门的兄弟姐妹们：周荣超、金华、陈志豪、张鹏、杨宇霄、李阳、王锦瑞、仲新宇等。感恩遇见1948研班的同窗们，忘不了与舍友陶东、金华等同窗深夜撸串的放肆，与吕培进、陈奕男、赵友华、王倩等互相吐槽的快感。尤其要感谢同门金华几乎每天不间断的交流、遇到写作瓶颈时的"醍醐灌顶"、不时投来的阳澄湖大闸蟹等美食的聚餐时刻；同窗张娟、陈正芹为了给我联系调研资源翻遍了学生、朋友的通讯录；学长姚连营博士给予浙江省调研资源的支持和各种便利；学长郑容坤博士、学姐刘铭秋博士给予我职业发展方向等的宝贵建议……种种浓浓的战友情、同窗情，给我满满的感动，让平淡的日子多了难于忘却的美好。此间少年意气，俱成雪泥鸿爪。感恩遇见，望君珍重。

学友助力，督促成长。特别感谢硕士同窗刘佳总经理亲自协调调研资源，引领我完成田野调查的"破冰"之旅；亦铭记广东、浙江、上海等地近百位政府与企业人士拨冗接受访谈，虽因学术规范未能具名致谢，诸君真知灼见已熔铸于本研究之中。承蒙上海交通大学邓雪博士惠示考博要义，三载学术攻坚中互为砥砺；郑州大学姜红丙副教授、中国人民大学马亮教授、集美大学何伟琼老师以专业视角斧正论文；更感念华俨、单洪翮、朱敏、卢建国、陈彦馨、卓星友、陈建明等故交持续十余年的守望相助。诸君既为学问之诤友，亦作人生之灯塔，使孤寂学术路常有春风相伴。

亲人托举，润泽心田。感谢亲人的默默付出。我的父母蔡太章先生和陈素华女士一路支持我求学，为我撑起一片晴空。三载博士生涯，二老不仅以年迈之身代我抚育稚子，更以日渐消瘦的身影与霜染的双鬓，无声诠释着最深沉的爱。假期回家，身体不适，我的丈人郑元德一副副的中药熬好送至跟前，虽苦亦甜，是令人动容的明理与慈爱；我的二姐夫李银来和二姐余碧凤既辅导犬子课业，更教会我为人父的真谛；小弟蔡裕发与弟妹亚静代尽孝道，使我能安心治学；爱人徐荫圈女士以柔肩担起风雨，在无数个濒临放弃的深夜，用她的坚毅为我点亮前行的灯，带我走出人生的"阴雨天"……生活的暖心，让我读懂了亲人的力量。唯有拜谢，此生无以为报。孩子稚嫩的问候：大宝蔡哲彬的"什么时候回来？我给你留好吃的""写作业好辛苦，啥时候回来辅导我的作业"，二宝蔡哲涵的"手工做不好，爷爷奶奶不会"，足矣让我泪目，也是支撑我走完这段路程的最坚定的信念。

众擎易举，幸不负耕耘。本书出版过程中，承蒙所在单位领导和老师的大力支持，特别是张劲松院长、王娟书记、戴美玲副院长、李晋玲教授、彭前生教授、王玉钰教授、杨柳夏老师、朱婷婷老师、王美英老师等。本书亦获福建省高校以马克思主义为指导的哲学社会科学学科基础理论研究及工作单位的基金资助。责任编辑姜雅雯女士专业严谨，悉心勘正书中疏漏，使本书不断完善，在此致以衷心感谢。

世事难料，美好亦可期。凡是过往，皆为序章。未来的学术路，可能面临更复杂的局面，但愿吃过了世上的苦，有了点滴的经验，我相信我有勇气去克服更多的困难和挑战，努力生活，多陪伴俩娃开心成长，弥补这三年缺失的父爱，不辜负爱我的人和我爱的人。闽南语谚云："天公疼憨人。"努力的人运气一般不会太差，我愿始终相信美好，努力做一个纯粹的学术人。我的理想并不伟大，只愿吃过的苦，能化为身上的精气神，教会更多的学生在面临困难时不放弃、乐观上进、学有所成，此生足矣。

蔡聪裕

2024 年 11 月